上海市哲学社会科学规划项目最终成果（批准号：2C.ㄴ

外贸产业转型升级和我国
就业结构的变化

王云飞　著

中国商务出版社
CHINA COMMERCE AND TRADE PRESS

图书在版编目（CIP）数据

外贸产业转型升级和我国就业结构的变化／王云飞著. —北京：中国商务出版社，2021.11（2023.3重印）

ISBN 978－7－5103－4160－1

Ⅰ.①外… Ⅱ.①王… Ⅲ.①对外贸易－产业结构升级－研究－中国②就业结构－研究－中国 Ⅳ.①F752②F249.2

中国版本图书馆 CIP 数据核字（2021）第 247811 号

外贸产业转型升级和我国就业结构的变化
WAIMAO CHANYE ZHUANXING SHENGJI HE WOGUO JIUYE JIEGOU DE BIANHUA

王云飞　著

出　　版：中国商务出版社

地　　址：北京市东城区安定门外大街东后巷 28 号　　　　邮政编码：100710

网　　址：http：//www.cctpress.com

电　　话：010－64212247（总编室）　　　010－64241423（事业部）

　　　　　010－64208388（发行部）

责任编辑：杨　云

印　　刷：河北赛文印刷有限公司

开　　本：700 毫米×1000 毫米　1/16

印　　张：16.5

版　　次：2022 年 1 月第 1 版　　　印　　次：2023 年 3 月第 2 次印刷

字　　数：257 千字　　　　　　　　定　　价：68.00 元

序 言

　　由中国商务出版社出版的《外贸产业转型升级和我国就业结构的变化》，是王云飞副教授上海哲学社会科学课题的研究成果。

　　作为一个退休的老教授，很高兴看到年轻教师们能够推出这样有分析有解释有对策的科研成果，故乐而为序。

　　如果一定要给出 20 世纪中叶以来国际分工与国际贸易的发展特征，我认为就是细化和深化。

　　从 20 世纪中期的产业间贸易，到七十年代掀起的产业内贸易，到世纪之交引人注目的产品内贸易业（同一产品不同加工工序之间的国际分工与贸易），是这种细化的轨迹。

　　同一产品内价值链延长到全球国际分工，与国际贸易随着全球价值链（GVC）的延长而不断细化。这种细化，是追求最优的必然。反映在成本上，就是成本最小化。

　　产品的成本由部件成本构成。现在的国际分工与国际贸易实际上是同一产品不同部件之间的分工与贸易，甚至进一步细化到同一部件不同加工工序之间的分工与贸易。部件的成本或者同一部件不同加工工序的成本，由这些部件与加工工序生产时的要素成本与效率决定。因此，比较优势已经不能笼统地归咎于资本和劳动这些大框框，必须细化到部件与加工工序各环节使用的特定要素那里去寻找。

　　与此同时，当代国际分工与国际贸易的发展正在不断深化。也就是说，为了强化自己在价值链上的比较优势，参与国必然强化数量、质量或者优化自己某些特定要素，弱化另外一些不具备优势的要素。这样，国际分工与国际贸易的影响，会深入到贸易参与部门要素供应链上游的各个环节。

动态地看，这些深入如果在 t 期没有发生，那么在 t + 1 期就必然发生。如果在 t + 1 期只发生在各要素的产出环节，在 t + 2 直到 t + n 期就必然发生在各要素供应链上游直到第 n 环节。

窃以为，贴切的国际分工与国际贸易研究，应当静态上抓住细化、动态上抓住深化这两个特征。令人欣喜的是，王云飞副教授的专著《外贸产业转型升级和我国就业结构的变化》，正是紧紧地抓住了参与国价值链上的细化和深化这两个特征来展开分析。

这样，就有了作用与反作用的研究。反作用之一是对外贸易各个产业自身在开放与竞争中不断优化，或者说转型升级。反作用之二是其上游的要素市场，特别是劳动力市场，也在作相应的结构调整。

而反作用二是我特别看重的一个理论探讨。能够触及，需要敏锐的理论嗅觉，更何况王云飞副教授在其著作中不但触及，而且探讨了该反作用；更分条梳理解析了全球价值链分工格局下我国产业转型升级所带来的劳动力在地区间、行业间和技能结构间的再配置效应。

有兴趣的读者可以在王云飞副教授的专著《外贸产业转型升级和我国就业结构的变化》的第六、七、八章中见到劳动力的这些再配置效应。

归纳起来，王云飞副教授的理论贡献在于：研究了价值链分工下外贸转型升级对行业、地区就业变动的联动效应。以地区就业结构变动为例，她从理论上阐述了在劳动力可以地区间自由流动情况下，一地区外贸转型升级会对其他地区就业产生负向冲击；但如果地区间产业存在价值链生产环节的梯度转移，向高附加值转移的地区外贸发展对其他地区就业具有显著正效应。

以往的研究是某地区对外贸易发展对本地区就业的作用。王云飞副教授独特的研究视角是某地区例如广东省外贸产业的转型升级对其他省份的就业是否有影响；行业层面上也更注重某行业对外贸易转型升级对其他行业就业是否产生影响。创新的研究视角给她带来了创新的研究结论。

王云飞副教授另外一个重要理论发现是：在行业层面上，一行业出口增加值上升对其他行业就业存在显著的挤出效应，这种挤出效应主要体现在制造业；而服务业的对外贸易转型升级对其他行业就业就具有溢出效应。因此，她建议（1）提升服务贸易参与全球价值链分工程度，提高服务贸易中国内附加值率；（2）优化服务贸易产业结构；（3）提高制造业服务化程度对稳定和扩大我国就业具有重要意义，同时也有利于制造业的对外贸易转型升级。

深入阅读的读者会发现：王云飞副教授的实证检验不但有以下三个重要的理论发现：（1）从地区层面看，在劳动力可以地区间自由流动情况下，一地区出口增加值上升会对其他地区就业产生负向冲击。（2）但如果地区间产业存在梯度转移效应，地区出口增加值上升对其他地区就业具有显著正效应。（3）采用对我国地区数据进行检验的结果发现，不论是以出口增加值还是以出口中国内附加值率衡量的某地区对外贸易转型升级，都会对其他地区就业产生显著挤出效应。而且有她自己的解释和对策建议：（1）东部省市对外贸易转型升级过程中存在产业趋同和相互竞争态势。因此，需要继续推进东部地区继续向全球价值链中高端跃进。（2）努力降低各地区之间交易壁垒，加强各地区政府之间的合作交流机制，促进国内产业从东部到中部再到西部的产业梯度转移。（3）融合国内价值链和全球价值链既有利于各地区产业升级和对外贸易转型升级，同时又能稳定和扩大就业。

以上介绍难免挂一漏万，好在有兴趣的读者自会细读。

王云飞副教授是个八零后，自2007年开始在上海财经大学国际贸易专业就读，并获得了硕士和博士学位。毕业后即到上海对外经贸大学执教。虽然年纪轻轻，但已经是一个"老外贸研究者"了——如果从她进入上海财经大学国际贸易专业，开始硕士课程计算的话，已经有二十年了。

功夫不负有心人，王云飞副教授二十年的对外贸易研究，硕果累累。她主持过全国社科基金课题、教育部人文社科一般项目和上海哲社课题；在《世界经济》等杂志发表论文十多篇；获得第十六届"安子介国际贸易研究奖"论文三等奖。当然，对于青年教师非常非常重要的是有机会出国进修，虽然不多，她去英国杜伦大学和美国纽约州立大学的两次访学，获得了更多的学术养料。

在此，期待王云飞副教授能有更多的研究成果面世。

朱钟棣教授

2021 年 11 月

目　录

第一章 导论

第一节 研究背景与意义

我国是人口大国，就业问题一直是各界关注的核心问题之一。"稳就业"一直是政府的头等大事，《2020年政府工作报告》更是首次将就业优先政策置于宏观政策层面，指出要千方百计稳定和扩大就业。就业是"民生之本"，事关人民群众切身利益，关系国家发展大局和社会和谐稳定。首先，就业是稳定之基。全面小康社会必然是一个和谐稳定的社会，而社会稳定取决于人心稳定，人心稳定取决于就业稳定。从某种意义上讲，稳定就业就是稳定社会。在经济增速放缓、经济结构加快调整的关键时期，就业的"稳定器"作用尤为重要。其次，就业是发展之要。一国的经济增长来源于国内不断增长的需求。有效需求增长可以促进扩大再生产，而内需持续增加则依赖于人民收入的稳定增长，就业正是人民获得充足购买力的来源之一。就业也是安邦之策。稳定就业和充分就业是对民生真正的重视，是社会稳定有效的保障。

一直以来，对外贸易发展是稳定和促进我国就业的重要途径之一。第二次世界大战后，各国关税不断降低，贸易成本下降和互联网信息技术的发展使得国际分工格局越来越深入到产品层面，形成全球价值链分工格局。在这种分工格局下，发达国家的跨国公司将生产阶段进行切割，在全球范围内配置其生产的各个环节，然后将各生产环节生产的各种零部件和中间产品运到加工组装地组装成最终产品销往世界各地。对外贸易主要交易的不是最终产品而是各种中间产品如：原材料、零部件和服务等。改革开放以来，我国以低劳动力成本优势成功嵌入全球价值链分工中的加工组装环节，不仅促进对外贸易快速增长也带动了经济高速发展。1981 年，我国总贸易额仅有 440 亿美元，其中出口额 220.1 亿美元，进口额 220.2 亿美元；2000 年，出口额上升到 2492 亿美元，进口额则上升至 2251 亿美元。加工贸易出口额也从 1981 年的 11.31 亿美元（占当年出口总额的 5.14%）上升为 1376 亿美元（占当年出口总额的 55%）。快速发展的对外贸易创造了大量的就业岗位，带动了我国农村剩余劳动力向城市转移，促进了城镇就业增长。

随着城镇化进程的不断推进和经济的快速发展，尤其是 2003 年之后，我国的工资水平也在不断上升。这导致对外贸易发展所依赖的低劳动力成本优势在中国越来越弱，劳动力成本上升再加上人民币升值、土地成本上升等多种因素使得我国已经无法维持在全球价值链分工的低附加价值优势，我国对外贸易必须进行转型升级。2017 年，我国对外贸易总额上升到 41071 亿美元，出口额为 22633 亿美元，其中加工贸易出口 7587.68 亿美元，占比下降为 33%，进口额 18437 亿美元，加工贸易进口额 4312 亿美元，占比仅为 23% 左右。与此同时，我国劳动力密集型产品，如纺织品、鞋帽等出口所占比重也在不断下降，而资本密集型或技术密集型产品如电子产品、机械产品对外贸易的比重不断提高，出口国内附加值不断提升。我国对外贸易这种转型升级的背后是各种生产要素和资源的再配置。对外贸易的转型升级对劳动力就业规模、就业风险和就业的再配置等都带来了冲击。近年来，我国的就业结构性矛盾越来越突出。据中国统计年鉴数据显示，我国城镇存在大量的隐性失业人员，城镇登记失业率从 21 世纪初至今基本维持在 4% 以上，全国城镇调查失业率都在 5% 以上。Rawski 等国外学者越来越担心亚洲，尤其是劳动力丰富的中国存在的"失业潮"现象（Rawski，2001）。对外贸易转型升级对我国劳动力市场会产生什么影响？其是否为引发我国就业结构性矛盾的原因之一？本书在大量事实数据分析的基础上，检验全球价值链分工下对外贸易转型升级对我国就业规模、就业行业结构、地区结构和技能结构变动带来的影响，并基于检验结果从对外贸易角度提出促进就业的针对性建议。

我国已经从高速增长转向中低速增长的新常态，在经济结构不断调整和转型升级过程中，就业问题将成为我国的主要难题之一。本书探求我国对外贸易转型升级与劳动力市场的运行规律，一方面有助于明晰扩大就业的产业政策方向；另一方面，研究外贸转型升级的就业结构变动效应，并基于此制定相应的产业政策，更有助于我国对外贸易的转型升级及出口竞争优势的培育，促进我国对外贸易的高质量发展，进而带动经济发展。

在全球价值链分工背景下，一国出口中包含大量从国外进口的中间产品和零部件价值。因此，采用总贸易统计方法统计的贸易数据已经无法反映真实的贸易利益，其产业升级的表现也不同。全球价值链分工中产业升级主要表现为企业或国家从低附加值生产环节向高附加值环节升级；从低附加值链条向高附加值链条转型。这些在对外贸易中的最终结果都体现在外贸出口产品"量"和"质"两个维度的升华。在全球价值链分工背景下，"量"主要是以附加值或者增加值测算的对外贸易额的提升；"质"的升华主要体现在出口中国内生产附加值率的提升。从理论意义来看，本书采用出口国内附加值率基于增加值贸易角度验证对外贸易转型与就业增长以及结构变动效应，可以丰富增加值贸易的研究。另外，国内外关于发展中国家对外贸易与就业关系的研究还存在很多争议。本书将从发展中大国的角度，检验对外贸易转型过程中贸易与就业的关系，特别是对外贸易转型过程中就业的行业、地区再配置效应，可以为以后其他发展中国家的研究提供基础。

第二节　研究内容和主要框架

本书主要研究全球价值链分工背景下对外贸易转型与升级对我国就业规模、就业风险和就业结构变动的影响。20 世纪 90 年代，我国依赖于低劳动力成本嵌入到全球价值链的加工组装环节，从事价值链中附加值最低的环节。在全球价值链分工背景下，一国出口的产品金额和质量并不能反映该地区真实的创造能力，因此传统对外贸易转型升级的表现如对外贸易商品结构优化、出口总规模扩张、出口产品质量提升等都不能很好地反映转型升级的事实。就我国的情况来看，我国是从嵌入全球价值链分工的低端环节开始，国内附加值率低，所以对外贸易转型升级更多地表现为从低附加值环节向高附加值环节升级，从低附加值链条向高附加值链条转移。这些都体现在出口增加值总量扩张和出口产品中国内附加值比率的上升。

因此，本书采用增加值贸易核算的最新方法，从出口增加值和出口中国内附加值率的上升角度衡量我国对外贸易的转型升级。在理论机制分析基础上，本书采用微观企业层面数据检验企业出口增加值和出口中国内附加值率上升对就业规模和就业弹性的影响；采用行业和地区层面数据从中观层面检验对外贸易转型升级对就业行业结构、地区结构和技能结构的影响。

从结构上来看，本书沿着理论机制—现状描述—实证检验—政策建议的思路展开研究。本书首先从理论上探讨对外贸易转型升级对就业增长以及就业结构变动的影响机制，接下来对我国对外贸易发展和转型升级的事实进行测算和描述，随后进行实证检验，最后给出本书的主要结论和针对性对策建议。本书的研究框架如图1-1所示。

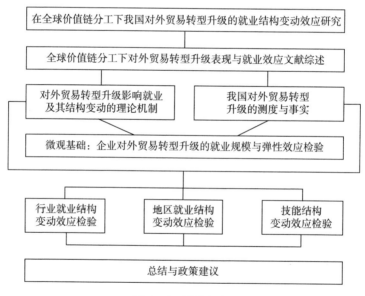

图1-1　研究框架

本书各章具体节安排如下：

第二章是本书的文献综述，主要从两个方面对本书相关的文献进行梳理。首先对全球价值链分工以及在价值链分工下对产业升级的表现和测度方法进行梳理；随后梳理对外贸易发展对就业及就业结构变动的文献，这部分主要从五个方面展开：第一，对外贸易发展对就业规模的影响；第二，对外贸易发展对就业需求弹性的影响；第三，对外贸易发展对行业就业结构的影响；

第四，对外贸易发展对就业地区结构的影响；第五，对外贸易发展对就业技能结构的影响。

第三章是本书的理论机制。本章首先基于微笑曲线理论探讨全球价值链分工下产业转型升级的表现，之后借鉴 Feenstra 和 Hanson（2003）的连续李嘉图模型从理论上分析全球价值链分工下对外贸易转型升级对就业及就业结构的影响。

第四章是本书的现状描述。本章在对我国参与全球价值链分工、开展对外贸易的历程进行描述的基础上，基于魏尚进等（2015）贸易增加值的方法，利用 WIOD 数据库从宏观层面对我国出口增加值和出口中国内附加值率进行核算；基于 Kee 和 Tang（2016）等的方法在中国工业企业数据库和海关数据的企业微观层面测度企业出口增加值和出口中国内附加值率进行测算，并基于企业数据进行加权得到行业和地区层面的对外贸易转型升级指标。不论是宏观层面还是微观层面测算的结果都显示我国出口国内附加值及其比率呈现上升趋势。

第五章从微观企业层面检验对外贸易转型升级对就业规模和就业需求弹性的影响。本章是就业结构变动效应检验的微观基础。基于企业层面数据检验发现，出口增加值提升显著扩大就业规模并降低就业波动风险；企业出口中国内附加值率上升对就业规模具有抑制效应并加剧就业风险。

第六章从行业层面数据检验对外贸易转型升级对我国行业就业结构的影响。本章首先利用 WIOD 行业层面数据检验行业出口增加值和出口中国内附加值率上升对行业就业的影响，并在此基础上检验本行业对外贸易转型升级对其他行业就业的影响。检验发现，总体来看，行业对外贸易转型升级对本行业就业具有促进作用，对其他行业就业存在挤出效应。之后，本书采用工业企业数据库测算了行业就业创造率、就业破坏率和就业再分配率、就业净增长率等指标，并检验行业对外贸易转型升级对这些指标的影响。结果发现，行业对外贸易转型升级主要通过促进就业创造率，抑制就业破坏率促进行业就业增长。

第七章从地区层面数据检验对外贸易转型升级对地区就业结构的影响。本章在各地区对外贸易转型升级以及就业变动事实描述的基础上，检验地区对外贸易转型升级对本地区及对其他地区就业的影响。结果发现，本地区出口增加值提高对本地就业具有显著促进作用，出口中国内附加值率上升总体对本地就业未产生显著影响。东部地区对外贸易转型升级对中西部地区就业有显著的抑制作用，中部地区对外贸易转型升级对东部和西部地区就业具有促进作用。

第八章基于地区层面和行业层面数据，采用 Feenstra 和 Hanson（1999）的成本转换方程检验我国出口增加值变化对技能与非技能劳动力就业相对需求的影响。结果发现，总体来看，我国对外贸易转型升级提高了技能劳动力的相对需求：以研发人员表示的高技能劳动力来看，高技术制造业、东部地区和中部地区对外贸易转型升级显著促进研发人员相对需求；以劳动力生产效率分类的技能劳动力来看，我国对外贸易转型升级主要提高了中技能劳动力的相对需求。

第九章是本书的主要结论总结和政策建议。基于前面检验的基本结论，本章从促进国内价值链与全球价值链融合、鼓励服务贸易发展、加强劳动力技能培训、提升全球价值链分工地位等方面提出促进就业的政策建议。

第三节　研究方法、创新与不足

一、研究方法

本书用的研究方法主要有：

1. 指标测算法

在测度我国对外贸易转型升级变动时，一方面采用魏尚进等（2015）总贸易体系下国内增加值与国外增加值拆分方法，基于世界投入产出数据表数据测算我国对外贸易的增加值变动；另一方面采用 Kee 和 Tang（2016）等的微观企业出口中国内附加值率测度方法测算企业层面出口中国内附加值率。另外，基于企业数据对行业和地区就业动态变动的各种指标进行测度。这些指标包括：a. 就业创造率，采用 t 期的所有新进企业新增就业数量和从 t − 1 期到 t 期原有企业的就业新增总量除以该行业总体就业规模测算；b. 就业破坏率，以地区、行业在 t 期的所有退出企业就业消失量和现有企业的就业缩减总量除以该地区、行业的总体就业规模；c. 就业再分配率，就业创造率和就业破坏率的加总。

2. 计量经济检验法

本书主要是实证检验为主，在检验对外贸易转型升级对企业就业规模、就业弹性；对外贸易转型升级对行业和地区就业结构以及技能就业结构变动时，主要采用面板数据的固定效应模型。为保证检验稳健，本书采用差分形式，所有的回归模型都是在相关理论基础上推导出来。考虑到对外贸易转型升级与就业之间存在互为因果的内生性问题，本书采用对不同国家出口所占比重计算企业层面实际有效汇率和行业层面有效汇率，以此作为出口增加值变动的工具变量进行两阶段回归。

本书基于微观企业层面的检验数据主要来自于中国工业企业调查数据库和海关企业数据库。各行业层面检验数据主要来自于 WIOD 数据库；各地区层面检验数据主要来自于国研网数据库、《中国工业统计年鉴》和《中国劳动力统计年鉴》。对技能劳动力就业结构的检验数据主要来源于《中国科技统计年鉴》《中国劳动力统计年鉴》和 WIOD 数据库。

3. 对比研究方法

在基于企业层面数据检验对外贸易转型升级对就业规模和就业弹性影响时，本书对比了不同性质企业的差异及不同地区企业之间的差异。在检验行业对外贸易转型升级对行业就业和其他行业就业时，本书对比了制造业和服务业的行业差异；在制造业对比了高技术行业和中低技术行业之间的差异。在检验地区对外贸易发展对就业地区结构影响时，对比了不同区域的效应。

二、创新之处

第一，从研究角度上看，以出口增加值和出口国内附加值率作为全球价值链分工背景下我国对外贸易转型升级的测度指标更能反映对外贸易转型升级的实际。我国对外贸易发展从加工贸易开始，是一种"大进大出"的贸易模式。这种模式下我国出口的国内附加值低，获取的贸易利益少，从全球价值链的低端环节向高端环节升级，从低附加值链条向高附加值链条转型，不断提升出口增加值和出口中国内增加值占总出口金额的比重也即出口国内附加值率才是我国对外贸易转型升级的核心所在。因此，本书采用最新发展的增加值贸易核算方法从微观和宏观两个层面测度我国出口增加值和出口中国内附加值比率，并检验这些指标变动对我国就业及其结构变动的影响。

第二，从研究内容来看，本书不仅关注对外贸易转型升级的就业增长效应，更关注转型升级的就业再配置效应。产业转型升级的过程也就是生产要素和资源再配置的过程，以劳动力这种要素来看，主要表现为劳动力在行业之间、地区之间和职位之间的调整。本书在研究对外贸易转型升级对就业规模影响的基础上，重点从行业就业再配置、地区就业再配置和劳动力技能再配置三个方面，检验对外贸易转型升级对就业调整的影响。

第三，从研究方法来看，本书从宏观和微观两个层面对对外贸易转型的就业结构变动效应进行检验。宏观层面，主要采用计量回归方法，检验出口增加值变动对行业就业、地区就业和技能劳动力相对需求的影响；微观层面，主要通过就业增长率、就业再分配率等指标测算就业在行业内的动态调整。

三、研究不足和未来方向

首先，我国对外贸易转型升级的趋势在 2008 年之后更加明显，但是受到数据可得性限制，本书样本研究期微观层面从 2000 年到 2013 年，宏观层面从 2000 年到 2014 年。因此部分检验结果并未如理论预期那样显著，比如在样本期内对外贸易转型升级对高技能劳动力相对需求作用并不明显。劳动力的再配置在短期内很难完成而且对外贸易转型升级也是一个动态变化的过程，拉长样本期从中长期检验对外贸易转型升级对劳动力市场的影响是未来研究的一个方向。

其次，对外贸易转型升级与就业及就业调整之间存在较强的内生性问题。虽然我们采用出口的有效汇率变动作为对外贸易转型升级的工具变量进行了稳健性检验，但是依然没有很好的解决对外贸易转型升级与就业之间的内生关系，未来如果能找到更好的工具变量，解决内生性问题可能检验结果更为稳健。

最后，对外贸易转型升级的表现是多方面的，本书采用在全球价值链分工下出口增加值的变动来反映可能不够全面，未来可以从其他角度，比如出口产品质量提升、出口技术复杂度提升等对这一问题继续研究。

第二章 全球价值链下对外贸易转型升级及其对就业影响的文献综述

本章主要基于全球价值链下外贸转型升级的相关研究和对外贸易对一国就业影响的文献进行梳理。

第一节 全球价值链分工下外贸转型升级研究

外贸转型升级往往与产业升级联系在一起。产业升级属于产业经济学范畴。Porter（1990）认为产业升级是指随着一国要素状况的变化，当资本积累达到一定程度时，国家应在发展过程中向技术和资本密集型产业转移，Gereffi（1999）则指出产业升级是从生产标准化产品转为生产差异化产品。Poon（2004）认为从生产低附加值产品向高附加值产品的转换就是产业升级。自改革开放以来，中国凭借低劳动力成本优势以加工贸易方式参与国际分工，主要从事低附加值、低技术含量、低质量的劳动力密集型产品的出口（许南、李建军，2012；刘维林，2012 等；Koopman 等，2014；杨汝岱和姚洋，2008等），是一种粗放型、简单的外贸发展模式。鉴于我国是以加工贸易方式嵌入全球价值链分工格局的，大量文献认为我国对外贸易的转型升级就是转变外贸发展模式，由加工贸易向一般贸易转变（刘德学，2006；隆国强，2008；汤碧，2012 等）；而对外贸易的升级包括产业升级、价值链升级、企业网络地位升级等（曾贵，2011；赵晓晨，2011；孙国辉，2007 等；刘晴和徐蕾，2013 等）。隆国强（2003）同时指出外贸转型升级体现国内不同地区对外贸易主导产业发展平衡的调整。邢斐等（2016）认为外贸转型升级就是以创新驱动转变对外贸易的发展方式，实现出口技术含量和产品结构的升级。张洪胜（2018）认为外贸转型升级的最终主要体现在从低附加值向高附加值升级，企业从低效率向高效率转变，出口产品从低质量向高质量转换。对外贸转型升级的内涵和定义，在既有的文献中并未给出统一精准的定义，学者从不同角度进行阐述对外贸转型升级的内涵。因此，本节在梳理全球价值链分工基本概况的基础上，主要对全球价值链下外贸转型升级的表现进行综述，并对在全球价值链分工下外贸转型升级的测度方法和中国的典型事例进行总结。

一、全球价值链分工的基本概念

全球价值链这个概念，源于价值链，是企业价值链理论扩展到全球范围内形成的。哈佛大学商学院迈克尔·波特（Michael Porter）教授在1985年出版的《竞争优势》一书中最先提出了价值链的概念，并提出了价值链分析模型。他从企业微观层面对价值链进行了非常系统的阐述。波特认为每个企业都是产品生产的集合体，每种产品都涵盖了产品的设计、生产、销售、配送以及其他辅助环节。这些既可以分割又相互联系的部分构成了一条能创造价值的产品生产链条，这就是企业价值链。

自第二次世界大战以来，随着关税与贸易总协定对自由贸易的不断推进以及信息技术和科技水平的不断提高，世界各国之间的贸易成本不断下降。企业尤其是跨国公司在保有"战略环节"的基础上，把其他价值活动分散到具有比较优势的国家，使得企业价值链的范围不断拉长，形成了全球价值链。在波特价值链理论的基础上全球价值链、全球产业链、产业价值链等得以不断演化。Kogut（1985）用价值增值的概念分析了企业的国际化战略，描绘了全球价值链分工的初步缩影。他指出企业的国际化战略过程实际上就是企业价值链各环节在全球的配置过程，企业在价值链的哪个环节有突出优势，就说明企业的国际竞争力就体现在这一环节。Krugman（1995）将价值链理论拓展到企业生产过程的分割和空间布局中，探讨了企业将价值链在全球进行空间分割和布局的能力。Arndt 和 Kierzkowski（2001）使用"片段化"（Fragment）来描述产品生产过程全球分割的新现象，在这种新现象下同一条价值链下生产过程的各个环节通过跨越国界的生产网络被组织起来，这一跨界网络可以通过跨国公司内部完成，也可以由许多不同企业分工完成。美国杜克大学 Gereffi 以及价值链领域的其他研究者在《发展研究所公报》（IDS Bulle-tin）杂志上推出了一期关于全球价值链的特刊——《价值链的价值》（The Value of Value Chains），从价值链的角度分析了全球化过程，解释了跨国公司在推进全球化过程中，将一件产品的价值链不同环节如产品设计、零部件生产、产品组装等分布在不同的国家或者地区，形成全球化生产网络布局。并从全球价值链的治理、演变和升级等多个角度对全球价值链进行了系统的探讨和分析，基本建立起了全球价值链（Global Value Chain，GVC）的概念及其理论框架，同时也指出在这种全球价值链布局下，很难用产品的最后生产和出口国确定产品的国别属性。

联合国工业发展组织在 2002—2003 年度工业发展报告《通过创新和学习参与竞争》中正式给出了全球价值链的定义：全球价值链是指在全球范围内为实现商品或服务价值而连接生产、销售、回收处理等过程的全球性跨企业网络组织，涉及从原材料采集和运输、半成品和成品的生产和分销，直至最终消费和回收处理的过程。

在全球价值链下，生产的国际化程度不断加深，国际分工已经深入到产品生产阶段内部。每个国家只在商品（或服务）某个特定阶段进行专业化生产，国际分工的深化表现为最终产品需要由多国多阶段分别来完成，不同国家或地区处于全球生产网络不同的位置，一国对来自于其他国家中间投入品生产加工并出口至第三国，第三国也会将进口产品作为中间产品投入加工后出口，直至最终产品出口到最终目的地为止，这种崭新的分工形式被称为全球价值链分工（The Global Value Chains Specialization），或者国际垂直专业化分工（Vertical Specialisation），或者产品内分工（卢峰，2004）。在当前全球价值链分工中，发达国家或地区依据于其人力资本、技术等优势往往控制住价值链的两端也即研发环节和品牌、销售以及核心关键零部件，专注于人力资本、资本、技术密集型工序的生产，而发展中国家主要从事简单零部件或组装等价值链低端劳动密集环节的生产。相对于传统国际贸易理论，全球价值链下国家间分工从生产最终产品的比较优势演化为各国在生产环节上的分工。国际贸易活动正在从货物贸易（Trade in Goods）逐渐向生产工序日益细化的任务贸易（Task Trade）转变；国际贸易交换的产品不再是最终消费品而是大量中间产品。

二、全球价值链分工下外贸转型升级研究

全球价值链分工将企业、地区甚至国家置于全球生产的动态学习曲线中，在各生产环节企业之间、各国家之间、地区之间相互竞争而且存在价值链环节的"低端锁定"；同时随着参与全球价值链分工的不断深入，企业和国家的要素禀赋状况和比较优势都会发生变化。因此要保有参与全球价值链分工的地位并不断获取更高的利益，全球价值链分工参与的企业、国家都需要不断进行转型升级，保持强有力的竞争优势（Porter，1990；Gereffi，1999）。

（一）在全球价值链分工下外贸转型升级的内涵和表现

在全球价值链下升级，一般来讲是指"产业升级"或者"经济升级"。Gereffi（2005）对全球价值链分工下升级的定义是"在全球价值链生产活动中，经济各部门－国家、企业和工人—从低附加值向高附加值活动移动的过程"。一旦国家、企业参与全球价值链分工下的生产网络，升级是最优的长期战略，是企业或国家长期竞争力的源泉，能获取更大参与全球价值链分工的利益（Cattaneo 等，2013）。Gereffi 等（1999）通过对东亚服装产业的研究，提出东亚服装产业升级是沿着原始设备组装（Original Equipment Assembly，OEA）→原始设备制造（Original Equipment Manufacturing，OEM）→原始设计（Original Design Manufacturing，ODM）→原始品牌制造（Original Branding Manufacturing，OBM）进行的。这里 OEA 是指企业利用采购者提供的原材料进行加工组装，相当于我们所说的原料加工。OEM 也被称为定牌生产或授权贴牌生产，是指采购方委托制造方按照要求进行贴牌生产。ODM 是指由采购方委托制造方提供从研发、设计到生产、后期维护的全部服务，而由采购方负责销售的生产方式。OBM 是指生产制造商自行建立品牌，自行进行设计、采购、生产和销售的模式。大量关于中国加工贸易转型升级的研究都按照 Gereffi 的路径展开（刘志彪，2005；王子先等，2004；胡军，2005；杨桂菊，2006；梁军，2007；沈玉良，2007；曾贵和钟坚，2011）。Humphrey 和 Schmitz（2000、2002）进一步总结了企业在全球价值链中的四种升级路径或者模式。这四种模式为工艺流程升级（Process upgrading）、产品升级（Product Upgrading）、功能升级（Functional Upgrading）和链条升级（Chain Upgrading）基本

相似。工艺流程升级是通过整合生产系统或引入技术含量较高的加工工艺，从简单产品的生产转向复杂产品的生产，保持竞争优势，比如传统制造业中大量使用计算机技术或者高端机械设备等促进流程升级，提升生产效率。产品升级是通过引进新的产品或改进已有产品，提高产品出口复杂度或技术含量，实现产品从低附加值向高附加值转换，比如企业生产产品从衬衫到西服的升级。功能升级是通过价值链环节的攀升实现，企业从低附加值价值环节转向高附加值价值环节的生产，比如从制造环节到营销、设计等环节攀升。链条升级是从一产业链条转换到另外一条产业链条的升级方式，比如从参与劳动力密集型产品的全球价值链分工转向参与资本或技术密集型产品全球价值链的分工。基于工艺流程升级、产品升级、功能升级、链条升级的四种模式都带来企业资本的不断深化和利润的相应增加（Humphrey 和 Schmitz，2002）。不过（Kaplinsky 和 Morris，2003）指出全球价值链的升级不仅仅是沿着链条往上爬，而是需要从更广泛的角度去研究价值链的升级。（Giuliani 等，2005）同时也指出转型升级是多方面的，需要从多个角度展开，生出更优质的产品，提高生产效率，参与更有技术含量的生产环节等都是升级的表现。

　　经济学角度对全球价值链下外贸转型升级更多的是从宏观层面进行分析，认为在全球价值链下外贸转型升级的过程就是一国生产从低附加值向高附加值的演变过程（盛斌等，2015）。这种外贸的转型升级体现在两个方面：第一，一国生产的产品从低附加值的行业链条向高附加值的行业链条转换，主要表现为一国或地区产业结构不断调整和高级化的过程，比如主导产业从第一产业向第二、第三产业转移，从第二产业的劳动力密集行业向资本、技术密集型行业链条转移（Ozawa，2007；Ernst 等，2001），这种转型升级体现在对外贸易中一国或地区对外贸易商品结构的升级和高级化（江小涓，2007），反映的是 Humphrey 和 Schmitz（2000）所提出的链条升级。第二，一国在全球价值链分工中位置提升的过程，通常是该国从全球价值链的低附加值环节向高附加值环节升级的过程，这种反映的是 Humphrey 和 Schmitz（2000）所讲的工艺流程升级，产品升级和功能升级。学者往往采用垂直专业化指数（Hummels 等，2001）、出口价格指数（Schott，2004）、出口技术复杂度指数（Hausmann 等，2007）、GVC 地位指数（Koopman 等，2010）和上游度指数（Antràs 等，2012）等对一国全球价值链分工位置进行测度，通过观察这些指标随时间变化进而捕捉一国对外贸易转型升级的信息。

（二）在全球价值链分工下对外贸易转型升级的测度方法

全球价值链的国际分工格局中，分工深入到产品层面和同一产品各生产环节中，对外贸易以中间品贸易为主，表现为中间品贸易在国家间反复流动，模糊了最终产品的原产国的概念。因此无法借助简单的资本、技术密集型行业出口占比或者出口占总产出的比重等指标对对外贸易转型升级进行测度。在全球价值链分工下，学者往往通过测算一国在全球价值链中的位置，通过观察其变化了解一个国家产业转型升级的过程。这些测度方法包括：

1. 垂直专业化指数

Hummels 等（2001）将一国进口品分为用于国内最终消费与用于出口品生产两部分，然后按进口品用于出口的价值对出口额的比率来定义"垂直专业化分工程度"。

可以计算出每个行业的垂直专业化贸易额 VS_i：

$$VS_i = \left(\frac{M_i}{Y_i}\right)X_i = \left(\frac{X_i}{Y_i}\right)M_i$$

其中，$M_i = \sum_j M_{ji}$ 表示 i 部门进口的中间产品，M_{ji} 是 i 部门从国外 j 部门进口的中间产品，Y_i 表示 i 部门的总产出，X_i 表示 i 部门的总出口。

其次，可以得到 i 部门的垂直专业化指数 VSS_i：

$$VSS_i = \frac{VS_i}{X_i} = \mu A^M \left[I - A^D\right]^{-1} X/X_i$$

其中，μ 是 $1*n$ 阶单位向量（n 是 i 部门细分行业的数量），I 是单位矩阵，A^D 是国内消耗矩阵，$[I - A^D]^{-1}$ 是里昂惕夫逆矩阵，X 是 $n*1$ 阶出口向量，A^M 是 $n*n$ 阶进口投入系数矩阵（$A^M = \lambda_i A$；λ_i 是 $n*1$ 阶列向量，表示进口 i 部门中间产品占行业总进口的比例，$\lambda_i = \dfrac{\text{i 部门总进口}}{\text{i 部门总产值 + 进口 - 出口}}$；$A$ 是直接消耗系数矩阵）。

Hummels 等（2001）利用含有各产业进口投入、产出及出口的投入产出表计算了包括爱尔兰和韩国在内的十个 OECD 成员国以及中国台湾地区的 VSS。该指数越大，说明一国或其产业在出口中采用的国外进口附加值越高，其分工地位越低。

北京大学中国经济研究中心课题组采用了 HIY 方法，运用中国 1992、1997 及 2000 年的投入产出表，根据联合国进出口贸易数据，对中国 1992—2013 年共 12 年的出口贸易中垂直专业化与中国对美出口贸易中的垂直专业化程度作了分年度的计算。结果显示，在这 12 年中，中国的出口贸易中垂直专业化的价值比率已从 1992 年的 14% 上升至 21.8%。Song 和 Wang（2017）、Lu 等（2017）、唐宜红等（2017）等也用这种方法利用中国在全球价值链的地位进行测算。文东伟和冼国明（2010）、于津平和邓娟（2014）等采用行业垂直专业化指数都发现我国在全球价值链中的位置在提升。

2. 出口技术复杂度指数

该指数通过分析一国某产业出口商品的技术结构变动情况反映在全球价值链地位的变动，一般出口技术复杂度指数越高，其地位越高（Michaely，1984；Lall 等，2006；Rodrik，2006；Hausmann 等，2007）。一国出口产品的技术复杂度指数的计算公式为：

$$Prody_k = \sum_j \frac{X_k / X_j}{\sum_j (X_k / X_j)} Y_j$$

X_k 是 j 国家 k 产品的出口额，X_j 为 j 国的所有出口产品的总额，Y_j 是 j 国的人均生产总值，也就是 GDP。根据产品出口技术复杂度可以加权计算行业和国家层面的出口技术复杂度。

姚洋和张晔（2008）利用中国投入产出表直接消耗系数为权重构建产品的加权复合技术含量指标，以剔除国外进口品在最终产品技术含量中的贡献，对出口产品的国内技术含量进行测算，发现广东省出口的技术含量呈 V 性变化，全国和江苏的出口技术含量呈下降趋势。杜传忠和张丽（2013）等利用贸易增加值分解的垂直专业化模型计算得到完全国内增加值系数，对出口复杂度指数体系进行修正，发现我国出口产品技术复杂度呈现行业差异性，资源型行业、低技术行业、中技术行业的国内技术复杂度均呈现出增长态势。

3. GVC 地位指数

Koopman 等（2010），采用一国某产业出口到全世界其他国家或地区的中间品对数值和本国该产业出口品中所包含的进口中间品对数值之差表示，该指数越大说明在全球价值链中的地位越高。一国在产业 r 上的全球价值链嵌入

指数 GVC_{ir}：

$$GVC_{ir} = \ln\left(1 + \frac{IV_{ir}}{E_{ir}}\right) - \ln\left(1 + \frac{FV_{ir}}{E_{ir}}\right)$$

其中，IV_{ir} 表示出口增加值（国内附加值），衡量 i 国 r 产业出口中包含多少本国价值增值，经另一国加工后又出口给第三国；FV_{ir} 表示 i 国 r 产业出口最终产品中包含的国外附加值，即本国出口最终产品中包含国外进口的中间品价值，即进口增加值；E_{ir} 表示 i 国 r 产业以增加值统计的出口额。

GVC_{ir} 越大，表示产业的国内附加值 IV 占总出口的比例高于国外附加值 FV 占总出口的比例，表明 i 国越容易向其他国家提供中间品参与价值链生产，越靠近价值链上游环节。Koopman 等（2010）利用 GTAP 数据库构建了一个全球性的区域间投入产出表，同时利用了中国的投入产出表和墨西哥的投入产出表，并将出口贸易考虑在内。他们基于区域间投入产出模型的分块矩阵结构把总出口中的增加值分解为国内增加值和国外增加值，并进一步将出口中的国内增加值分解为可显示出一国在全球价值链上的上下游位置的成分，考察了全球价值链上增加值的区域性差异，发现新兴市场（如东亚国家）被更紧密地整合到国际供应网络上，它们的出口中包含更多的国外增加值。

周升起等（2014）基于中国制造业整体及具体行业的 GVC 指标测算发现中国在全球价值链分工中的地位仍然处于较低水平，不过"劳动密集型"行业在 GVC 中的国际分工地位明显高于"资本、技术密集型"和"资源密集型"行业；1995—2009 年期间，中国制造业在 GVC 中的分工地位呈现"L"型演变特征。潘秋晨（2019）运用 1995—2014 年 WTO 与 OECD 联合发布的 TiVA 数据库和中国装备制造业部门的面板数据测算的 GVC 指数发现中国装备制造业整体的转型升级效果在震荡中呈现上升趋势。王岚（2014）测算中国制造业的 GVC 指数，认为中国制造业在全球价值链中地位呈"V"，低技术行业地位获得提升。刘琳（2015）、王岚和李宏艳（2015）、盛斌和景光正（2019）、戴翔等（2017）等也采用该指标对中国在全球价值链的位置进行测算，发现中国在全球价值链分工处于低位，不过随着时间在提升。

4. 上游度指数

Antràs 等（2012）提出可通过一国产品到达最终需求之前所经历的生产阶段数计算反映其在全球价值链中的地位。其测算公式是：

$$D_{im} = 1 + \sum_{jn} g_{imjn} * D_{jn}$$

这里 D_{im} 和 D_{jn} 分别是 m 国 i 产品和 n 国 j 产品的上游度指数；g_{imjn} 是 m 国 i 产品作为中间投入品销售给 n 国 j 部门的价值在 i 产品产出价值中的比重。

该指数是一国承担的中间品生产与最终产品之间的距离。该指数越大，说明该国该产业与最终需求的距离越远，说明在整个生产环节上处于上游，其全球价值链地位越低。上游度指数越小，说明国际分工地位越高。利用该指标还可以计算一国在全球价值链分工中的下游度指数。上游度指数假设相邻生产环节之间的距离都等同于 1，但各产业在价值链上各环节间的距离未必相同，其创造的价值也存在差异。周华等（2016）对 Antràs 等（2012）的上游度指数采用非等间距进行了改进。

张为付和戴翔（2017）采用出口国内增加值替代 Antràs 等（2012）公式中的传统总出口数据，并测算了我国在全球价值链分工地位，发现中国全球价值链分工地位总体处于中低端，不过中国制造业在国际分工的地位有改善趋势。刘洪铎（2013）、邓光耀和张忠杰（2018）等采用该指标对中国的位置进行测算。该指数只能说明某国某一产业的全球价值链嵌入位置，并不能反映价值增值能力和全球价值链地位高低。

5. 其他测度方法

Schott（2004）等认为出口产品价格不同其产品附加值的价值也不同，一国出口价格指数的变化可以侧面反映一国全球价值链的地位，价格越高地位越高。施炳展（2010）对比中国与其他国家出口价格变化发现我国大部分出口产品处于价值链低端水平。胡昭玲和宋佳（2013）从产品价格变化的角度发现中国加入 WTO 后在全球价值链分工地位有所改善。也有学者采用显示性比较优势指数反映的竞争力指数衡量一国在全球价值链中的作用（Balassa，1965）。

从现有文献来看，关于一国及其行业在全球价值链分工的地位变化测度不同的学者采用不同的维度和方法展开。但需要注意的是这些指标都基于不同假设基础上成立，各自存在局限性，比如垂直专业化指数假设出口和内销产品对于中间品的需求偏好一致；出口价格和技术复杂度存在空间异质性，平均价格指数和出口技术复杂度无法体现这种异质性；GVC 地位指数没有把物流配送、市场营销及售后服务等环节的增加值纳入考虑，等等。这些指标的这种局限性使其很难真实反映一国总体和行业在全球价值链中的地位，不同指标测算出来的结果存在差异，而且即使地位测度准确，也并不能说明全球价值链分工中获得具体利益大小。因为在全球价值链分工中，对外贸易主要表现为零部件贸易和中间产品贸易，而且随着分工程度的不断深入，各种零部件和中间产品频繁出入关境的现象大量存在。凡是采用海关统计的出口额或进口总额测算的各种全球价值链分工地位指标都很难反映一国或行业在全球价值链中的价值增值情况，地位的变化也没法反映一国对外贸易利益的变化。因此最近几年学者更多关注增加值贸易测算，并基于增加值对各种指标进行改进（张为付和戴翔，2017；文东伟，2017）。

纵观学者从各种角度分析的在全球价值链分工下产业升级和对外贸易转型升级的表现来看，在全球价值链分工背景下，对外贸易的转型升级主要体现在一国企业或者产业沿着同一价值链链条从低附加值位置向高附加值位置攀升和从低附加值链条转而参与高附加值链条的分工。不论是哪种转型升级类型，对外贸易转型升级最终的结果都体现在外贸出口产品"量"和"质"两个维度的升华。在全球价值链分工背景下"量"主要是以增加值测算的对外贸易额的提升；"质"的升华主要体现在出口中国内生产附加值率的提升。因此，本书中在全球价值链下对外贸易的转型升级主要以出口国内增加值总额增长、出口国内增加值率提高来表示。

三、出口增加值的核算

在全球价值链分工背景下，对外贸易表现为各种中间品和零部件贸易，并且存在中间品、零部件多次反复跨越关境的情况，这导致以原产地为规则的关境和总贸易核算法统计的对外贸易额无法反映各国真实的贸易利益和分工地位，需要在当前海关统计的贸易额中剥离出一国真正的国内附加值，以及增加值贸易的测算。鉴于当前全球生产网络的复杂性和数据的可得性，目前各界对出口增加值的剥离方法也在不断探索中，主要的研究从两个层面展开。一个是从宏观层面，借助投入产出表，通过剥离出口一国国内生产的投入和国外投入，测算出口产品中的国内增加值；另一个是从微观层面，具体通过剥离出口企业在生产过程使用进口国外中间产品的价值测算出口产品的国内附加值含量。

（一）宏观层面增加值贸易的测算

投入产出表提供了各个产业详细的中间投入、出口和产出数据，利用投入产出表对一国出口中的国外和国内增加值进行测算是当前宏观和中观层面常用的方法。当前贸易增加值测算方法主要有基于单国投入产出表的 HIY 和 DRS 方法、区分一般与加工贸易的 KWW 和 DFW 方法，国家间投入产出表的 KPWW、增加值出口比率（VAX ratio）及总贸易核算方法。

1. 利用单国投入产出表进行测算

（1）HIY 方法

Hummels 等（2001）在测算垂直专业化指数的过程中，基于一国非竞争型投入产出表首先测算了计算一国出口产品的国内与国外增加值含量。但这种测算隐含两个关键假设一是对于以出口为目的及以满足国内最终需求为目的的货物生产，其进口投入的程度必须是相等的。二是所有进口中间投入 100% 是国外增加值。这种假设不适合以加工贸易为主和进口中包含极大自身增加值份额的国家，会明显低估从事加工贸易国家出口商品中的国外增加值。

（2）DRS 方法

Daudin、Rifflart 和 Schweisguth（2011）修正了 HIY 法，放宽了假设条件并测算包含在进口中经过国外加工返还的国内增加值，即出口品中折返的国内增加值份额。DRS 方法认为总出口（E_t）等于国内增值（DV_t）加国外增值（FV_t）之和，并将一国出口分解为 5 部分：a 直接进口方吸收的最终产品和服务出口中的国内增值；b 出口中间品的国内增值；c 出口到第三国的国内增值；d 出口后又返回本国的中间品国内增值；e 出口中包含的国外增值。

其中 a－d 的加总为总出口的国内增加值，e 为总出口的国外增加值。而 a－c 的总和与总出口的比例，为 Johnson 和 Noguera（2012）测算的增加值出口比例（value added export ratio）提供依据；d－e 即为传统贸易统计方法中的重复计算部分，为 Wang 等（2013）提出总贸易核算方法提供了重要的研究思路。

（3）KWW 方法

Koopman 等（2008a，2012b）放松了 HIY 方法中进口和出口生产均使用同一技术的假设，综合考虑了一般贸易与加工贸易在进口中间产品投入比例上的不同，把投入产出表分离为一般贸易与加工贸易的投入产出表，然后计算中间产品的进口，这种剥离增加值的方法称为 KWW 方法。其区分加工贸易和一般贸易的投入产出表，如表 2-1 所示。

　　KWW 方法分两步来测算各行业的国外增加值：首先，通过联合国 BEC 划分中间品，直接利用海关数据以获得各行业直接进口的中间品价值；然后，借助于已有的投入产出表所反映的各行业间投入产出关系，测算各行业在国内采购中间品而间接获得的进口中间品价值。KWW 测算方法也涉及两个关键性假设：a）无论是出口产品还是内销产品，其投入的进口中间品的比例是一样的；b）对于所有产品，无论其销往何地，资本和劳动的初始报酬相同，而国内中间品无论用于一般贸易还是国内销售，其初始报酬也都是一样的[1]。

表 2-1　单国考虑加工贸易的非竞争型投入产出表[2]

		中间需求			最终需求					总产出或总进口
		国内用产品生产（D）	加工出口生产（P）	非加工出口生产及其他（N）	消费	资本形成	净出口	其他	最终需求	
		1, 2, …, n	1, 2, …, n	1, 2, …, n						
国内产品中间投入	国内用产品生产（D）	X^{DD}	X^{DP}	X^{DN}	F^{DC}	F^{DI}	0		F^D	X^D
	加工出口生产（P）	0	0	0	0	0	F^{PE}		F^P	X^P
	非加工出口生产及其他（N）	X^{ND}	X^{NP}	X^{NN}	F^{NC}	F^{NI}	F^{NE}		F^N	X^N
进口品中间投入 1 ⋮ N		X^{MD}	X^{MP}	X^{MN}	F^{MC}	F^{MI}			F^M	X^M

---

　　[1]　部分国内学者（唐东波，2012）认为假设条件过强也会对研究结果产生一定程度的偏差。
　　[2]　单国不考虑加工贸易的非竞争型投入产出表仅比考虑加工贸易国内产品中间投入和中间需求中少了加工出口生产部分，故没有在论文中列出。

续表

	中间需求			最终需求					总产出或总进口
	国内用产品生产（D）	加工出口生产（P）	非加工出口生产及其他（N）	消费	资本形成	净出口	其他	最终需求	
	1，2，…，n	1，2，…，n	1，2，…，n						
中间投入合计									
增加值	V^D	V^P	V^N						
总投入	X^D	X^P	X^N						
劳动力	L^D	L^P	L^N						

资料来源：Koopman，Wang and Wei，2008.

Dean 等（2007）设定进口中间投入与总进口之比等于中间总投入与总产出之比。基于此，Dean 等（2011）采用 Koopman（2008）拆分为一般贸易和加工贸易的投入产出表对一国出口中进口的国外附加值进行测算，这种增加值的测算方法称为 DFW 方法。

以中国情况来看，区分加工贸易的方法比没有区分的方法测算的国外增加值比率大约高出一倍左右。Hummels 等（2001）测算结果显示中国出口中国外增加值比率从 1997 年 17.6% 上升到 2007 年的 28.7%；而 Koopman 等（2008）测算显示中国出口贸易中包含的进口中间品份额 1997 年为 46%，电子设备行业的垂直专业化分工程度达到了 80%。Dean 等（2011）利用 DFW 方法显示 1997 中国国外增加值为 47.7%，其中加工进口国外增加值高达 81.9%。

KWW 和 DFW 方法都对于衡量全球价值链分工体系下的一国国内贸易附加值更贴近于现实，得到的结果也是比较精准的。将加工贸易单列，以建立适合中国特点的垂直专业化分工测算指标，但中国加工贸易数据只统计到章，每一章同时包含投入产出表中的几个行业，而行业的归并划分存在较大的随意性，难以准确对应，分行业分析研究的价值大大降低。同时，因投入产出表编制时间较长，对垂直专业化分工进行分析的数据也存在较长时间的滞后，分析结果能否反映或者在多大程度上可以反映当前的参与全球价值链分工的程度还存在疑问，且该方法需要对统计部门公布的投产表进行重新的拆分整合，存在一定的技术难度。

2. 国际间投入产出表测算贸易增加值

采用单国投入产出表往往不能计算双边或多个国家增加值的分布情况，尤其是涉及到出口到第三国或从第三国进口的状况，而借助国际间投入产出表则能够清晰测算出一国总出口增加值的来源与去向。基于国际间投入产出表测算各国出口增加值的方法目前较为普遍认可的方法有 KPWW 方法、增加值出口比率法和总贸易核算法。

（1）KPWW 法

Koopman，Power，Wang 和 Wei（2010a，2011b）整合关于垂直专业化和增加值贸易的研究成果，在 HIY 与 DRS 方法基础上以 ICIO 数据表、GTAP 数据库第 7 版、联合国贸易发展委员会双边贸易数据库及亚洲投入产出表为基础建立起一个国家间投入产出数据库，利用出口总额分解模型可将一国出口总值分解为每个生产环节的增加值框架。KPWW 法将产品的每一个用途具体在每一个来源进行区分为中间进口品与最终产品，将一国出口总值进行分解得到出口国内增加值、出口国外增加值和进口国内增加值和进口国外增加值，有助于更好的认识贸易现状。KPWW 法将投入产出表作为会计框架而不是模型加以应用，以分解贸易总值，可准确核算贸易增加值的来源。

（2）增加值出口比率方法

Johnson 和 Noguera（2011a，2012b）利用 OECD 与 GTAP 7.1 投入产出表，结合双边贸易数据，构建全球双边投入产出矩阵，首次提出增加值出口率（Value Added ExportRatio，VAX）的概念，用来衡量生产分工强度的比率。采用 VAX 方法对中国加工贸易进行调整处理后计算出 2004 年中美贸易差额会缩减 30% ~40% 。

Johnson 和 Noguera 所定义的增加值出表明部门 S 在 i 国生产被 j 国吸收的增加值为 $va_{ij}(s) = r_i(s)y_{ij}(s)$，$r_i(s)$ 与 $y_{ij}(s)$ 表明 i 国 s 部门相对于总产品的增值比率及总产出，i 国生产被 j 国吸收总增加值为 $va_{ij} = \sum_s va_{ij}(s)$。Johnson 和 Noguera（2012）首次实现对贸易中不同来源增加值进行时间序列分解，分析了世界、单个国家及双边三个维度的出口增加值比率及其动态变化。Johnson（2014）计算的增加值出口比率发现当前对外贸易发展的 5 个典型事实：a）目前世界总增加值出口相当于总出口的 70% ~ 75%，低于二十世纪 70 至 80 年代的约 85%[①]；b）在计算的增加值比例中，制成品贸易在变小，而服务贸易在变大；c）不同国家增加值出口在总出口占比变化非常大，从 50% 至 90% 区间波动；d）双边增加值与总出口的缺口在不同的贸易伙伴间是较大且异质性的；e）相对于总出口增加值的变化在国家和双边贸易伙伴间已经呈现出异质性。

（3）总贸易核算方法测算的增加值

鉴于 HIY 等方法采用里昂惕夫矩阵只能计算一国出口国内增加值，且不能将不同国家之间的中间品贸易被不同国家和部门最终吸收增加值结构进行分解，KPWW 方法同样也不能解决分解问题，而 VAX 比率方法虽被广泛采用，但需要在两个地方需要改进，一则是不能定义为 0 与 1 之间，增加值出口比例可能超过 1，二则 VAX 比率不能很好反映出全球生产链跨国分工的一些重要特征，能解决官方统计中间品跨越国界纯重复计算问题，也不能反映不同国家在全球价值链的不同位置及动态变化。Wang 等（2013）在综合以往方法基础上提出一种新的总贸易核算方法（Gross Accounting Export）[②]，不仅提供了在任一层面上对总贸易流量进行完整分解的明晰方法，提供了如何正确定义度量跨国生产分工与重复计算综合指标的解析结果，且解决了对投入产出表过度依赖的问题。

Koopman 等（2014）和 Wang 等（2013）在总贸易核算方法基础上，采用 WIOD 和 GTAP 跨国投入产出表并结合海关的微观贸易数据，分析国际贸易过程中各国出口中国内增加值、国外增加值和重复计算部分。按照双边贸易、部门或双边部门水平分解了贸易总额分为 4 大类：最终被国外吸收的国内增加值（DVA），返回的国内增加值（RDV），用于生产本国出口的外国增加值

[①] 表明世界贸易中中间品比重日益增加的垂直专业化分工趋势日益显著，很多国家制成品出口中有相当大比重来自于国外的增加值。

[②] 该方法见 Zhi Wang, Shang - Jin Wei and Kunfu Zhu（2013），"Quantifying International Production Sharing at the Bilateral and Sector Levels"，NBER Working Paper No. 19677，November 2013，revised in March 2014，即对官方统计贸易数据双边与部门层面的贸易流量中重复计算的部分进行定义和度量，并考察其结构与来源。

（FDV）和中间品贸易的纯重复计算部分（PDV），进一步解决中间品贸易纯重复部分计算（pure double counting）的问题，见图2-1。

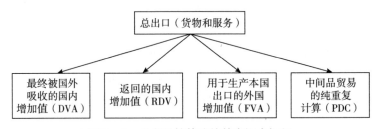

图2-1 总贸易核算法的基本概念框架

资料来源：Koopman, Zhi Wang, and Shang-Jin Wei, "*Tracing Value-Added and Double Counting in Gross Exports*," *American Economic Review* 2014, 104（2）：459-494.

总贸易体系中出口国内增加值可以分为被国外吸收的国内增加值（DVA）和返回并被本国吸收的国内增加值（RDV）两部分。前者根据其被最终吸收的不同渠道又分为可以分解为最终出口的国内增加值（DVA_FIN），被直接进口国吸收的中间出口（DVA_INT），和被直接进口国生产向第三国出口的中间出口（DVA_INT_REX）。后者（DVA_INT_REX）包括被进口国生产通过最终出口返回（RDV_FIN），被进口国生产中间出口至第三国以最终进口返回（RDV_FIN2）和被进口国生产通过中间出口返回（RDV_INT）三部分。

基于总贸易核算方法分解的出口中国内增加值和国外增加值是当前增加值贸易核算最为准确的方法。但基于投入产出表的测算方法仅仅适应于国家层面或者国家行业层面，而参与全球价值链的主体是微观企业，这些指标很难体现出差异性企业在全球价值链分工中地位的变化。因此近些年学者也开始从企业层面测算企业出口的国内附加值。

（二）企业层面采用贸易增加值的测算方法

最初基于企业层面参与全球价值链分工程度往往采用企业中间品进口占总出口的比重表示。Feenstra 和 Hanson（1999）引入中间品进口量，用中间品进口占非能源原材料购买总量的比例测度了企业外包的程度，NG 和 Yeats（2001）计算了主要机械及交通运输设备一组产品的中间品贸易情况。Xing 和 Detert（2010）对苹果手机的各国增加值进行了估算，得出中国实际获得增加值约占3.8%。Geishecker 和 Görg（2011）结合产业产值数据测算了中间品进口的使用情况。由于有些产品既可以作为中间产品，也可以作为最终消费品，不能准确全面反映全球化生产的现象，且由于数据匹配等原因会导致对国外增加值的测算存在很大偏差。Upward 等（2013）采用中国海关 2000 年至 2007 年贸易数据，基于 HIY 模型进行修正提出新的垂直专业化计算公式：

$$VSS_{NEW} = M^P + \frac{M^O}{Y - Y^P} \cdot X^O$$

其中下标 P 与 O 分别代表加工贸易与一般贸易，$Y - Y^P$ 表示国内销售价值加一般出口，$\frac{M^O}{Y - Y^P}$ 表示一般出口中进口中间品的比例，假如 M^P 与 X^P 为零，则新算法等于 HIY 计算结果，即：

$$VSS_{HIY} - VSS_{NEW} = \left(\frac{X^O + X^P}{Y} - 1 \right) \times M^P + \left(\frac{Y - X^O - X^P}{Y - X^P} \right) \cdot \left(\frac{X^P}{Y} \right) \cdot M^O$$

则企业国内含量 $DV = X - VS_{NEW}$，国内增值率 $DVS = \frac{DV}{X} = 1 - \frac{VS_{NEW}}{X}$。

Upward 等（2013）采用企业产品层面数据计算了中国企业出口的国内增加值，结果表明由于加工贸易原因出口中国内增加值远低于以前估计，而技术密集型企业出口的国内增加值提升较快。

Kee 和 Tang（2013，2016）通过对中国工业企业和交易层面数据计算了加工贸易国内增加值率（DVAR），作为衡量一个企业利润率重要指标。一个企业总收入：

$$PY = \pi + \omega L + \gamma K + P^D M^D + P^I M^I$$

其中总收入 PY 构成分别为利润（π）、工资（ωL）、资金成本（γK）、国内与进口原材料成本（$P^D M^D$ 和 $P^I M^I$）。

加工贸易出口收益 $EXP = \omega L + \gamma K + P^D M^D + IMP + \pi$，其中 IMP 为加工贸易进口，则加工贸易企业国内增加值：$DVA = EXP - IMP = \omega L + \gamma K + P^D M^D + \pi$。加工贸易企业国内增加值率：$DVAR = \frac{DVA}{EXP} = 1 - \frac{P^I M^I}{PY}$；一个企业国内增加值率取决于进口原材料在总收入中所占比重$\left(\frac{P^I M^I}{PY} \right)$。

Kee 和 Tang（2013）计算结果表明 2000 年—2006 年间中国加工贸易企业国内增加值率从 49% 上升到 58%，成为总出口国内增加值增长的大部分构成，这种上升的趋势是由于采用国内原材料对进口原料的替代，且国内供应原材料种类多样化也在不断增长。

Ma，Wang 和 Zhu（2014）在 Koopman 等（2012）模型基础上基于企业所有权性质分析了中国出口的国内增加值及其分配，针对外资与内资企业的加工贸易与一般贸易活动，结合中国 2007 年投入产出表与海关企业层面数据，研究结果表明中国总出口中国内增加值约为 59%，外资企业贡献了增加值的 45% 左右，内资企业不足 5%。考虑不同贸易方式、特点和不同商品的进口问题后，张杰等（2013）对于国内增加值率的测算做出了进一步地修正，发现 2000—2006 年出口企业的国内增加值率经历了 48.39% ~ 57.7% 的变动。吕越等（2015，2018）综合 Upward 等（2013）、Kee 和 Tang（2013）等的方法采用 4 种方法对企业在全球价值链中国外增值率进行了测算。

从当前关于增加值贸易测算的方法梳理中可以看出，不论是哪一种测算方法都有不足支出，主要是因为全球价值链生产网络下，各种中间品、零部件以及原材料不断在各国关境范围内穿梭，现有的统计数据很难把产品中一国生产的具体价值跟其他国家或地区生产的价值完全区分出来。不过也要看到增加值贸易的测算方法是在不断完善和更新的，随着数据可得性不断提高，各国增加值贸易额的测算结果一定更加可信。本文在测算中国对外贸易转型升级时采用的增加值测算方法宏观层面主要采用最新的总贸易核算法；对微观企业层面的数据则采用吕越等（2018）的方法。

不论是从微观管理角度还是从宏观层面研究的全球价值链下对外贸易的转型升级是一个动态运动的过程，意味着从一个生产环节到另一个生产环节的利润增加。全球价值参与的利润并不是平均分配在各个生产环节和位置的，高附加值环节的升级往往带来更大的经济利益，包括更高的收入、更高工资和就业以及更大的技术扩散[①]。因此，不论采用那种方式测度的对外贸易转型升级都伴随着资本不断深化、利润不断提高的过程。资本深化意味着企业在技术选择的过程中不断地以自动化技术代替劳动，以进一步提高资源配置效率，这样的一个过程必然会对一国的就业产生深远的影响。

---

① OECD. Interconnected Economies：Benefiting from Global Value Chains. Paris：OECD Publishing，2013.

第二节　全球价值链分工下对外贸易对就业的影响研究

随着全球价值链分工的不断深入，全球价值链分工对各国劳动力市场的影响也变得更重要（Barrientos 等，2010；Yane，2018；Rodriguezlopez 和 Yu，2017 等）。本节主要是梳理全球价值链分工下对外贸易发展对就业结构调整的影响。

一、对外贸易发展对就业规模的影响

有关国际贸易的就业效应分析可以追溯到要素禀赋理论，该理论认为随着劳动力丰裕国家的出口增加，其对国内劳动力需求上升，增加国内就业。基于异质性企业的检验发现一般出口企业吸收的就业比非出口企业高（Bernard 和 Jensen，1995，1999，2002；Eaton 等，2004 等）。大量的经验检验都发现一国出口的发展对发展中国家就业有显著的正向拉动作用（Annie，1983；Milner 和 Wright，1998 等），不过对发达国家对外贸易对就业的作用效果，不同的样本得出的结论也不同，Revenga（1992）对美国制造业检验发现进口降低了美国制造业就业；而 Messerlin（1995）采用法国数据、Fainiet 等（2001）采用意大利数据、Greenaway 等（1999）采用英国数据的检验都发现贸易对就业有促进作用。检验方法上，学者一般采用两种方法：一是要素含量法，即采用投入产出数据把就业的变动分解成由国内生产需求、出口需求、进口需求和生产率变动需求等，从而测算贸易对就业的拉动作用（Lawrence，1996；Messerlin，1995；Feenstra 和 Hong，2007 等）。另一种是以 Greenaway 等（1999）的劳动力需求模型为基础的回归检验法，大部分学者都采用这种方法（盛斌，马涛；2008）。

基于中国的数据检验大都发现对外贸易显著拉动中国就业增长。俞会新、薛敬孝（2002），胡昭玲、刘旭（2007），魏浩，王浙鑫等（2013），罗军（2014）等采用行业数据；温怀德、谭晶荣（2010）、许统生、涂远芬（2009）等采用省际数据；刘志成、刘斌（2014）等采用工业企业数据等基于劳动力

需求函数模型的回归检验发现对外贸易显著扩大中国就业，而且出口的就业效应更为明显。Feenstra 和 Hong（2007）利用要素含量方法的测算，指出1997—2002 年的对外贸易增长每年给中国带来了 250 万的就业机会。周申，杨传伟（2006）和郑妍妍，牛蕊（2010）等也采用要素含量法发现对外贸易对我国就业拉动作用明显。

中国主要通过参与全球价值链中的加工组装环节嵌入国际分工，因此部分学者则关注加工贸易的就业效应，发现加工贸易带动中国就业增长（张华初和李永杰，2004；林霓裳，2009 等），而且对农村劳动力转移的巨大推动力（朱启荣和孟凡艳，2007；王怀民，2005、2009 等）。李金昌、刘波等（2014）发现中国非正规就业增长中 18.89%~35.41% 由加工贸易创造。

随着全球价值链位置和参与程度测度方法的不断完善，国内学者从加工贸易的研究转向从参与全球价值链分工对就业的作用。毛日昇（2009）、徐毅和张二震（2008）、吕延方和王冬（2011）、张志明等（2016）等采用行业数据检验都发现参与全球价值链分工显著促进就业规模的上升。Chen（2012）基于贸易增加值的投入产出分析，发现一般贸易比加工贸易更能拉动中国就业。卢仁祥（2014）研究表明不包括间接带动的就业，中国参与全球价值链分工活动直接吸纳了 1800 万~2100 万劳动力。魏浩和李晓庆（2018）、吕越等（2018）和史青和赵跃叶（2020）等采用企业层面数据均发现中国参与全球价值链分工出口的扩张对就业具有较强拉动作用。

不过随着全球价值链分工的不断深入，在全球价值链分工模式下对外贸易转型升级对就业波动、就业在地区之间、行业之间和技能之间的调整都可能会产生影响。

二、全球价值链分工下对外贸易发展对就业波动的影响

对外贸易的发展不仅对就业规模产生作用而且也会对就业风险或就业波动产生影响，这方面的文献主要采用劳动力需求弹性进行分析；如果对外贸易对劳动力需求弹性大，说明对劳动力需求受工资影响明显，加剧了就业波动的风险。

Hamermesh（1993）在 Hicks（1963）希克斯－马歇尔派生需求定理的基础上提出"要素需求基本法则"，即 $\eta_{LLj} = -[1-s]\sigma_{LL} - s\eta_j$。这里 η_{LLj} 表示

劳动需求价格弹性，σ_{LL} 表示不变产出条件下，劳动力和其他生产要素之间的替代弹性，η_i 表示最终产品需求价格弹性，s 表示劳动力的报酬在生产要素总收入中所占的比重。该式子表明劳动力需求弹性由两部分组成，第一部分是"替代效应"，指在给定产出水平下，当工资提高时，该行业会用其他要素来替代劳动力，替代性越大，替代效应就越强；第二部分是"规模效应"，指工资的变化导致产出的变化，由于产出发生变化从而导致劳动需求的变化。Rodrik（1997）指出贸易开放度的提高将导致劳动需求弹性增加，也称为"Rodrik 假说"。Rodrik（1997）认为贸易的发展一方面通过影响劳动力市场上工资的变动，进而影响劳动需求弹性；另一方面也会导致在生产中进口更多种类更加廉价投入的机会增加，从而使要素之间的替代性增加，通过"替代效应"影响劳动力需求弹性；同时通过增加最终产品的需求弹性影响该产品中要素的需求弹性提高，也即通过"规模效应"影响劳动力需求弹性。之后许多学者针对"Rodrik 假说"展开研究，但是观点不一。

部分文献认为贸易发展对劳动力需求弹性不存在显著的影响，如 Haouasa 和 Yagoubi（2008）从突尼斯行业层面的检验以及 Krishna 等（2001）以及 Akhter 和 Ali（2007）等从企业层面的检验。而 Slaughter（2001）从行业层面利用美国数据的研究发现对外贸易能够部分提高非生产性劳动的需求弹性；Fainzylber 和 Maloney（2005）利用哥伦比亚、墨西哥、智利企业数据研究部分赞同贸易会提高劳动需求弹性。但也有学者的研究发现贸易对劳动力需求弹性存在显著影响，如周申（2006），盛斌、牛蕊（2009），周申等（2010），魏浩等（2013）基于中国行业数据的检验；梁中华、余淼杰（2014）基于中国企业数据检验以及 Hasan 等（2007）基于印度数据的研究，Mitra 和 Shin（2012）利用韩国企业数据的检验以及 Mouelhi 和 Ghazali（2013）利用突尼斯企业数据的分析等。但这些研究都是在最终产品贸易框架下研究贸易自由化或者对外贸易总额对劳动力需求弹性的影响。

在全球价值链分工成为当下分工主要模式背景下，部分学者也从外包视角展开研究对外贸易的劳动力需求弹性，如 Senses（2010）利用美国企业层面数据研究发现不论在长期还是在短期，外包都会增加劳动力需求弹性；Foster-McGregor 等（2016）利用 WIOD 数据检验了外包对劳动力需求弹性的影响，发现外包对劳动力需求弹性具有负向影响尤其是对中低技能劳动者，但发达国家和发展中国家存在差异。周申等（2014）利用行业数据发现外包总体上降低劳动力需求弹性，但提高了我国熟练劳动力的需求弹性，降低非熟练劳动力的需求弹性；史青和张莉（2017）利用我国企业层面数据发现制造业外包和接包水平的提高显著扩大劳动力需求弹性。盛斌、马涛（2008），吕延方和王冬（2011）等关注中间产品贸易从劳动力需求弹性角度的研究发现对外贸易的劳动力需求弹性非常显著。史青（2014），李娟、万璐（2014）发现对外开放会使中国劳动力需求更有弹性，加剧就业风险。李磊等（2019）基于2000—2007年中国工业企业的面板数据，检验发现伴随企业全球价值链参与程度的不断加深，劳动力的需求弹性会变大；企业参与全球价值链增加了高工资区域企业和高劳动密集型企业中劳动力的需求弹性，增加低技能劳动力的需求弹性；而且这种效应主要通过规模效应显示其作用。但是罗明津（2019）实证检验发现具有出口行为的企业的就业波动性平均高于纯内资企业。出口强度对企业就业波动的影响呈现"U型关系"。

随着中国参与全球价值链分工程度的不断加深和在全球价值链分工地位的提升，对外贸易的发展比如对不同地区、不同类型劳动力的需求弹性产生影响，而现有关于这部分的检验相对还比较少。

三、在全球价值链分工下对外贸易发展对技能就业结构的影响

要素禀赋理论及其推论要素均等化定理和斯托尔帕 - 萨缪尔森定理（1941）认为出口会促使发达国家高技能劳动力相对需求增加，而对发展中国家高技能劳动力相对需求产生不利影响。大量利用发达国家样本的检验也发现对外贸易的发展对发达国家高技能就业有促进作用，而抑制对低技能劳动力需求，扩大高技能和低技能劳动力之间的工资差距（Leamer，1996；Haskel和Slaughter，2001；Burstein和Vogel，2010等；Maria Baset等，2017；Harrigan和Reshef，2015；Helpman等，2012；等等）。根据要素均等化定理，随着对外贸易的发展，发展中国家对低技能劳动力需求上涨，对高技能劳动力需求下降，但针对发展中国家样本的检验却发现这一结论是不成立的。Robbins（1996）对智利、墨西哥、乌拉圭等9国，Beyer等（1999）对智利，Harrison等（1999）对墨西哥，Xu和Li（2007）以及刘玉海和张默涵（2017）等采用中国数据检验发现对外贸易发展也导致这些国家就业技能结构升级，而

Acemoglu（2002）与 Goldberg 和 Pavcnik（2007）等的检验却发现发展中国家出口贸易不会有效地改善一国就业结构。

发展中国家贸易发展对就业技能结构影响与 H－O 理论预测不一致，可能的原因之一就是全球价值链分工。Feenstra 和 Hanson（1997，2003）基于连续的李嘉图模型从理论上分析发现全球价值链分工的深化会提高南方国家和北方国家技能劳动力就业比例，这是因为在全球价值链分工背景下，发达国家将某些低技能劳动密集型加工生产环节或中间品制造外包给发展中国家，但是这些生产环节对发展中国家来讲还是属于高技能劳动力密集型环节，因此发展中的南方国家对高技能劳动力需求增加；另外，在分析时他们还强调发展中国家在价值链位置的升级也会导致对高技能劳动力需求的相对增加。

就中国数据的检验来看，采用样本不同，计算参与垂直专业化分工的指标不同，得出的结论也不一致。唐宜红和马风涛（2009）、臧旭恒和赵明高（2011）、罗军和陈建国（2014）、史青和李平（2014）发现垂直专业化出口提高我国低技能劳动力相对就业；张川川（2015）基于中国制造业和服务业2000—2005 年的出口数据，研究显示出口增长带动了制造业和服务业非技术型工人的就业。

喻美辞（2012）、王中华等（2009）、刘海云和廖庆梅（2016）、李强（2014）、马风涛和段治平（2015）等则发现垂直专业化提升我国高技能劳动力比重。马光明，刘春生（2016）利用 2006—2013 年 28 个省级面板数据研究了贸易方式与制造业就业结构的关系，发现加工贸易比重下降会增加对技能劳动力的需求。杨飞等（2019）基于 WIOD 数据的检验发现参与全球价值链显著提升了高、中、低技能劳动就业，但对高技能劳动就业增加最快；相比高技术产品和服务品，传统制造品全球价值链参与对高技能劳动的需求增长更快。

还有些学者发现参与全球价值链分工对我国就业结构影响因贸易对象国存在差异。唐东波（2012）利用全球价值链分工中的纵向"交叉协作"理论，运用 2004 年中国工业企业微观截面数据实证分析参与垂直专业化分工与贸易对中国就业结构的影响，结果表明来自 OECD 发达国家的中间品进口份额上升提高了中国制造业中高技能劳动力就业比重。史青，赵跃叶（2020）检验也发现出口到高收入国家企业的出口国内增加值对总体就业提升最明显，而且对技术工人的需求相对更大。卫瑞和张少军（2014）也得出相同的结论。

此外，黄灿（2014）利用2000—2011年省级数据检验发现东、中、西部地区参与垂直专业化贸易对各区域就业结构的影响均不显著。程盈莹和赵素萍（2016）计算修正的垂直专业化指数并分析不同分工模式对中国就业结构的变动，发现从总体上看，垂直专业化与中国劳动力结构之间没有显著的统计关系；但最终产品出口国外增加值提升降低了中国高技能工人的相对需求，而中间品出口国外增加值和重复计算比例上升则显著提升了中国高技能工人的相对需求。

从现有文献来看，基于中国样本的检验发现参与全球价值链分工对各技能劳动力需求的作用结论并不统一，可能是因为中国并未有高技能劳动力、低技能劳动力就业的统计数据，各学者对各技能劳动力的划分并不统一，数据来源的不同所以结论也不一致；另外就是各学者对全球价值链分工参与度的测量方法也不同，所以得出的结论存在差异性。

四、对外贸易发展对行业就业结构的影响

对外贸易的发展会调整行业间的就业结构。按照要素禀赋理论，出口部门随着出口增加，产出增加导致就业增长，而进口竞争部门则产出下降从而就业缩减。Grossman（1984）通过进口竞争的局部均衡模型分析认为美国行业间存在较强的就业流动性，而关税的变动会加剧行业间就业流动。Borjas 等（1991）、Katz 和 Revenga（1992）、Gaston 和 Trefler（1995）等美国或加拿大的检验也发现贸易影响行业间就业结构调整。

中国是一个劳动力相对丰裕的国家，长期对外开放按照比较优势理论展开，发展劳动力密集型产品的出口，这种出口模式导致劳动力不断向低劳动力密集型工业部门涌入。Rees 和 Tyers（2004）以中国入世为例，研究发现贸易改革无论短期或长期都将促使中国农业生产部门就业的收缩。而随着我国资本的不断积累和经济增长，对外贸易的结构也在不断发生变化，这种贸易结构的调整导致就业在各产业间，各行业间不断流动。张车伟和蔡昉（2002）的研究认为对外贸易对农业的影响主要体现在收入上，对第二产业的影响主要体现在就业上，同时也指出贸易对工业各行业间的影响不同，有增有减。吴小松等（2007）根据结构分解模型，分析了 1987—2002 年我国就业增长和

结构变动，发现净出口对不同行业就业方向不同。范爱军和刘伟华（2008）发现出口贸易拉动第二、三产业就业增长，促进了劳动力在产业间的转移。阚大学（2010）还发现第二、三产业贸易结构对就业结构变动的影响力有减弱的趋势。盛斌、牛蕊（2009）研究认为贸易自由化会减少中高技术部门的就业，促进中低技术部门的就业。陆文聪（2011）基于以中国劳动力市场为特征的CGE模型，在不同情况下模拟分析中国出口变化对劳动力就业的影响，结果表明，出口增长1%导致非农业就业增长0.088%。李小萌等（2016）采用省级数据的检验发现出口贸易显著促进了第二产业的就业，带动了第三产业就业的增加，但对第一产业的影响有限，进口贸易对第二产业就业存在着一定的抑制作用。王燕飞等（2017）提出对外贸易结构的改善有利于促进中国农村劳动力向城市转移，优化劳动就业结构，促进产业结构优化调整。魏浩、程玎（2010），魏浩等（2013）指出纺织品类产品、机械设备制造类产品的出口就业正效应最大。这些研究都表明对外贸易的发展和结构变动确实会导致就业在不同产业、行业之间的调整。

　　随着全球价值链分工的不断深入，传统以产出为基准测算的对外贸易对就业行业间结构调整可能被低估。杨继军、袁敏和张为付（2017）以单位增加值为基准计算了对外贸易的就业效应，发现增加值贸易的就业增长效应更大，低端技术制造业在融入全球价值链中过程中产生的就业创造效应最强，不过对外部冲击十分敏感；当低端制造业向全球价值链高端环节攀升时，增加值增长与就业增长短期内呈现出"此消彼长"的关系；分行业来看，中高端制造业和服务业增加值贸易的就业拉动作用更大。赵玉焕（2019）指出不同行业参与全球价值链对就业的影响存在显著差异，与服务业和中低技术产业相比，制造业和高技术产业价值链位置的提高将促进就业。刘睿雯，徐舒，张川川（2020）则研究了同一行业贸易对不同所有制企业就业的影响，发现中间产品进口关税的下降导致1998—2007年行业内国有企业5.32%的劳动力移到非国有企业。

　　从当前关于中国对外贸易发展与行业劳动力关系的研究可以看出，现有研究更多的是利用行业数据分析各行业对外贸易发展对本行业就业的拉动作用，并对这种就业拉动作用的大小进行对比；并未真正检验对外贸易发展对就业在行业之间的配置效应进行直接检验。

五、对外贸易发展对地区就业结构的影响

传统贸易理论更多的是关注对外贸易发展对就业在行业之间和技能之间的再配置。Melitz（2003）新贸易理论的出现，也使得学者开始关注对外贸易发展对企业间以及企业内部劳动力的配置问题（Akerman 等，2013；Helpman 等，2017）。很长时间内学界对对外贸易对劳动力在一国不同空间内配置问题没有太多关注。随着数据的不断丰富，近十年来学者开始关注对外贸易对劳动力空间在配置的影响，比如 Topalova（2010）；Autor 等（2013）；Kovak（2013）；Dix – Carneiro 和 Kovak（2015、2017、2019）；Costa 等（2016）。这些研究认为一国内部不同地区产业发展程度不同，产业专业化程度也存在差异。当开展国际贸易时，对外贸易必然会对一国不同区域劳动力产生差异化影响，进而导致劳动力在同一地区之间的再配置。这种对外贸易对劳动力在地区之间配置的效应在面积比较大的国家作用更为明显。学者主要研究贸易自由化对地区就业调整的影响，比如 Dix – Carneiro 和 Kovak（2019）、Kovak（2015）等对巴西 20 世纪 90 年代贸易自由化对地区就业调整的研究，结果发现受自由化冲击比较大行业集中的地区，对外贸易发展对该地区就业冲击比较大。

我国地域广阔，各地区经济发展水平、工资以及资源禀赋等差异巨大，对外贸易的开放也最先从东部沿海开始，逐渐蔓延到中西部地区，各地区对外开放水平不同，对就业的拉动作用也不同。罗良文（2003）用国内生产总值的构成及由此推出的贸易乘数理论公式，分析了贸易深化静态就业效应，并从企业结构、地区结构和贸易方式三个方面分析了贸易结构变动的劳动就业效应，认为东部地区对外贸易就业拉动作用最大，中西部对外贸易的就业拉动具有巨大潜力。梁平等（2008）分区域考察了中国 1978—2004 年的对外贸易就业效应，发现出口对于国内就业具有正向影响，但是进口对东部地区就业是正向影响，对中西部地区是负向影响。冯其云、朱彤（2012）的检验则表明进口对于东部地区的就业产生了显著的负效应，进口对中部地区就业产生显著的正向效应，西部地区的进口就业效应不显著；出口对各地区的就业均为显著正向效应。马光明和刘春生（2016）基于 2006—2013 年省级地区制造业数据的检验发现，加工贸易比重与当地制造业就业占比呈显著正相关，

东部地区加工贸易比重的下降降低了该地区的总体就业，但带动了当地制造业熟练劳动力比重的上升。何冰和周申（2019）则利用2000年和2010年的关税与就业数据，将就业划分为正规与非正规就业，研究了贸易自由化对区域劳动力市场就业的影响。他们的研究发现贸易自由化促进了我国非正规就业的扩张，而自由贸易化程度高的地区，非正规就业越明显，但贸易自由化对正规就业不存在这种效应。

对外贸易与一国劳动力市场一直是学术界关注的一个热点话题，随着对外贸易分工模式的不断演化，学者当前更加关注全球价值链分工背景下对外贸易对一国劳动力市场的影响，以中国数据进行这方面的研究也非常多，内容上涉及就业总量、就业波动、就业技能结构等多个方面。中国对外贸易发展非常迅速，对外贸易的地区分布、对外贸易商品结构都随着时间在不断变化，2001年中国加入WTO之后随着国内生产成本的不断上升，对外贸易转型升级的特征非常明显。这种转型升级不论从行业结构、地区结构还是从劳动力技能需求结构等各方面都对我国劳动力的再配置产生巨大影响。但现有研究对这种劳动力再配置效应涉及的相对比较少，即使有研究对外贸易对地区就业结构、行业就业结构的影响，大部分是基于参与全球价值链分工对就业的拉动作用，分技能、分行业或分地区进行差异化分析，并为直接检验对外贸易转型升级对劳动力行业间、地区间和技能间再配置的影响。本书重点关注全球价值链分工背景下对外贸易转型升级对中国劳动力在行业、区域和技能结构上的再配置效应。

第三章　全球价值链分工下对外贸易
转型升级的就业变动：理论机制

本章主要在上一章文献梳理的基础上，借助微笑曲线理论对在全球价值链分工下产业升级的各种表现进行分析。并从理论层面阐述不同产业升级对就业规模以及就业在地区之间、行业之间和技能之间再配置的影响。

第一节　全球价值链分工下对外贸易转型升级表现

本节借助微笑曲线理论对全球价值链分工下产业升级的表现进行梳理。在价值链背景下对外贸易转型升级主要体现为两个方面：沿着同一条微笑曲线从低附加值生产环节向高附加值生产环节升级；从低附加值的生产链条转向高附加值的生产链条。这两种产业转型升级都表现为在出口中国内附加值的提升。

一、全球价值链分工与"微笑曲线"

在波特的企业价值链理论中，企业的价值活动可分为基本活动和辅助活动。基本活动是涉及产品的物质创造、制造、销售和售后服务等各种活动。辅助活动是辅助基本活动比如通过提供外购投入、技术、人力资源以及各种公司范围的职能以相互支持。不同的价值活动中创造的价值增值是不同的，只有某些特定的价值活动才真正创造高价值。随着全球交易成本的不断下降和信息技术的不断推进，企业价值链已经超越国界形成全球价值链，不同的价值活动分散在各个国家，每个国家根据其比较优势参与其中的某些活动或生产环节，但因不同价值活动创造的价值增值不同，所以各国获得利益也不同。在全球价值链分工下各个生产环节的价值增值和生产环节之间的关系可以采用"微笑曲线"表示。在微笑曲线理论的指导下，企业只有不断往附加价值高的环节攀升才能不断发展，保有竞争优势。

　　"微笑曲线"是一条两端朝上的微笑嘴型线，由中国台湾宏基（ACER）的创始人施振荣在 1992 年提出的。在价值链中，研发和销售服务的附加值更高，体现在微笑曲线的两端，生产制造环节的附加值最低，属于微笑曲线的低端，如图 3 - 1 所示。即使是单纯的生产制造环节也可以继续分成原料生产、中间产品生产、最终产品加工组装等各个环节，其中各环节的价值增值也是不同的，产品加工组装的环节附加值最低。单纯的产品生产制造环节也可以分化成多个零部件或者中间产品。在全球价值链分工背景下，不同的国家基于不同比较优势和要素禀赋状况参与全球价值链分工的不同环节，获取不同价值增值。企业要想保持竞争力，实际上就是保持企业在价值链"战略环节"也就是高附加值环节上的优势。从国家的角度来看，一个国家参与全球价值链分工的环节创造的价值越多其获取的利益越大。但全球价值链分工基本都是发达国家的跨国公司控制的，他们基本占据了价值链分工的战略环节，也就是"微笑曲线"的两端。而发展中国家依赖于劳动力成本优势或者是其他资源优势往往嵌入的是全球价值链分工的低附加值环节，如加工组装环节或者是原材料，非核心中间产品和零部件的生产环节。这种分工模式主要还是有比较优势确定的，资本和技术相对比较丰裕的国家主要从事产品生产中资本、技术密集型价值环节。劳动力相对丰裕的国家则主要从事的是生产中劳动力密集型环节。资源相对丰裕的国家则是生产中原料的提供地。苹果公司的全球价值链分工模式充分体现了全球价值链分工的这种格局。

　　以冲苹果播放器（iPod）的全球价值链分工为例来看，美国苹果公司主要负责产品的设计和营销环节，其产品的生产分散在全球各个地方。2016 年，苹果在全球有 766 家供应商，分布在中国、中国台湾地区、日本、韩国、马来西亚、法国、德国、墨西哥、巴西、英国、意大利、印度、哥斯达黎加等几乎全球各个国家和地区。在 iPod 的产品生产上，美国苹果公司把产品研发并设计好之后，其关键零部件比如微型硬盘、视频和音频解码器、内存、触摸屏玻璃、摄像头等主要由美国、日本、韩国以及一些欧洲国家来制造。这

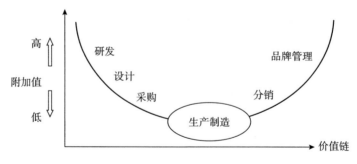

图 3 - 1 微笑曲线

些零部件都具有一定技术含量，属于技术和资本密集型的产品，主要由具有一定技术能力，资本相对丰裕的发达国家完成。而非关键的零部件比如成本低、附加值低的电池、耳机、连接线等主要由中国（包含中国台湾地区）以及一些其他发展中国家生产。所有的零部件生产完成后运往组装加工工厂组装成整机，组装完成之后发往全球各地进行销售，销售环节由苹果总公司完成。2016 年苹果公司的组装加工厂共有 18 家，其中 14 家在中国，2 家在美国本土，1 家位于欧洲，1 家位于南美洲①。中国是苹果公司产品加工组装的主要基地，主要依赖于中国低劳动力成本优势。加工组装和非核心零部件及中间产品的附加值往往比较低，因此参与这部分分工，发展中国家获取的贸易利益非常少。以 iphone5 的全球价值链利益分配来看，iphone5 的市场售价是600 美元，手机生产制造带来的增加值总共为 194.04 美元，其中有 187.5 美元是来自于韩国（80.05 美元）、德国（16.08 美元）、美国（24.63 美元）、法国（3.25 美元）、日本（0.70 美元）以及世界其他地方的苹果公司供应商的中间产品和零部件的价值。这些中间产品和零部件全部运往中国，再加上中国生产的一些非核心零部件和中间产品，最终组装成 iphone5 的成品，再从中国运到世界各地。从各国增加值来看，中国参与整个 iphone5 的手机价值链仅有 6.54 美元的增加值，大概占手机总销售产值的 10.9%，这包括加工组装和一些非核心零部件和中间产品的生产制造，而苹果公司的净附加值为269.05 美元，占整个手机销售产值的 44.8%，分销的附加值也高达 90 美元。因此即使是 6.54 美元的增加值，中国也不能持续长期获得。这里可以看出要

① 揭秘苹果 18 家组装供应商，雷锋网 leiphone. com.

素价格均等化定理和斯托尔帕－萨缪尔森定理表明，国际贸易会通过影响各要素的报酬改变一国与各国比较优势。随着参与全球价值链分工程度的上升，中国对劳动力的需要上升会最终导致工资水平的提升，失去低成本生产的竞争优势，容易被越南等成本更低的国家所替代。

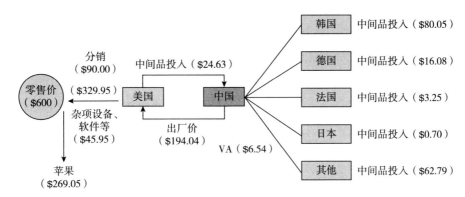

图 3 - 2　iphone5 手机全球价值链分工的利益分配

资料来源：Louis 和 Ruslan，Global Value Chains and Smart Specialisation Strategy：Thematic Work on the Understanding of Global Value Chains and their Analysis within the Context of Smart Specialisation，JRC Working Papers JRC98014，Joint Research Centre，2015.

发展中国家如果不能实现产业升级，很容易被锁定在全球价值链的低端环节甚至是被挤出全球价值链分工中。想要实现长久的贸易获益，保持竞争优势，不论是企业还是国家都需要不断进行转型升级。在全球价值链分工背景下，对外贸易转型升级实际上就是国家出口的商品从低附加值向高附加值转移的过程（盛斌等，2015）。我们可以借助微笑曲线具体分析对外贸易转型升级的类型和特点。

二、全球价值链分工下对外贸易转型升级的表现

不论是从全球价值链治理的管理学角度还是从全球价值链分工的经济学角度来看，全球价值链分工背景下，产业升级或对外贸易转型升级的过程就是指企业或国家从低附加值环节向高附加值环节动态变动的过程。这种转型升级总结起来主要表现在三个方面：第一，沿着同一条价值链从低附加值环节向高附加值环节移动；第二，实现价值链上游或者下游附加值提升；第三，从一条总价值附加值较低的价值链转向各环节附加值都比较高的链

条，所谓链条升级。

1. 从低附加值环节向高附加值环节升级

按照 Gereffi 等（1999）价值链分工下产业升级的观点，企业在嵌入全球价值链分工的最低附加值环节之后，其升级首先是沿着同一价值链条向高附加值环节转移。表现在微笑曲线上就是企业沿着微笑曲线向两端转移，如图 3 - 3 所示。如果参与全球价值链分工的国家大部分企业都沿着微笑曲线向两端升级，这个国家在全球价值链分工的地位就会发生改变。

这种从低附加值生产环节向高附加值环节的移动具体可以表现在多个方面。首先，企业可能从加工贸易的贴牌生产（OEA 或 OEM）向上游原始设计升级（ODM）或者向下游品牌制造（OBM）转型；也有可能表现为从加工环节到设计、生产和制造以及品牌创造等同时进行，比如宏基电脑就是这种模式较为成功的代表，最初宏基以代工起家，在代工过程中不断学习创新，自创品牌形成 ACER 宏基电脑。我国的格兰仕也是从代工起家不断形成自己的品牌。再者，如果产品分工比较细致，沿着同一条价值链升级也可能表现为国家从加工组装环节转向上游零部件或中间产品甚至是高端核心零部件制造，从而获取更高的附加值。最后，这种转型升级可能表现为从低附加值的环节向高附加值的售后服务和销售环节转型，通过嵌入产品销售端获取更高的利润，这种主要表现为参与国家服务贸易行业对外贸易国内附加值上升。

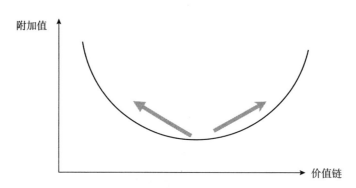

图 3 - 3　全球价值链分工下产业升级表现之一

2. 一侧链条升级

从微笑曲线来看，产业升级主要表现为关键零部件或中间产品创新或者生产性服务业附加值上升，表现为微笑曲线一侧提升，如图 3 - 4 所示。在全球价值链分工背景下，不同的零部件和中间产品都分散在不同国家，发展中国家在参与全球价值链分工的时候，随着参与程度的不断深入，在消化吸收国外零部件和中间产品的过程中，有可能实现关键零部件或者中间产品的升级，从而实现价值链升级。万向集团最初是做汽车制造中传感器、ABS 等零部件，在不断参与价值链分工过程中进入汽车电子业，开发了锂离子动力电车等关键零部件，使得汽车制造业研发和上游的微笑曲线上移，如图 3 - 4 中的左图所示。这种体现在对外贸易转型升级上就是出口中零部件和中间产品比重上升而且其国内附加值提升。另一种升级是通过从传统营销向产品生产服务进行延伸，实现价值链下游环节的整体升级，表现为图 3 - 4 中的右图。这种在特定行业比如市场相对需求不高，使用寿命较长，售后和维护要求比较高的行业容易实现这种单侧服务升级，比如电梯行业。这一类型的升级体现在对外贸易中主要表现服务贸易中生产性服务行业附加值率的上升。

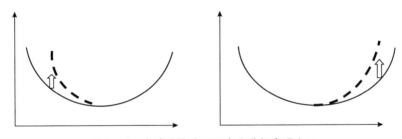

图 3 - 4　全球价值分工下产业升级表现之二

3. 整个链条转型升级

在全球价值链分工背景下，一国的产业升级还可能表现在从参与一条全球价值链分工转向参与另一条带有更高附加值的链条。这种转型升级表现在微笑曲线上就是国家从一条各环节附加值都低的微笑曲线转向生产各环节附加值都高的微笑曲线，具体如图 3 - 5 所示。

这种链条升级可能有多种情况引起，首先，同一产品随着新需求、新技术的出现，新产品研发导致了产品性质发生改变，实现产品生产链条升级。比如自行车从传统交通工具变为高端健身设备，价格大幅度提高，各环节的附加值也比之前高。再比如低附加值普通玩具制造业，通过同美术、体育、教育、IT 等多个行业的相互渗透，推出新的产品，将低端玩具与电子产品融合形成高端玩具产品，实现整个价值链条的整体升级。这种转型升级表现在

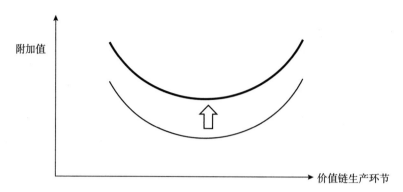

附加值

价值链生产环节

图3-5 全球价值链分工下产业升级表现之三

对外贸易中就是同一产品质量提升和成本加成上升或附加值上升。其次，发展中国家通过参与低附加值链条，不断学习、消化吸收再到模仿创新，形成自己的产品。从国外进口零部件到自主研发生产，再出口国外并替代国外产品。我国的家电产品，如长虹等都是通过这种路径实现产品链条升级。最后，由参与国外劳动力密集型产品的低附加值环节转向承接附加值相对高的资本、技术密集型产品的生产环节。我国最初加工贸易主要以轻纺产品为主，后面逐步转向电子产品。这种类型的产业升级主要导致出口商品结构提升和优化，出口产品质量提升，国内附加值率上升等多方面对外贸易转型升级。

总体来看随着发展中国家参与全球化分工的不断深入，只有不断进行产业升级才能保持其企业和整个国家在全球价值链分工中的竞争力和贸易利益提升。全球价值链分工背景下，产业升级虽然路径多样但都表现为企业或国家从低附加值环节向高附加值环节提升，国家和企业出口产品附加值也即大量文献中所讲出口增加值上升。从不同的产业升级路径来看，产业升级过程中研发和创新是关键，研发和创新投入的增加也是企业和国家资本深化的过程，这必然对劳动力市场产生冲击。

第二节　全球价值链分工下对外贸易对就业的影响

本节结合上一节全球价值链产业升级的表现，从理论上分析在全球价值链分工下对外贸易转型升级对就业及其结构变动的影响机制。

一、总体框架

本文借鉴 Feenstra 和 Hanson（2003）三要素模型在联系李嘉图模型的基础上分析全球价值链分工背景下对外贸易发展对就业及其结构变动的影响。

假设世界上存在两个国家：发展中南方国家（S 国）和发达的北方国家（N 国），南方国家存在两个要素禀赋存在差异的两个区域：一个是离海岸线比较近的区域 E，一个是离海岸线比较远的区域 F，区域 F 如果进行国际贸易必须通过区域 E 才能完成，相比区域 E 进行国际贸易需要加入一个额外的固定运输成本。两个国家都采用三种生产要素生产每一种产品，包括零部件、中间产品和最终产品加工。这三种要素分别是技能劳动力（H）、非技能劳动力（L）和资本（K），三种要素的价格或回报率分别为 w_h，w_l 和 γ，并且 $w_h > w_l$。最终产品的生产是由一个连续的生产环节 z 共同完成，这些生产环节主要是各种中间产品的生产和最终产品的加工组装，各环节之间可以相互分割和独立，可以在不同地方进行。各生产环节 z 是从 0 到 1 的连续序列，$z \in [0, 1]$。为了分析对外贸易转型升级的影响，我们对各环节 z 的技术含量和所创造的附加值进行排序。z 越接近 1 表明生产环节的技术水平越高，创造的附加值越高；z 越接近于 0 表明该生产环节的技术水平越低，其创造的附加值越低。我们假设最终产品的生产仅需要各生产环节生产的产品投入，不需要劳动力和资本的投入[①]。这里的发展中南方国家 S 是我们主要的分析对象。

除了加工组装环节之外，其他生产环节 z 的每一单位产品生产都需要投入资本 K（z）、$A_{H(z)}$ 和 $A_{L(z)}$ 单位的技能劳动力和非技能劳动力。由于生产环节 z 数值越高，其技术含量越高，资本深化程度越高，创造的附加值越高，对非技能劳动力的需求低但对技能劳动力需求会上升，劳动力素质需要与资本和技术水平相匹配。因此这里假定 $\frac{\partial A_{H(z)}}{\partial z} > 0$，$\frac{\partial A_{L(z)}}{\partial z} < 0$，$\frac{\partial K(z)}{\partial z} > 0$，因此

[①]　一般来讲加工组装环节是附加值最低的环节，同时也是最终产品生产的环节，在这里设置为 z = 0 这一环节，但如果是将加工组装环节等同于最终产品生产的环节，这样我们关于 z 的生产函数就需要分为两种情况，因最终产品生产最重要的还是采用各种中间产品投入。这导致模型非常复杂，增加了分析难度，为此我们将加工组装的最终产品生产分为两个部分，最终产品的生产不需要投入各种要素如资本、劳动力等，仅是各种中间产品的累加；加工组装环节是 z = 0 的情况，需要投入各种生产要素但不需要中间产品的投入。

$A_{H(z)}/A_{L(z)}$ 关于 z 是单调递增的。假设 H（z）和 L（z）为生产 z 的技能劳动力和非技能劳动力的总量，X（z）表示各个环节产品的生产数量。

假设发展中国家和发达国家在各种要素禀赋上存在差异。发达国家是技能劳动力和资本相对丰裕的国家，发展中国家是非技能劳动力相对丰裕的国家。在两个国家，存在 $\frac{w_{hn}}{w_{ln}} < \frac{w_{hs}}{w_{ls}}$，这里 w_{hn}、w_{ln} 和 w_{hs}、w_{ls} 分别是发达国家 N 国的技能劳动力和非技能劳动力工资水平；发展中国家 S 的技能劳动力和非技能劳动力的工资水平。在初始状态下，因两个国家要素禀赋不同因此发达的北方国家技能劳动力的相对工资低于发展中国家的技能劳动力相对工资。因发达国家 N 资本相对比发展中国家丰裕，因此存在 $\gamma_n < \gamma_s$，这里 γ_n 表示发达国家 N 的资本回报率，γ_s 表示发展中国家的资本回报率。假设除了最终产品的加工组装环节外，其他生产环节的生产采用柯布－道格拉斯生产函数：

$$X(z) = A_i \left\{ min\left[\frac{L(z)}{A_{L(z)}}, \frac{H(z)}{A_{H(z)}}\right] \right\}^{\theta} \left[K(z)\right]^{1-\theta} \quad (3-1)$$

最终产品的生产假定是不需要要素投入的，其生产函数也是柯布－道格拉斯生产函数：

$$Y = \int_0^1 \alpha(z) lnX(z) dz \quad (3-2)$$

A_i 是常量，表示各国的平均技术水平（i = N，S）。参数 θ 表明各生产环节生产过程中所需支付劳动力成本的比重，生产每单位的中间产品 $X(z)$ 的成本函数可以采用公式（3-3）来表示：

$$C(w_h, w_l, \gamma, z) = B \left[w_l A_{L(z)} + w_h A_{h(z)}\right]^{\theta} \gamma^{1-\theta} \quad (3-3)$$

这里 $B = \theta^{-\theta}(1-\theta)^{-(1-\theta)} A_i^{-1}$，是一个常数值。当要素价格在各国固定时，$C(w_h, w_l, \gamma, z)$ 是 z 的一个连续函数，并且关于 z 是单调递增的，因为 z 的数值越高，所使用的技能劳动力数量越大，$A_{H(z)}/A_{L(z)}$ 关于 z 是单调递增的。

根据 $\frac{w_{hn}}{w_{ln}} < \frac{w_{hs}}{w_{ls}}$ 和 $\gamma_n < \gamma_s$，我们可以画出发达国家 N 和发展中国家 S 生产各环节 z 的成本曲线，如图 3-6 所示。图 3-6 中纵坐标为成本，横坐标为生产阶段，CNCN 和 CSCS 分别表示发达国家与发展中国家生产的成本线。由于各国要素禀赋不同导致的各要素成本差异使得各国比较优势不同，发达国家各生产环节的生产成本曲线相对比较平坦，而发展中国家的生产成本曲线更为陡

峭，因此两个国家各生产环节的生产成本线必交于唯一的等成本点，图中标注为 z_1，这时 $C_n(w_{hn},w_{ln},\gamma_n,z) = C_s(w_{hs},w_{ls},\gamma_s,z)$。在生产环节 $[0,z_1]$ 上，发展中的南方国家 S 的生产成本低于发达国家 N，在生产环节 $[z_1,1]$ 上发达国家的生产成本低于发展中国家，因为 z 越高，其生产所需要的技术要求也越高，产品附加值越大，需要更多的技能劳动力。因各生产环节的生产是相互独立可分割的，因此在全球价值链分工下发展中国家生产 $[0,z_1]$ 环节，而发达国家则专注生产 $[z_1,1]$ 生产环节。

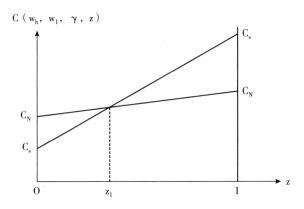

图 3-6 两国各生产环节的成本曲线

根据专业化生产的环节，能够计算出参与全球价值链分工的发展中国家劳动力需求总量：

$$D_s(z_1) = \int_0^{z_1} \frac{\partial C}{\partial w_{ls}} X(z)dz + \int_0^{z_1} \frac{\partial C}{\partial w_{hs}} X(z)dz \qquad (3-4)$$

这时技能劳动力与非技能劳动力的相对需求为：

$$XD_s(z_1) = \frac{\int_0^{z_1} \frac{\partial C}{\partial w_{hs}} X(z)dz}{\int_0^{z_1} \frac{\partial C}{\partial w_{ls}} X(z)dz} \qquad (3-5)$$

同样的也可以得到发达国家 N 的劳动力需求总量 $D_n(z_1)$ 和技能劳动力与非技能劳动力的相对需求（$XD_n(z_1)$），不过其专业化生产的环节为 $(z_1,1]$。因为要素的价格与要素需求程度成正比，当两国技能劳动力和非技能劳动力的相对需求 $XD_s(z_1)$、$XD_n(z_1)$ 分别上升时，该国的相对工资也将上升。

二、对外贸易转型升级对就业的影响

由于技能劳动力和非技能劳动力的工资价格为 w_h、w_l，所以发展中国家的工资总收益可以表示为 $w_{hs} H_s + w_{ls} L_s$，发达国家的总收益则为 $w_{hn} H_n + w_{ln} L_n$。根据成本函数公式（3－3）可知，工资占总成本的 θ 倍，所以两个国家生产的总成本可以写成：$(w_{hs} H_s + w_{ls} L_s)/\theta$ 和 $(w_{hn} H_n + w_{ln} L_n)/\theta$，又因为资本占总成本的 $(1-\theta)$，发达与发展中国家的资本收益为：

$$\gamma_s K_s = (1-\theta)(w_{hs} H_s + w_{ls} L_s)/\theta \tag{3-6}$$

$$\gamma_n K_n = (1-\theta)(w_{hn} H_n + w_{ln} L_n)/\theta \tag{3-7}$$

在短期范围内，国家的资本总量是固定的。在全球化贸易和投资自由化程度不断提高的情况下，资本可以在不同类型国家间自由流动。因发展中国家资本存量较低，资本回报率高于发达国家，$\gamma_n < \gamma_s$。此时发达国家的资本在发展中国家生产会获得更高的收益率，发达国家的资本存量 K_n 将减少，随着资本的大量流出后因为稀缺资本收益率 γ_n 会上升；而发展中国家的 K_s 则会增加，资本收益率 γ_s 会随着资本的流入后丰裕度增加而下降。当其他要素价格不变时，发达国家的资本收益率 γ_n 增加会使得成本曲线 $C_n C_n$ 上移至 $C_n^* C_n^*$，发展中国家的 γ_s 减少使得成本曲线 $C_s C_s$ 下移至 $C_s^* C_s^*$，如图 3－6 所示。当存在资本流动的情况下，发展中国家通过吸收大量国外资本，降低了生产成本，而发达国家资本的流出使得国内资本回报率上升进而导致成本上升，这样导致发展中国家在生产环节 $[0, z_2]$ 的成本都低于发达国家，发达国家仅在 $[z_2, 1]$ 成本低。在全球价值链分工下，发达国家会更专注从事附加值更高的生产环节 $[z_2, 1]$，而将更多技术含量较低的环节 $[z_1, z_2]$ 转移到了发展中国家，这样会导致对国内非技能劳动力的需求的下降，增加对技能劳动力的相对需求，扩大国内技能劳动力与非技能劳动力相对收入上升。发展中国家将专业化生产的环节从 $[0, z_1]$ 上升到 $[0, z_2]$，对比资本流动之前，发展中国家参与的生产环节增加了 $[z_1, z_2]$，这些生产阶段相对于之前的生产阶段来讲技术含量更高，附加值提升。这种情况就像上一节中所讨论的第一种产业升级情况，沿着同一条微笑曲线从低附加值环节向高附加值环节升级。这种情况下，发展中国家的总劳动力需求变为：

$$D_s^*(z_2) = \int_0^{z_2} \frac{\partial C}{\partial w_{ls}} X(z)\,dz + \int_0^{z_2} \frac{\partial C}{\partial w_{hs}} X(z)\,dz \qquad (3-8)$$

对比公式（3-8）和（3-4），当发展中国家产业升级之后对劳动力的总需求上升了 $\int_{z_1}^{z_2} \frac{\partial C}{\partial w_{ls}} X(z)\,dz + \int_{z_1}^{z_2} \frac{\partial C}{\partial w_{hs}} X(z)\,dz$

因我们生产函数采用的柯布－道格拉斯生产函数，因此全球价值链分工下参与分工的生产环节上升会导致国家对劳动力需求总量上升，也即：

$$D_s^*(z_2) > D_s(z_1) \qquad (3-9)$$

当国内生产阶段从 $[0, z_1]$ 上升到 $[0, z_2]$ 后，国内对技能劳动力和非技能劳动力相对需求变为：

$$XD_s^*(z_2) = \frac{\displaystyle\int_0^{z_2} \frac{\partial C}{\partial w_{hs}} X(z)\,dz}{\displaystyle\int_0^{z_2} \frac{\partial C}{\partial w_{ls}} X(z)\,dz} \qquad (3-10)$$

因生产阶段越高对技能劳动力的需求越高，$A_{H(z)} / A_{L(z)}$ 关于 z 是单调递增的。$[z_1, z_2]$ 生产阶段对技能劳动力的需求要高于对非技能劳动力的需求，这样有：

$$XD_s^*(z_2) > XD_s(z_1) \qquad (3-11)$$

根据公式（3-9）和（3-11）可以得到如下假说1：

假说1：在其他条件不变的情况下，一个国家参与全球价值链分工环节从 $[0, z_1]$ 上升到 $[0, z_2]$，国内生产附加值上升会增加对劳动力的总需求。详见图3-7。

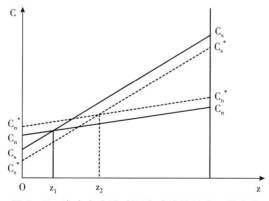

图3-7　资本自由流动下全球价值链分工的变化

在劳动力供给一定的情况下，发展中国家该行业专业化生产阶段从 $[0, z_1]$ 上升到 $[0, z_2]$，国内附加值上升导致其对劳动力需求上升，在充分就业条件下，该行业劳动力需求上升一定会对其他制造业行业就业存在冲击，导致其他行业就业规模的下降。

如果发展中国家 S 参与全球价值链分工实现产业升级仅发生在该国家的区域 E，因区域 F 较高的国内固定成本使得国外资本无法进入。在劳动力可以在地区之间自由流动时，区域 E 参与全球价值链分工对劳动力需求上升会导致劳动力从 F 区域向 E 区域流动，比如像中国的东部地区和中西部地区。东部地区参与全球价值链分工，对劳动力需求上升会导致劳动力从中西部向东部地区转移因此我们可以得到假说2：

假说2：在充分就业情况下，一行业参与全球价值链分工生产阶段从 $[0, z_1]$ 上升到 $[0, z_2]$，国内附加值上升会对其他行业就业造成负向冲击。在充分就业且劳动力可在区域自由流动情况下，国家一地区参与全球价值链分工生产阶段从 $[0, z_1]$ 上升到 $[0, z_2]$，该地区出口中国内附加值上升会对其他地区就业造成负向冲击。

随着行业参与全球价值链分工阶段的不断上升，发展中国家 S 对国内劳动力需求的上升，在劳动力供给一定的情况下必然导致工资的上升。从公式（3-10）来看，这种工资的上升是不均等的，技能劳动力的工资上升要高于非技能劳动力工资的上升程度，因为发展中国家生产阶段从 $[0, z_1]$ 上升到 $[0, z_2]$ 后对技能劳动力的相对需求更高。工资的上涨会导致发展中国家 S 生产成本曲线 $C_s^* C_s^*$ 上移。同样的发达国家专业化生产的阶段从 $[z_1, 1]$ 变为 $[z_2, 1]$ 之后，对非技能劳动力的相对需求下降，而对技能劳动力相对需求上升会导致发达国家高技能劳动力工资水平上升，再加上发达国家主要是技能劳动力相对丰裕的，因此也会催生生产成本曲线 $C_n^* C_n^*$ 的上移，如图3-8所示。在图3-8中发达国家的生产成本曲线上升从 $C_n^* C_n^*$ 上升到 $C_n' C_n'$，发展中国家 S 的生产成本曲线从 $C_s^* C_s^*$ 上升到 $C_s' C_s'$。基于利润最大化条件下，发展中国家 S 将专业化生产的阶段从 $[0, z_2]$ 上升到 $[0, z_3]$，进一步提升国内附加值，实现全球价值链上产业升级。如果随着其劳动力成本包括非技能劳动力成本上升依然能保持从 $[0, z_2]$ 所有生产阶段的成本优势，则发展中国家 S 将继续保持低附加值生产环节的生产。这样发展中国家 S

该行业对劳动力的需求总量继续上升，尤其是对技能劳动力的需求进一步扩大，并对该国其他行业就业产生挤出效应。但是如果这种劳动力成本上升使得部分生产阶段生产成本高于其他国家或地区，这时候成本比 S 国家更低的地区就会替代 S 国参与低附加值、技术含量低的生产阶段，如图 3 - 8 中的 F 地区，其生产成本线为 $C_f C_f$。

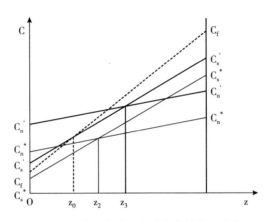

图 3 - 8　成本上升下全球价值链分工均衡

从图 3 - 8 来看，F 地区在 $[0, z_0]$ 阶段的生产成本要低于 S 国家，如果按照专业化分工来看，地区 F 将生产从 0 到 z_0 的阶段，而国家 S 生产从 z_0 到 z_3 的阶段，发达国家 N 参与从 z_3 到 1 这些生产阶段的生产。这时，发展中国家 S 的劳动力总需求量为：

$$D_s^*(z_3) = \int_{z_0}^{z_3} \frac{\partial C}{\partial w_{ls}} X(z) dz + \int_{z_0}^{z_3} \frac{\partial C}{\partial w_{hs}} X(z) dz \qquad (3-12)$$

因为 $\frac{\partial A_{H(z)}}{\partial z} > 0$，$\frac{\partial A_{L(z)}}{\partial z} < 0$，$A_{H(z)} / A_{L(z)}$ 关于 z 是单调递增的，而且 z 值越大，资本深化程度越高，所以生产阶段 z 越低，其对非技能劳动力需求越高，对技能劳动力和资本需求越低。

如果国家 S 参与全球价值链分工的阶段从 $[0, z_2]$ 变为 $[z_0, z_3]$，其对劳动力的总需求变动的影响需要根据 $[z_2, z_3]$ 和 $[0, z_0]$ 对劳动力需求的差异决定。$[z_2, z_3]$ 生产阶段相比于 $[0, z_0]$ 对技能劳动力需求增加了，但是对非技能劳动力需求减少。一般情况下，生产阶段附加值越低劳动力密集型程度越高，生产阶段附加值越高其资本密集型程度越高（OECD，2013

等），而且技能劳动力生产效率高于非技能劳动力，因此技能劳动力就业越高对非技能劳动力需求越低。假定新参与分工的 F 地区不属于发中国家 S，在新的全球价值链分工模式中国家 S 的生产阶段从 $[0, z_2]$ 变为 $[z_0, z_3]$，其生产中含有的国内附加值率上升对劳动力总需求是下降的，同时 S 国对技能劳动力的相对需求变为：

$$XD_s^*(z_3) = \frac{\int_{z_0}^{z_3} \frac{\partial C}{\partial w_{hs}} X(z) \, dz}{\int_{z_0}^{z_3} \frac{\partial C}{\partial w_{ls}} X(z) \, dz} \qquad (3-13)$$

因 $A_{H(z)} / A_{L(z)}$ 关于 z 是单调递增的，因此生产阶段 z 越高，技能劳动力的相对需求越高，相比于专业化生产 $[0, z_2]$，S 现在生产 $[z_0, z_3]$ 阶段对技能劳动力的相对需求上升。为此，我们得到假说 3：

假说 3：一般情况下，一国参与全球价值链分工从低附加值环节 $[0, z_2]$ 转向生产高附加值环节 $[z_0, z_3]$，生产中国内附加值率上升对总体就业产生负向影响。

如果地区 F 是 S 国家的一个区域 F，上面分析的 S 国家情形仅发生在区域 E，在参与全球价值链分工下，区域 E 经验越来越多，劳动力越来越积累经验所以生产成本曲线要比 F 区域更平坦。当 E 区域产业升级从 $[0, z_2]$ 变为 $[z_0, z_3]$，无优势的生产阶段转移给 F 区域。比如像中国的中西部地区，在刚改革开放的时候因为离海岸线比较远，因此国内运输成本上升使得这些地区无法参与全球价值链分工，只有东部地区参与。随着东部地区参与全球价值链分工的不断深入，其生产成本上升使得低附加值环节越来越没有优势，而中西部地区的低成本优势越来越突出。在东部地区向高附加值环节转型升级过程中（也就是 S 国的情况），中西部地区逐渐参与全球价值链分工中的低附加值环节。从区域 F 来看，其参与全球价值链分工的 $[0, z_0]$ 生产阶段对劳动力的总需求为：

$$D_f^*(z_0) = \int_0^{z_0} \frac{\partial C}{\partial w_{lf}} X(z) \, dz + \int_0^{z_0} \frac{\partial C}{\partial w_{hf}} X(z) \, dz \qquad (3-14)$$

这时候随着 S 国家产业在区域内部进行调整，S 国家总体劳动力需求上升了，但是区域之间的就业结构发生变化。区域 E 升级越快，向区域 F 转移低附加值生产环节越多，区域 E 的转型升级就会对 F 区域就业具有显著正向作用。这样区域 E 的对外贸易转型升级对区域 F 就业具有显著促进作用。这样我们得到假说4：

假说4：如果一个国家存在多个区域且区域之间存在产业链转移，国家产业升级总体对就业具有正向作用；对外贸易转型升级发展较快的区域对其他地区就业具有正向作用。

上面的模型，我们都是在同一条全球价值链分工下分析国家从低附加值环节向高附加值环节变动对劳动力需求规模、劳动力在不同行业和不同地区配置的影响。这主要是针对上一节中第一种类型的产业升级进行分析。而全球价值链分工下还存在链条升级，也就是上一节二、全球价值链分工下对外贸易升级的表现中的第 3 点情形。为了分析全球价值链分工下链条升级对劳动力需求的影响。我们在上面模型的基础上，假定两个国家都可以生产两种产品（A 和 B），这两种产品生产都需要投入资本、技能劳动力和非技能劳动。两种产品生产都是由各个独立可分割的生产阶段 z 共同完成。但 A 产品在所有环节生产的附加值都高于 B 产品，我们按照每个产品每一生产环节的附加值对生产环节进行排序，分别设定为 z_A 和 z_B，$z_A \in [0,1]$，$z_B \in [0,1]$。相同生产阶段下也即 $z_A = z_B$，生产单位中间产品时，存在 $K(z_A) > K(z_B)$，$A_{H(z_A)} > A_{H(z_B)}$ 和 $A_{L(z_A)} < A_{L(z_B)}$，A 产品是资本和技术更加密集型产品，因此每个环节创造的附加值都高，但都比 B 产品资本深化程度高，比 B 产品需要更多的技能劳动力。两种产品的在两个国家生产的成本曲线如图 3-9 所示。在最初国家 S 生产 B 产生的生产成本曲线为 $C_s^B C_s^B$，N 国生产 B 的成本曲线为 $C_n^B C_n^B$，国家 S 参与 B 产品 $[0, z_B]$ 生产环节，而国家 N 参与 B 产品的 $[z_B, 1]$ 生产环节。国家 S 生产 A 产品的生产成本曲线是 $C_s^A C_s^A$，国家 N 生产 A 产品的成本曲线为 $C_n^A C_n^A$，这时候国家 S 并不参与 A 产品的全球价值链分工，因为其各生产阶段的成本都高于国家 N。

随着 S 国家参与 B 产品分工的不断深入，对非技能劳动力需求上升导致工资上涨，N 国家对技能劳动力相对需求上升也导致工资上升，因此促使两国两种产品的生产成本曲线都向上移动。在 B 产品上，国家 S 的成本线上升到 $C_s^{B'} C_s^{B'}$，N 国成本线上升到 $C_n^{B'} C_n^{B'}$，两国在 B 产品上的分工将进行调整，国家 S 生产 $[0, z_B^*]$，国家 N 生产 $[z_B^*, 1]$。在 A 产品上，国家 S 的成本线上升到 $C_s^{A'} C_s^{A'}$，N 国成本线上升到 $C_n^{A'} C_n^{A'}$，此时，国家 S 会参与 A 产

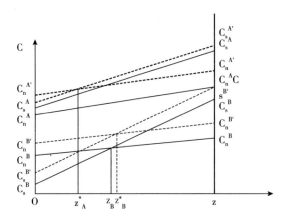

图3-9 链条升级下全球价值链分工均衡

品的 $[0, z_A^*]$，N 国家参与产品的 $[z_A^*, 1]$ 环节。在这种链条升级下，国家 S 的国内劳动力总需求为：

$$D_s = \int_0^{z_A^*} \frac{\partial C_A}{\partial w_{ls}} X(z_A) d z_A + \int_0^{z_A^*} \frac{\partial C_A}{\partial w_{hs}} X(z_A) d z_A +$$

$$\int_0^{z_B^*} \frac{\partial C_B}{\partial w_{ls}} X(z_B) d z_B + \int_0^{z_B^*} \frac{\partial C_B}{\partial w_{hs}} X(z_B) d z_B \qquad (3-15)$$

这一劳动力需求大于国家 S 仅参与产品 B 生产 $[0, z_B]$ 时的劳动力需求，因此这种链条升级下对外贸易转型升级对就业具有促进作用，不过如果在充分就业状态下，这会导致行业相互之间争夺劳动力，从而使得劳动力在不同行业之间进行重新配置。因产品 A 在各个环节生产的产品对技能劳动力需求高于 B 产品，随着产品 B 的升级和链条从 B 产品升级到 A 产品，国家 S 对技能劳动力的相对需求都会上升，如式（3-16）所示。

$$XD_s = \frac{\int_0^{z_B^*} \frac{\partial C_B}{\partial w_{hs}} X(z_B) d z_B + \int_0^{z_A^*} \frac{\partial C_A}{\partial w_{hs}} X(z_A) d z_A}{\int_0^{z_A^*} \frac{\partial C_A}{\partial w_{ls}} X(z_A) d z_A + \int_0^{z_B^*} \frac{\partial C_B}{\partial w_{ls}} X(z_B) d z_B} \qquad (3-16)$$

假说 5： 全球价值链分工下链条升级对国家就业总体有促进作用，但会导致就业在行业间的再配置，存在行业挤出效应。

根据式（3-10）、式（3-11）、式（3-13）和式（3-16）转型升级下 S 国家对技能劳动力相对需求的变化，发现不论是那种转型升级都会增加对技能劳动力相对需求。因此，可以得到我们的假说6：

假说6：在全球价值链分工下对外贸易转型升级会导致其技能劳动力相对需求增加。

从理论上来看，全球价值链分工背景下产业升级的路径和方式存在多样性。但是不管是哪种类型的转型升级最终都表现为一个国家参与全球价值链分工从低附加值向高附加值的生产环节和价值链条。体现在一国对外贸易中为一国出口产品国内附加值及其比率的提升。全球价值链分工下对外贸易转型升级的动态过程会对一国劳动力市场产生影响，从理论上表现为：①当一国一行业一地区在保有低附加值生产环节并向高附加值环节转移过程中，会导致该行业该地区劳动力需求上升，对其他行业和地区就业具有挤出效应；②一国一行业从低附加值环节转向仅生产高附加值环节时，出口中国内附加值率上升对行业就业产生抑制作用；③如果一国国内地区之间禀赋差异大，存在产业梯度转移，经济发展较快地区的对外贸易转型升级会带动其他地区就业上升；④不论是何种类型的对外贸易转型升级都会促进技能劳动力相对需求上升。

自改革开放以来，我国就以低劳动力成本优势成功嵌入全球价值链分工中的加工组装环节。40多年过去了，随着劳动力成本的上升，我国对外贸易在发展过程中贸易的商品结构、贸易的地区结构和贸易中国内附加值也在不断调整和变化。下一章我们将对我国参与全球价值链分工的现状以及转型升级的事实进行描述，为后续进行实证检验做铺垫。

第四章 全球价值链分工下中国对外贸易发展与转型升级

本章首先对我国以加工贸易方式嵌入全球价值链分工的历史发展进程进行描述；之后从总出口额角度对我国对外贸易转型升级的趋势和特点进行描述；最后利用出口附加值分解方法测算了 2000 年之后我国出口附加值和出口中国内附加值率的变动。总体发现，我国对外贸易转型升级的趋势非常明显。

第一节 中国参与全球价值链分工与对外贸易发展

一、以加工贸易嵌入全球价值链分工

1978 年，中国开启改革开放的伟大历程。改革开放初期，中国资金和外汇短缺，技术落后，但劳动力丰富并具备一定工业基础。面对这样的局面，中国决定发展"三来一补"的加工贸易，嵌入全球价值链分工的加工装配环节。所谓"三来一补"是指来料加工、来样加工、来件装配及补偿贸易的统称。1978 年 7 月国务院出台《开展对外加工装配业务试行办法》，允许加工装配所需原材料、零部件、设备的进口，一律免征关税、工商税。1979 年，国务院颁布《发展对外加工装配和中小型补偿贸易办法》和《以进养出试行办法》，对加工贸易实行特殊的海关监管政策，积极利用国外原材料和技术，发挥国内生产能力，大力发展以进养出业务，把出口贸易做大做活，增加外汇收入，增强国家的外汇支付能力。1980 年的《关于〈广东、福建两省会议纪要〉的批示》（中发〔1980〕41 号文）进一步对海关的管理和关税的减免

等方面作了一系列规定，鼓励来料加工装配。在一系列政策鼓励下，来料加工装配首先在广东、福建和上海等具备条件的沿海地区发展起来，我国加工贸易的贸易额和占总对外贸易的比例不断上升，详见图4-1。1981年我国对外贸易总额440.2亿美元，其中出口额为220.1亿美元，进口额为220.1亿美元。加工贸易出口11.31亿美元，占总出口额的比重为5.1%；加工贸易进口额15.04亿美元，占总进口的比例为6.8%。1987年，加工贸易出口额上升到89.94亿美元，占总出口的比例上升到22.8%；加工贸易进口额为101.91，占总进口额的比重上升为23.58%，1981—1987年加工贸易总额增长了6倍多。

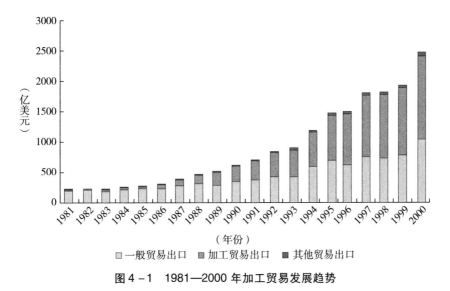

图4-1　1981—2000年加工贸易发展趋势

资料来源：《中国统计年鉴—2001》。

为促进进料加工业务的发展，1988年，海关总署出台《进料加工进出口货物管理办法》对经营单位专为加工出口商品而用外汇购买进口的原料、材料、辅料、元器件、零部件、配套件和包装物料，以及经加工后返销出口的成品和半成品实行免征进口关税、产品税（或增值税）。加工的成品出口，免征出口关税。1988—2000年中国加工贸易进入进料加工的快速发展期。1988年中国的加工贸易出口总额为140.6亿美元，加工贸易进口额为151.05亿美元，加工贸易的进出口总额占全国总进出口额的28.4%。1992年中国加工贸易进出口总额为711.6亿美元，占到总贸易的比重上升到43%左右，其中加工贸易进口为 363.7 亿美元，加工贸易出口为 396.2 亿美元，三年的时间里增长了一倍多。快速发展的背后也带来了各种加工贸易管理以及骗税、走私等问题，为此 1992 年海关总署发布《中华人民共和国海关对外商投资企业进出口货物监管和征免税办法》，在规范各种加工贸易管理的基础上，进一步出台措施鼓励外商投资企业在中国开展进料加工贸易。1992 年邓小平同志发表南方谈话后，中国共产党十四大确立了社会主义市场经济体制的改革目标，此后国家推进了一轮涉及财税、金融、外汇、外贸、投资、价格、流通体制等方面的综合改革，中国改革开放进入新时期。为抓住第二次国际产业转移的机会，我国承接了大量制造业的国际转移。1994 年中国出台《对外贸易法》，对涉及对外贸易的各个方面进行法律规范，对维护对外贸易秩序、促进对外贸易发展发挥了重要的作用。伴随着汇率制度的改革，中国加工贸易进入加速发展时期，不仅加工贸易承接地区越来越多，而且承接加工的商品也由劳动力密集型产品向资本密集型的机电产业快速发展。这一阶段的加工贸易发展主要有以下几个特点：

1. 加工贸易稳定增长，超过一般贸易成为主要贸易方式

1992—2000 年，加工贸易出口年平均增长 17.7%，进口年均增长 16%；加工贸易占总贸易的比例也从 1991 年不足 40% 左右上升到 1999 年的超过 50%。1992 年我国总进出口贸易额为 1655 亿美元，其中出口额为 849.4 亿美元，进口额为 805.9 亿美元，加工贸易出口占总出口的比例为 46.6%，加工贸易进口占总进口的比例为 39%，到 1999 年，中国总贸易额上升到 3606 亿美元，其中出口额为 1949 亿美元，进口额为 1657 亿美元，其中加工贸易出口占总出口的比例为 56.9%，加工贸易进口占总进口的比例为 44.4%，详见图 4-2。1988—1999 年，中国高速增长的对外贸易主要是由嵌入全球价值链的加工组装环节，加工贸易快速发展引起的。

2. 加工贸易产品结构改善

总体来看，这一阶段我国出口商品的结构从初级产品逐渐向工业制成品转移。1980 年中国出口总额 181.19 亿美元，其中初级产品出口额 91.14 亿美元，约占 50.3%，工业制成品出口额 90.05 亿美元，约占 49.7%。1990 年时，我国初级产品出口额为 158.86 亿美元，占总出口的比重为 25.59%；2000 年，我国总出口额达到了 2492.03 亿美元，其中初级产品出口额增长至

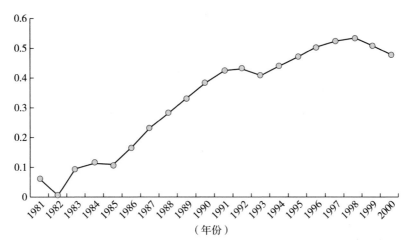

图4-2　1981—2000年加工贸易占总贸易的比重变化

资料来源:《中国统计年鉴》(1982—2001)。

254.6亿美元,但占比降至10.2%,工业制成品出口额增长至2237.43亿美元,但占比增至89.8%,详见图4-3。

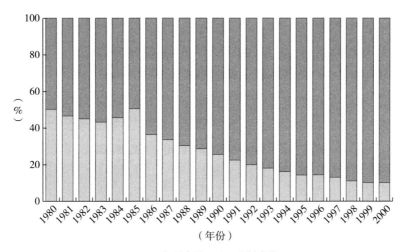

　　□ 初级产品　■ 工业制成品

图4-3　1980—2000年我国出口商品结构变化

资料来源:《中国统计年鉴》(1981—2001)。

　　在这种比重发生大变化的背后是工业制成品中的轻纺产品、橡胶制品、矿冶产品及其制品和机械运输设备等制造业产品的大幅度增长,这些都是我国20世纪90年代最主要的加工贸易商品。在1995年之前我国加工贸易主要是以轻工业为主，其中纺织品工业所占比重非常高，但 1995 年以后资本和技术密集型的重化工业成为加工贸易的主要商品，这造成我国出口中重化工业产品比重比较高。以机械运输设备为例，1980 年我国总出口额仅为 8.43 亿美元，占所有工业品出口的比重为 9.36%，而纺织品出口占工业制品出口的比重同期为 44%；到 2000 年上升到 826 亿美元，实现了约 9700% 的增长，占工业制成品出口的比重也上升为 36.9%，而纺织品工业占比下降为 19%。详见图 4-4。

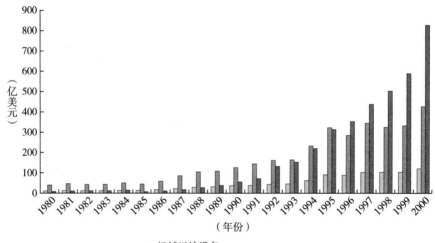

图 4-4 1980—2000 年我国出口商品结构变化

资料来源：《中国对外经贸统计年鉴》(2001)。

3. 外资企业成为居于主要地位的加工贸易和对外贸易主体

改革开放以来，中国加深了与世界的联系，从几乎没有外资到大量引入外资，改革开放初期，1979—1983 年我国共吸收外商直接投资实际额为 18.02 亿美元，到 1990 年这个数值上升到 34.87 亿美元。1980—1989 年，外商投资企业出口额有了初步的增长，从 824 万美元增长到 49 亿美元，占总出口额比例也从 0.15% 上升到 9.3%。自邓小平南方谈话之后我国加快改革开放步伐，出台各种吸收外资的政策，外商投资企业在华投资逐年上升，成为加工贸易的主体。1992 年我国实际利用外商投资额上升到 110.07 亿美元，

1995 年上升到 375. 21 亿美元，三年翻了三倍多。1990 年外商投资企业包括合资企业、合作企业和外商直接投企业出口额达到 78. 1 亿美元，占我国出口总额的 12. 5%，1995 年外商投资企业出口额为 468. 75 亿美元，占出口总额的比重上升到 31. 51%。2000 年外商投资企业出口额已经迅速增长到 1194 亿美元，占总出口额的 49. 7%，而外商投资企业主要从事的都是加工贸易。

自改革开放以来，我国凭借着低劳动力成本优势，通过加工贸易方式成功嵌入全球价值链分工中的加工组装环节。不仅促进了对外贸易和吸收外商投资的发展而且促进我国经济实现高速增长。不过这一阶段我国对外贸易超过 90% 以上都是发生在东部沿海地区。随着时间的推移，我国嵌入全球价值链分工的商品种类不断拓宽，从轻纺织工业逐渐向重化工业转移，也实现了我国对外贸易商品结构的不断优化。但是这种大进大出的加工贸易使得我国出口商品的国内附加值非常低，技术含量不高。随着农村劳动力不断向城市转移和我国城镇化的发展，无限供给的劳动力曲线慢慢出现拐点，我国劳动力的工资不断上升，再加上商品房改革的不断推进，导致东部沿海地区生产成本不断提高。以加工贸易为主的低附加值生产环节的成本优势日益缩减，加入 WTO 之后我国对外贸易进入转型升级阶段。

二、加入 WTO 之后我国对外贸易快速发展与升级

自 2001 年之后，中国以加工贸易嵌入全球价值链的贸易模式出现新的变化，随着国内劳动力成本的不断上升，我国加工贸易主要向机电产品和高新技术产品转移，国家开始实施加工贸易转型升级战略。中间品贸易和一般贸易超过加工贸易成为我国主要贸易模式。随着中西部的不断开放和东部生产成本上升，我国对外贸易开始从沿海地区向中西部地区转移。

1. **加工贸易升级，进出口商品结构从劳动力密集型向资本密集行业转移**

加入 WTO 之后，我国的进出口商品结构包括加工贸易的商品结构出现不断从劳动力密集型行业向资本和技术密集型行业转移的趋势。一个是因为劳动力密集型行业低劳动力成本优势越来越弱，再加上我国在劳动力密集型行业中不断从贴牌生产向自主生产，劳动力密集型行业占我国对外贸易比重越来越低。而资本密集型和技术密集型这些附加值相对较高的行业在我国生产的越来越多，占出口总值的比重越来越高。表 4 - 1 列出了我国 2007 年和

2017 年按照海关分类编码（HS 编码）大类各商品的出口额和占总出口额的比例。从中可以看到我国出口商品大类主要集中在机器机械、电气设备，纺织品，交通运输设备，光学设备以及塑料和橡胶制品等。不过从 2007 年到 2017 年各大类商品出口额增长速度和占比都有较大变化。

由表 4－1 可以看出，加入 WTO 后资本密集型商品第 16 类机器、机械器具进出口在出口中占的比重最大。与 2007 年相比，2017 年资本密集型商品第 16 类机器、机械器具等商品和 17 类车辆、航空器、船舶及有关运输设备商品进出口比例均有所上升。2007 年第 16 类机器、机械器具等商品占加工贸易出口比例为 64.8%，2017 年该比例上升至 66.3%；2007 年第 17 类车辆、航空器、船舶及有关运输设备商品占加工贸易出口比例为 4.54%，2017 年该比例上升至 5.09%。

表4－1　各种商品出口额和所占比例

HS 大类	品类详情	2007 年		2017 年	
		出口额（亿美元）	占比（%）	出口额（亿美元）	占比（%）
第 1 类	动物；动物产品	29.89	0.48	46.74	0.62
第 2 类	植物产品	4.38	0.07	7.46	0.10
第 3 类	动、植物油、脂及其分解产品等	0.75	0.01	1.22	0.02
第 4 类	食品；饮料、酒及醋，烟草等	40	0.65	32.43	0.43
第 5 类	矿产品	57.99	0.94	107.3	1.41
第 6 类	化学工业及其相关工业的产品	92.18	1.49	133.04	1.75
第 7 类	塑料及其制品，橡胶及其制品	224.82	3.64	312.02	4.11
第 8 类	生皮、皮革、毛皮及其制品等	56.78	0.92	38.13	0.50
第 9 类	木及木制品；软木及软木制品等	17.99	0.29	13.39	0.18
第 10 类	木浆及其他纤维状纤维素浆；纸制品等	51.85	0.84	73.62	0.97
第 11 类	纺织原料及纺织制品	365.89	5.92	260.68	3.44
第 12 类	鞋、帽、伞、杖、鞭及其零件等	108.87	1.76	96.71	1.27
第 13 类	石料、石膏、水泥、石棉等	27.65	0.45	19.53	0.26
第 14 类	宝石或半宝石、贵金属等	46.91	0.76	146.86	1.94

续表

HS 大类	品类详情	2007 年		2017 年	
		出口额（亿美元）	占比（%）	出口额（亿美元）	占比（%）
第 15 类	贱金属及其制品	171.31	2.77	154.07	2.03
第 16 类	机器、机械器具、电气设备及其零件等	3999.44	64.76	5028.23	66.27
第 17 类	车辆、航空器、船舶及有关运输设备	280.16	4.54	386.34	5.09
第 18 类	光学、照相、电影、计量设备等	295.03	4.78	404.88	5.34
第 19 类	武器、弹药及其零件、附件	0.01	0.00	0	0.00
第 20 类	杂项制品	298.63	4.84	325.03	4.28
第 21 类	艺术品、收藏品及古物	0.01	0.00	0	0.00

资料来源：《中国对外经贸统计年鉴》（2008、2018 年）。

加入 WTO 后，劳动密集型商品第 11 类纺织原料及纺织制品等商品和 12 类鞋、帽、伞、杖、鞭及其零件等商品在出口中占的比重很小，而且该比重有所下降。2007 年 11 类纺织原料及纺织制品等商品占出口比例为 5.92%，2017 年该比例下降至 3.43%；2007 年 12 类鞋、帽、伞、杖、鞭及其零件等商品占出口比例为 1.76%，2017 年该比例下降至 1.27%。

2. 对外贸易地区结构变化

从东部向中西部转移。随着东部地区经济发展水平的提高，东部地区低成本优势逐渐削弱，再加上西部大开发和中部崛起等政策的激励，中西部地区进一步扩大开放。这导致自加入 WTO 之后我国对外贸易的地区格局不断变化。图 4－5 是我国东部、中部和西部地区出口占全国出口的比重，从中可以看到目前我国对外贸易中东部地区还是对外贸易的主力军，不过比重在不断下降，尤其是在金融危机之后。加入 WTO 之后到 2008 年金融危机之前，我国各省市自治区出口额增长都非常快，全国的年出口增长率在 25% 左右，但 2008 年所有省市自治区的出口都呈现负增长，其中东部地区出口额下降的更多。2009 年以后各省市自治区的出口增长率都下降，全国年均增长率为 8.9% 左右。

2000 年我国东部地区出口占比为 91.6%，到 2018 年该比例下降至 86.4%；2001 年中、西部地区出口占比分别为 5.2% 和 2.2%，2018 年该比例分别上升至 8.7% 和 5.0%，详见图 4 - 5。

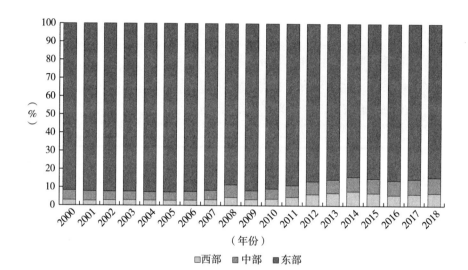

图 4 - 5 我国各地区出口占比（2000—2018 年）

注：东部包括北京、天津、河北、辽宁、上海、江苏、浙江、福建、山东、广东、海南 11 个省市；中部包括山西、内蒙古、吉林、黑龙江、安徽、江西、河南、湖南、湖北 9 个省和自治区；西部包括四川、重庆、贵州、云南、陕西、甘肃、青海、广西、宁夏、新疆和西藏 11 个省市自治区。

即使在同一区域内各省（自治区、直辖市）对外贸易发展的表现也不同。东部地区珠三角地区虽然总出口非常大，占比最高。但是从增长率来看自 2000 年到 2007 年呈现年均出口增长率为 20.7%；长三角地区上海市、江苏省和浙江省的出口总额不断上升，江苏出口额年平均增长率为 32%，浙江出口额年平均增长率为 31%，上海市年出口额年平均增长率为 27%；东部其他省市的出口年均增长率都低于长三角地区。金融危机之后，除海南省外，浙江省的表现最好，年均出口增长率在 10% 左右，其次是河北省、福建省、江苏省和山东省，广东省的出口增长率年均值为 7% 左右，而上海市的数值为 4.8%，是东部省市年均增长率最低的。反观中部和西部省份，除了吉林省和黑龙江省以及新疆维吾尔自治区和西藏自治区外，其他省（自治区、直辖市）2009 年到 2018 年出口额年平均增长率都在 10%，这种年均增长率的差异才使得中部和西部地区出口占比所有提高。不过从总出口额来看，中部和西部地区各省市自治区的出口额平均远低于东部省市。2000 年广东省出口额 919.24亿美元，而中部出口最高的安徽省出口额为 21.7 亿美元，西部地区最高的四川省出口额只有 13.9 亿美元左右，只有广东省的 1.5%。2018 年广东省出口额上升到 6465 亿美元，而安徽省 362 亿美元，四川省上升到 505 亿美元，是广东省出口额的 7.8% 左右。

3. 中间品贸易和一般贸易加快发展

加入 WTO 之后，我国出口总额呈上升态势，其中加工贸易和一般贸易都得到发展，如图 4-6 所示。2001—2008 年我国加工贸易出口额稳步上升，加工贸易出口在总出口额的占比逐步上升，最高达到了总出口额的 55.4%。但是在 2009 年，加工贸易的出口额明显下降，随后不断增加但增速明显下降，在 2012 年达到一个最高出口值后，从 2013 年加工贸易出口额开始下降并持续至 2017 年。加工贸易出口额在总出口额中比重也持续下降，到 2017 年只占总出口额的 33.5%。与之相对的是除了 2009 年受金融危机影响，一般贸易额有所下降外，2000—2015 年一般贸易出口额基本保持不断上升。

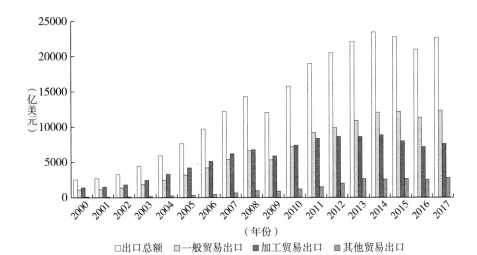

图 4-6　一般贸易与加工贸易进出口额（2000—2017 年）

资料来源：《2018 年中国贸易外汇统计年鉴》。

从一般贸易和加工贸易的年增长率来看（见图 4-7），2006—2017 年，一般贸易各年度进口增速均大于加工贸易进口增速。2001—2004 年，一般贸易出口增速接近加工贸易出口增速；2005年开始，一般贸易出口增速开始超过加工贸易出口增速。而单独看加工贸易进出口增速可以发现，从2005年起增速开始放缓，2008年次贷危机后进出口更是分别出现了 −14.8% 和 −13.1% 的增长率，虽然在 2010—2012 年有回升，但之后进出口总体增速是呈现下降的趋势。

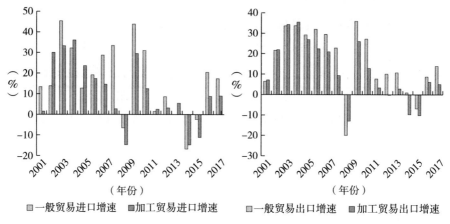

图4-7　我国一般贸易与加工贸易进出口增速（2001—2018年）

在一般贸易中，我国出口商品中中间产品的贸易额所占比重也是在不断上升，详见图4-8。2001—2008 年我国中间产品出口占比逐步上升，从36% 上升到2008年的39.5%左右。但受金融危机的影响，2009年大幅度下降，随后开始不断上升，到2018年该比例上升至40.6%，超过了2008年的水平。一般贸易尤其是中间产品出口比重的上升说明我国已经从全球价值链分工的加工组装环节不断向附加值较高的中间品生产环节转移，这是我国产业升级的一个表现之一。

中国在融入全球价值链的过程当中，利用自身的比较优势，发展加工贸易型经济，不仅促进我国对外贸易和对外投资的增加，同时也极大程度上促进了自身经济发展。在走过了大进大出的粗放型发展的外贸模式之后，我国对外贸易正在不断的转型升级，这表现在不断优化商品结构，调整对外贸易地区结构和发展高附加值中间产品等多个方面。但在全球价值链分工背景下，产品尤其是中间产品和零部件表现出多次跨越关境，传统的基于总贸易统计方法统计的出口额已经无法真实反映贸易利益，因为出口金

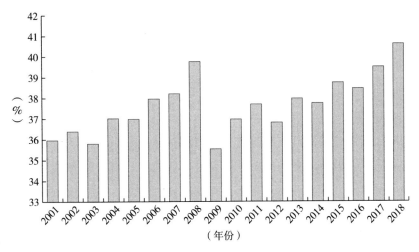

图 4 - 8　我国中间品出口占比（2001—2018 年）

数据来源：联合国贸易与发展改革委数据库，这里中间产品按照 BEC 分类获取。

额中可能包含大量国外进口的中间产品和零部件的价值，并非完全都是本国本地区生产的。在全球价值链分工背景下，一国出口中所含国内附加值才能真正反映一国对外贸易转型升级的情况。因此需要对出口数据进行分解剥离出国内附加值部分，分析其变动情况才能查看我们的对外贸易是否存在升级。

第二节　中国对外贸易转型升级的事实

在全球价值链分工背景下，一国出口额中往往包含其他国家的进口的中间产品价值。以第三章 iphone5 手机为例，我国加工组装手机出口金额为 194.04 美元，但实际上真正是中国创造的价值仅有 6.54 美元。如果仅仅关注我国基于总贸易统计方式下出口金额的变动、商品出口结构的优化以及地区出口结构的优化等都无法体现是否为我们的产业在升级，及对外贸易在转型升级。全球价值链分工下产业转型升级主要还是看国内出口商品中国内附加值是否上升以及国内附加值率是否提升。因此，本节采用宏观和微观层面分解方法，对我国出口额进行分解，测算我国出口中国内附加值和国内附加值比例，真实度量我国对外贸易转型升级的实际情况。

一、对外贸易转型升级的测度方法和数据说明

(一) 宏观层面的测算方法和数据

1. 测算方法

宏观层面对一国出口中国内附加值的度量从最开始的 HIY 方法,不断进行改进和完善,最新的方法主要是由王直、魏尚进和祝坤福(2015)提出的总贸易分解方法(简称 WWZ 方法)对出口进行分解。宏观层面我们也采用 WWZ 方法对我国出口中国内附加值进行分解。

首先构建一个由 C、D、E 三个国家组成的投入产出表,根据吸收渠道和吸收地的不同对中间贸易品进行分解测算,详见表4-2。

表4-2 三个国家的投入产出表结构

投入＼产出		中间使用			最终使用			总产出
		C 国	D 国	E 国	C 国	D 国	E 国	
中间投入	C 国	Z^{cc}	Z^{cd}	Z^{ce}	Y^{cc}	Y^{cd}	Y^{ce}	X^c
	D 国	Z^{dc}	Z^{dd}	Z^{de}	Y^{dc}	Y^{dd}	Y^{de}	X^d
	E 国	Z^{ec}	Z^{ed}	Z^{ee}	Y^{ec}	Y^{ed}	Y^{ee}	X^e
增加值		VA^c	VA^d	VA^e	—	—	—	—
总投入		$(X^c)^T$	$(X^d)^T$	$(X^e)^T$	—	—	—	—

表中的小写上标 c、d、e 表示 C 国、D 国和 E 国,Z^{cd} 和 Y^{cd} 表示的是 C 国的产品被 D 国作为中间投入使用和最终使用的部分,VA^c 代表 C 国的增加值,X^c 代表 C 国的总产出,设每个国家总共有 m 个部门,则 Z 就是 m * m 矩阵,X 是 m * 1 的列向量,Y 也是 m * 1 的列向量,VA 是 1 * m 的行向量,行方向存在平衡:

$$\begin{bmatrix} Z^{cc} + Z^{cd} + Z^{ce} \\ Z^{dc} + Z^{dd} + Z^{de} \\ Z^{ec} + Z^{ed} + Z^{ee} \end{bmatrix} + \begin{bmatrix} Y^{cc} + Y^{cd} + Y^{ce} \\ Y^{dc} + Y^{dd} + Y^{de} \\ Y^{ec} + Y^{ed} + Y^{ee} \end{bmatrix} = \begin{bmatrix} X^c \\ X^d \\ X^e \end{bmatrix} \quad (4-1)$$

设定投入系数矩阵为 $A^{cd} \equiv Z^{cd} (X^d)^{-1}$,一般式即 $A \equiv Z (X)^{-1}$,得出 Z =

AX ，代入上式中：

$$\begin{bmatrix} A^{cc} & A^{cd} & A^{ce} \\ A^{dc} & A^{dd} & A^{de} \\ A^{ec} & A^{ed} & A^{ee} \end{bmatrix}\begin{bmatrix} X^c \\ X^d \\ X^e \end{bmatrix} + \begin{bmatrix} Y^{cc} + Y^{cd} + Y^{ce} \\ Y^{dc} + Y^{dd} + Y^{de} \\ Y^{ec} + Y^{ed} + Y^{ee} \end{bmatrix} = \begin{bmatrix} X^c \\ X^d \\ X^e \end{bmatrix} \qquad (4-2)$$

对上述关系式整理得到最终需求与其所带来的总产出之间的关系式如下：

$$\begin{bmatrix} X^c \\ X^d \\ X^e \end{bmatrix} = \begin{bmatrix} B^{cc} & B^{cd} & B^{ce} \\ B^{dc} & B^{dd} & B^{de} \\ B^{ec} & B^{ed} & B^{ee} \end{bmatrix}\begin{bmatrix} Y^{cc} + Y^{cd} + Y^{ce} \\ Y^{dc} + Y^{dd} + Y^{de} \\ Y^{ec} + Y^{ed} + Y^{ee} \end{bmatrix} \qquad (4-3)$$

上式中 $\begin{bmatrix} B^{cc} & B^{cd} & B^{ce} \\ B^{dc} & B^{dd} & B^{de} \\ B^{ec} & B^{ed} & B^{ee} \end{bmatrix} = \begin{bmatrix} I - A^{cc} & -A^{cd} & -A^{ce} \\ -A^{dc} & I - A^{dd} & -A^{de} \\ -A^{ec} & -A^{ed} & I - A^{ee} \end{bmatrix}$ 就是里昂惕夫逆

矩阵。

对式（4-3）进行展开变形把 D 国总产出 X^d 分解成来自于不同的最终产品对总产出的拉动作用：

$$X^d = B^{dc} Y^{cc} + B^{dc} Y^{cd} + B^{dc} Y^{ce} + B^{dd} Y^{dc} + B^{dd} Y^{dd} +$$
$$B^{dd} Y^{de} + B^{de} Y^{ec} + B^{de} Y^{ed} + B^{de} Y^{ee} \qquad (4-4)$$

那么依据式（4-2）中 $Z = AX$ 可得到 C 国对 D 国的中间品出口分解如下：

$$Z^{cd} = A^{cd} X^d = A^{cd} B^{dc} Y^{cc} + A^{cd} B^{dc} Y^{cd} + A^{cd} B^{dc} Y^{ce} + A^{cd} B^{dd} Y^{dc} +$$
$$A^{cd} B^{dd} Y^{dd} + A^{cd} B^{dd} Y^{de} + A^{cd} B^{de} Y^{ec} + A^{cd} B^{de} Y^{ed} +$$
$$A^{cd} B^{de} Y^{ee} \qquad (4-5)$$

上式即为 C 国向 D 国的中间品出口最终去向及路径，总共分解为 9 个部分。有了中间品出口的详细分解，便可以根据增加值的不同来源和不同的最终吸收地把总出口进行完全的分解，增加值系数 $V^c = VA^c / X^c = VA^c (X^c)^{-1}$，$V^d$ 和 V^e 同理，那么用矩阵关系式表示完全增加值系数如下：

$$VB = \begin{bmatrix} V^c & V^d & V^e \end{bmatrix}\begin{bmatrix} B^{cc} & B^{cd} & B^{ce} \\ B^{dc} & B^{dd} & B^{de} \\ B^{ec} & B^{ed} & B^{ee} \end{bmatrix} = \begin{bmatrix} V^c B^{cc} + V^d B^{dc} + V^e B^{ec} \end{bmatrix}$$

$$V^c B^{cd} + V^d B^{dd} + V^e B^{ed} \quad V^c B^{ce} + V^d B^{de} + V^e B^{ee} \end{bmatrix}$$

上述矩阵中的所有元素都是 1，也就是说根据价值的来源和产业部门之间的后向联系对最终品进行完全分解时，每一单位的最终品都能够被细分到各个国家的各个部门的增加值，因此有：

$$V^c B^{cc} + V^d B^{dc} + V^e B^{ec} = [1,1,1\cdots,1]$$
$$V^c B^{cd} + V^d B^{dd} + V^e B^{ed} = [1,1,1\cdots,1] \qquad (4-6)$$
$$V^c B^{ce} + V^d B^{de} + V^e B^{ee} = [1,1,1\cdots,1]$$

C 国对 D 国的总出口用 E^{cd} 来表示，它既包括中间品的出口也包括最终品的出口，用公式表示为：$E^{cd} = Z^{cd} + Y^{cd} = A^{cd} X^d + Y^{cd}$，而 C 国的总出口既包括对 D 国的总出口也包括对 E 国的总出口，用公式表示为：$E^c = E^{cd} + E^{ce} = A^{cd} X^d + Y^{cd} + A^{ce} X^e + Y^{ce}$，同理可得到 D 国总出口表达式：$E^d = E^{dc} + E^{de} = A^{dc} X^c + Y^{dc} + A^{de} X^e + Y^{de}$，E 国总出口表达式：$E^e = E^{ec} + E^{ed} = A^{ec} X^c + Y^{ec} + A^{ed} X^d + Y^{ed}$，将 C 国、D 国、E 国的总出口表达式代入式（4-2）整理：

$$\begin{bmatrix} A^{cc} & 0 & 0 \\ 0 & A^{dd} & 0 \\ 0 & 0 & A^{ee} \end{bmatrix} \begin{bmatrix} X^c \\ X^d \\ X^e \end{bmatrix} + \begin{bmatrix} Y^{cc} + E^c \\ Y^{dd} + E^d \\ Y^{ee} + E^e \end{bmatrix} = \begin{bmatrix} X^c \\ X^d \\ X^e \end{bmatrix} \qquad (4-7)$$

对式（4-7）进一步的整理可以得出单个国家的里昂惕夫公式如下：

$$\begin{bmatrix} X^c \\ X^d \\ X^e \end{bmatrix} = \begin{bmatrix} L^{cc} Y^{cc} + L^{cc} E^c \\ L^{dd} Y^{dd} + L^{dd} E^d \\ L^{ee} Y^{ee} + L^{ee} E^e \end{bmatrix} \qquad (4-8)$$

上式中的 $L^{cc} = (I - A^{cc})^{-1}$，$L^{dd} = (I - A^{dd})^{-1}$，$L^{ee} = (I - A^{ee})^{-1}$ 分别代表 C 国、D 国和 E 国国内的里昂惕夫逆矩阵，那么 C 国对 D 国的中间品出口表示为：

$$Z^{cd} = A^{cd} X^d = A^{cd} (L^{dd} Y^{dd} + L^{dd} E^d) = A^{cd} L^{dd} Y^{dd} + A^{cd} L^{dd} E^d \quad (4-9)$$

王直、魏尚进和祝坤福（2015）采用总贸易核算法，考虑到出口的价值来源、最终去处和吸收途径的区别，同时基于产业关联中的前向关联和后向关联，根据式（4-5）、式（4-6）和式（4-9），最终把 C 国对 D 国的总出口 $E^{cd} = A^{cd} X^d + Y^{cd}$ 用数学表达式分解为 16 个部分的加总。为了便于理解，此处将用框架图来表示双边贸易的总出口价值分解成的 16 个不同部分的增加值和重复计算的部分，总出口的具体分解框架图详见图 4-9。

如框架图所示，双边贸易总出口价值被细分为 16 个部分，总出口价值的构成主要是以下四部分的加和：

$$EX = DVA + RDV + FVA + PDC$$

一国的出口国内增加值（D）则是由被国外吸收的国内增加值 DVA 和回流的国内增加值 RDV 两部分构成，DVA 就是总贸易核算中前五部分的加和，RDV 就是6、7、8 三部分的加和，用公式表示如下：

被国外吸收的国内增加值 $DVA =（1）+（2）+（3）+（4）+（5）= DVA\_FIN + DVA\_INT + DVA\_INTre1 + DVA\_INTreF + DVA\_INTre2$

回流的增加值：$RDV =（6）+（7）+（8）= RDV\_FIN + RDV\_FIN2 + RDV\_INT$

因此出口的国内增加值 $D = DVA + RDV =（1）+（2）+（3）+（4）+（5）+（6）+（7）+（8）= DVA\_FIN + DVA\_INT + DVA\_INTre1 + DVA\_INTreF + DVA\_INTre2 + RDV\_FIN + RDV\_FIN2 + RDV\_INT$ 　　　　　　(4 – 10)

出口的国内增加值率为出口的国内增加值含量比上总出口额：

$$DVAR = D/EX \qquad\qquad (4 – 11)$$

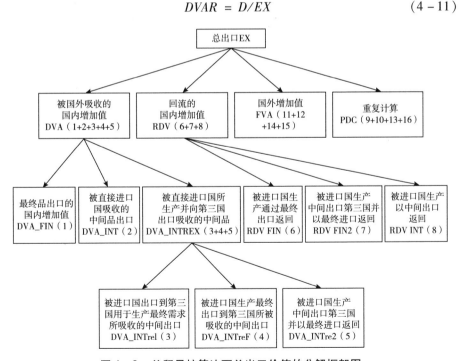

图 4 – 9　总贸易核算法下总出口价值的分解框架图

资料来源：王直，魏尚进，祝坤福，总贸易核算方法：官方贸易统计数据与全球价值链的度量，中国社会科学，2015 年第 9 期。

2. 数据说明

因宏观层面测算各国出口中国内附加值需要世界投入产出表和各行业出口额等相关数据。目前主要采用两套数据库进行测算：一个是经合组织世贸组织增加值易（TiVA）数据库；另一个是 WIOD 数据库。

WIOD 数据库包含两个分数据库：世界投入产出表数据库（WIOT）和国民经济账户数据库（Socio Economic Accounts）。WIOD 数据库分为 2013 版本和 2016 版本。2013 版本提供了 1995 年到 2011 年包含 40 个经济体和剩余其他所有国家作为一个整体（Rest of World）35 个经济行业或部门的数据。2016 年版本数据提供 2000 年到 2014 年 43 个经济体和剩余其他所有国家总体56 个部门的世界投入产出表和国民经济账户数据。WIOD 数据库包含的经济体主要是欧盟、OECD 国家和金砖国家。不过该数据库的两个版本因统计分类不同，没有办法进行合并使用，而考虑到我国对外贸易转型升级主要发生在2000 年之后，因此这部分我们主要采用 2016 年数据对我国出口进行分解。WIOD 数据库中 56 个行业的具体分类，详见表 4 - 3。

表 4 - 3　WIOD 中行业分类

类型	WIOD 编码	行业名称
制造业	C5	食品饮料制造及烟草业
	C6	纺织品、服装和皮革制造业
	C7	家具外的木材加工、软木制品及编织制品业
	C8	造纸及纸制品业
	C9	录制媒体的打印和复制
	C10	石油加工炼焦及核燃料加工业
	C11	化学品及化学制品制造业
	C12	基本药物制剂和药物制剂的制造业
	C13	橡胶和塑料制品业
	C14	其他非金属矿物制品业
	C15	基本金属制造业
	C16	机械和设备除外的金属制品业
	C17	计算机、电子和光学产品制造业

续表

类型	WIOD 编码	行业名称
制造业	C18	电气设备制造业
	C19	机械设备制造业
	C20	汽车、拖车和半拖车制造业
	C21	其他运输设备的制造业
	C22	家具制品业
服务业	C23	机器及其设备的修理和安装
	C24	电力、燃气、蒸汽和空调供应
	C25	水的收集、处理和供应
	C26	下水道、废物收集与处理等管理服务
	C28	汽车和摩托车的批发和零售贸易
	C29	批发贸易（不含汽车及摩托车）
	C30	零售业（不含汽车及摩托车）
	C31	陆路运输和管道运输
	C32	水运
	C33	航空运输
	C34	仓储和运输支持
	C35	邮政和快递服务
	C36	住宿和餐饮服务业
	C37	出版服务
	C38	电影、音像、电视节目、广播等娱乐服务
	C39	电信服务
	C40	计算机编程、咨询及信息服务
	C41	保险和养老之外的金融服务
	C42	强制性社保以外的保险、再保险和养老服务
	C43	为金融服务和保险活动提供辅助活动
	C44	房地产业
	C45	法律、会计、总部经济及管理咨询服务
	C46	建筑和工程活动，技术测试和分析

续表

类型	WIOD 编码	行业名称
服务业	C47	科学研究和发展
	C48	广告和市场研究服务
	C49	其他专业的科学和技术活动；兽医活动
	C50	行政及其支持服务
	C51	公共行政和国防，强制性社会保障
	C52	教育服务
	C53	卫生和社会工作
	C54	其他服务
	C55	私人雇佣的家庭服务业
	C56	域外组织和机构的服务
其他行业	C1	作物和动物生产，狩猎及相关服务活动
	C2	林业和伐木
	C3	捕鱼和水产养殖
	C4	采矿业
	C27	建筑业

资料来源：根据 WIOD 数据整理得到。

（二）微观层面测算方法和数据说明

1. 测算方法

企业出口国内附加值率能够精确反映我国企业出口贸易利得。本文参考 Kee 和 Tang（2016）、李胜旗等（2017）的测算方法，首先将中国海关进出口企业数据库和中国工业企业数据库根据企业信息进行匹配。在此基础上再对微观企业的出口国内附加值率进行计算，在计算国内附加值率的时候，考虑到加工贸易和一般贸易的出口增加值的差异性，将企业出口产品按照加工贸易和一般贸易方式进行区分，与传统的投入产出法假设不同，不认为企业的出口占总销售额占比是同比例的，而是通过企业数据计算出不同企业的出口比例，一个企业（i）出口中国内附加值率计算公式如下所示：

$$DVAR_{it} = 1 - \frac{IM_{it}^{IP} + IM_{it}^{IO}\left(\dfrac{EX_{it}^{O}}{Yit - EX_{it}^{P}}\right)}{EX_{it}^{P} + EX_{it}^{O}} \qquad (4-12)$$

相应的，出口附加值为：

$$DVA_{it} = EX_{it}^{P} + EX_{it}^{O} - IM_{it}^{IP} - IM_{it}^{IO}\left(\frac{EX_{it}^{O}}{Y_{it} - EX_{it}^{P}}\right) \qquad (4-13)$$

其中，下标 i、t 分别表示企业和年份；EX_{it}^{P} 和 EX_{it}^{O} 分别表示企业在各年的加工贸易出口金额和一般贸易出口金额，两者相加得到企业出口总额（即 $EX_{it} = EX_{it}^{P} + EX_{it}^{O}$）；$Y_{it}$ 表示企业总产值。IM_{it}^{IP} 和 IM_{it}^{IO} 分别表示企业加工贸易中间产品进口额和一般贸易中间产品进口额，两者相加得到企业中间产品进口总额这些细分变量中，EX_{it}^{P} 和 EX_{it}^{O} 可以从中国海关进出口企业数据库中获取，Y_{it} 可以从中国工业企业数据库中获得。在计算的过程中本文做了如下处理：（1）贸易代理商问题。我国相当比例的企业在跨国贸易中存在从事专业进出口业务的贸易代理商间接进口而非自身直接进行进出口贸易的情况，因而不考虑企业间接进口的话会高估我国出口企业 DVAR。本文参考 Ahn 等（2011）、和吕越等（2017）的做法，把进出口数据库中企业名称里包含"经贸""进出口""贸易""科贸""外经"等字样的企业识别为贸易中间商，并计算 HS 二位码各行业中贸易代理商进口占行业总进口的比重作为企业从贸易商间接进口占企业进口的比重，以此计算企业实际进口额。最后将贸易代理商从数据库中剔除。（2）企业进口中间产品问题。本文将企业进口 HS6 位码的产品与 Broad Economic（BEC）编码对接，以此识别所有企业进口中间产品的数值。

在获得企业的出口国内附加值率后，再根据在各年中各区域和行业的企业数目进行加权平均，获得区域、行业层面的企业平均出口国内附加值率。

2. 数据说明

企业层面数据需要对海关数据库和全国工业企业数据库进行合并。全国工业企业数据（Annual Survey of Industrial Enterprises），由国家统计局建立，它的数据主要来自于样本企业提交给当地统计局的季报和年报汇总。这里的"工业"统计口径包括"国民经济行业分类"中的"采掘业""制造业"以及"电力、燃气及水的生产和供应业"三个门类，主要是制造业。目前工业企业数据库可获得的年份为1998年到2013年，这一数据库统计的标准进行了多次调整。1998年至2006年为全部国有和年主营业务收入500万元及以上的非国有工业企业；2007至2010年为年主营业务收入500万元及以上的工业企业，即规模以上工业企业；从2011年开始，为年主营业务收入2000万元及以上的工业企业。该数据库包括企业的两类信息：一类是企业的基本情况，如法人代码、企业名称、法人代表、联系电话、具体地址、邮政编码、所属行业、注册类型（所有制）、隶属关系、开业年份和职工人数等；另一类是企业的财务数据，如企业流动资产、应收账款、长期投资、固定资产、累计折旧、无形资产、流动负债、长期负债、实收资本、主营业务收入、主营业务成本、营业费用、管理费用、财务费用、营业利润、利税总额、广告费、研究开发费、工资总额、福利费总额、增值税、工业中间投入、工业总产值和出口交货值等。该数据库是比较全面的统计我国工业企业信息的数据库，但在样本获取的过程中，数据库并未提供一个识别每一个样本企业的唯一特征来进行编码和数据整合。而这里需要将数据库整合成一个时间和企业两位的面板数据，才能对各企业的情况进行分析和处理。本书对工业企业数据库的处理主要参照聂辉华等（2008）、Brandt等（2012）的方法。先根据相同的企业代码识别同一家企业，然后再根据相同的企业名称进行识别，最后再参考法人代表姓名、地址、邮编、电话、行业代码、主要产品名称、开业时间等基本信息进行识别。将逐年之间企业识别清楚之后，对数据进行合并，最终形成一个非平衡的面板数据。因工业企业数据库存在大量错误或遗漏（聂辉华等，2008），为确保数据的可靠性在两个数据库匹配之前需要对数据库进行处理，删除不合理的数据。第一，删除从业人员、固定资产、工业销售产值等存在缺失值的企业样本；第二，删除从业人数小于8的企业样本；第三，参照一般会计准则（GAAP），本文还剔除了有以下情况的企业样本：流动资产超过总资产的企业样本，固定资产净值超过总资产的企业样本；第四，删除了销售额小于500万元、实收资本小于等于零的企业样本；第五，删除企业建立年份大于企业所在年份，成立月份大于12，小于1的企业。

海关统计数据库是由中国海关总署统计，是在HS八位码层面上货物出入关境的详细记录，其主要信息包含：①企业的基本信息：企业名称、企业地址、电话号码、企业所有权性质等。②商品信息：商品编码、贸易数量、贸易额、单位价格和单位等。③其他信息：来源或目的国别、贸易方式、运输方式等。海关数据库对企业代码的表示方式与工业企业数据库统计的代码不同，因此无法通过企业代码对两个数据库进行匹配。随后将清洗后的工业企业数据库与海关数据库进行匹配，这里主要参照田巍，余淼杰（2013）的匹配方法。首先根据企业的名称和年份匹配，在同一年的两套数据中有相同的名称则归为同一企业。然后将企业根据邮政编码和电话号码进行匹配，再将不能完全匹配上的企业中的名称进行关键字段拆分并进行进一步匹配。以上步骤得到的结果进行归纳合并，同时去除重复的企业样本，从而得到匹配后的数据库。

二、中国对外贸易转型升级的典型事实

（一）出口附加值变动

21世纪以来，我国对外贸易包括服务业、工业所有的出口总额不断增长，尤其是加入WTO为我国贸易带来更多机遇。入世后至金融危机前夕，我国出口总额平均增长率高达27.7%。2008年世界性金融危机的爆发严重影响全球贸易进出口，我国出口额同样出现明显下降趋势，直至2009年才得以回升。根据式（4-10）总贸易分解法我们利用WIOD数据进行分解发现，我国出口国内附加值的变动趋势基本呈现与出口额相似的变动趋势。2014年出口附加值高达19577亿美元，是2000年2158.8亿美元的9倍之多，详见图4-10所示。

从制造业和服务业来看，我国对外贸易主要还是商品贸易为主，占到总贸易的比重在75%~82%左右，而且比重在逐年增加，服务业出口只占到17%~25%左右。制造业和服务业出口附加值变动趋势在2000—2014年期间与总出口附加值的年变化情况大体趋势一致，不过服务业出口附加值的波动幅度要小很多。除2009年外，制造业和服务业2000—2014年总出口附加值总体呈上升趋势。不过从增长率来看，制造业出口附加值的增长率要高于服务出口附加值增长率。2000—2014年制造业出口总额的年均增长率为19%；而出口附加值年均增长率为18.5%，主要是2000—2003年增长率比

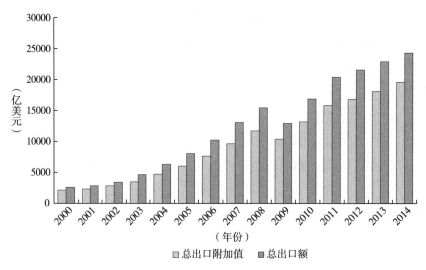

图 4 - 10   2000—2014 年我国总出口额和出口附加值变动趋势

数据来源：根据 WIOD 数据计算得到。

较低。服务业出口中国内增加值在 2000—2006 年之前变化相对平缓；金融危机后服务出口增加值增速猛增至 20% 以上，而 2012 年后增速回落至 5% 左右。金融危机期间服务业的出口增加值总额虽然有所下降但幅度比较小，2009 年同比下降 4.2%，而制造业出口增加值同比下降 13.5%，详见图 4 - 11 所示。

（二）出口中国内附加率变动

1. 总体趋势

虽然我国出口国内附加值总体呈现显著上升趋势，但是并不一定说明我国参与全球价值链分工中的附加值率就高，出口国内附加值上升也可能是由低端环节大量生产引起的。因此，我们还对出口中国内附加值率进行分析，如果出口中国内附加值率比较高，同时出口附加值也在不断提升，这就说明我国在保持出口增长的同时国内创造价值的比率也在不断提高。

从出口中国内增加值率来看，以 WIOD 数据计算的结果显示 2000—2014 年我国制造业整体出口国内增加值率均值在 80% 以上，15 年间呈现"W 型"变动趋势。2001 年加入 WTO 后为第一次明显下降，主要是因为加入 WTO 使我国更为迅速融入全球价值链，制造业出口的大量增长同时提升国外进口投

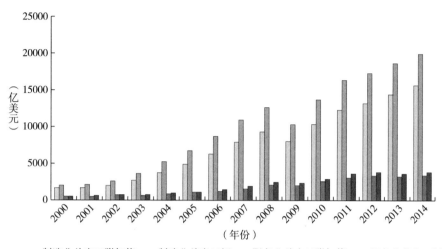

图 4 – 11　2000—2014 年服务业和制造业出口变动趋势

数据来源：WIOD 数据库计算得到。

入比例，出口国内增加值率不同程度下降。但从 2006 年开始，如果除去 2009 年数据，我国制造业出口的国内增加值率总体呈现上升趋势，说明总体上我国对外贸易存在升级趋势。2009 年不论是制造业出口的国内增加值率还是服务业出口的国内增加值率都大幅度上升，形成 2005 年到 2013 年的最高点。这个可能主要是由 2008 年金融危机有关系，金融危机期间我国出口主要目的地市场经济受挫，外需大量下降，再加上国内刺激和鼓励经济及出口的主要政策影响，企业选择采用国内零部件比例大幅度上升，所以导致出口中国内增加值率比较高。制造业中国内增加值率 2001 年最高值为 84.7%，2006 年最低为 77.7%，2013 年上升到 81.7%。

服务业出口中国内增加值率要远高于制造业出口的国内附加值率，其变动趋势与制造业基本相似，但波动要更为平缓。平均来看，服务业出口的国内增加值率在 88% 以上，2001 年高达 90.03%，最低为 2005 年 86.17%，2013 年上升到 89.47%，详见图 4 – 12 所示。

因为基于微观层面和基于宏观层面的计算方式不同，我们还对比了 WIOD 数据和微观数据计算的出口中国内附加率，详见图 4 – 13 所示。结果发现 2004 年之后两者差异并不是很大，而且变动趋势基本是一致。这也能从侧面说明基于微观层面数据推算行业或地区中观层面出口中国内附加值率的结果

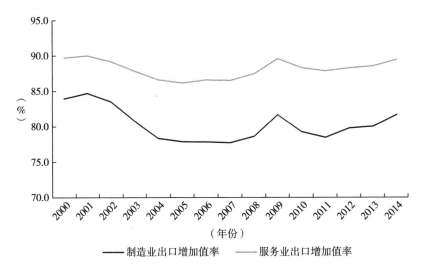

图 4 - 12　2000—2014 年制造业与服务业出口增加值率变动趋势

数据来源：WIOD 数据计算得到。

是比较可靠的。不过在 2004 年之前基于宏观层面的测算和基于微观层面的测算结果差异比较大。WIOD 数据测算结果发现从 2000—2004 年我国出口的国内附加值率是在下降的，而基于微观层面计算结果发现这阶段出口中国内附加率也是有上升趋势。这可能是因为我国 2000—2004 年加工贸易所占比重比较高，而世界投入产出数据表并未对此进行区分，所以导致测算的出口附加值率比较高。

2. 加工贸易与一般贸易出口附加值率变动

因 WIOD 数据库中无法区分贸易类型和企业性质，所以这部分我们主要采用微观数据测算的工业出口中国内附加率进行分析。首先分贸易方式进行分析，详见图 4 - 14 所示。由图 4 - 14 可以直观地看出，一般贸易的年份平均出口中国内附加值率均高于加工贸易的出口中国内附加值率。2000 年一般贸易的出口国内附加值率为 70.33%，而加工贸易出口国内附加值率仅为 47.96%。一般贸易企业生产涵盖产品从研发设计到终端销售整个价值增值环节，因而出口中国内附加值率较高；而加工贸易企业往往只负责产品加工环节，出口中国内附加值率较低。除了 2010 年外，一般贸易的出口中国内附加值率和加工贸易出口中国内附加率整体呈上升趋势。加工贸易的出口中国内附加值率在 2010 年下降较为明显，远大于一般贸易的下降幅度。不过从增长

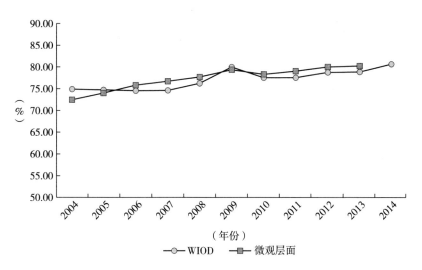

图 4 - 13　2004—2014 年基于 WIOD 和微观企业计算的制造业出口中国内增加值率

数据来源：WIOD 数据计算得到。

率来看，加工贸易出口中国内附加值率上升速度要高于一般贸易。2000 年到
2013 年我国加工贸出口国内附加值率年平均增长率为 3.2%，而一般贸易的
年均增长率为 1.4%。加工贸易出口中国内附加值率上升，说明我国从事加工
贸易的企业已经从低附加值的加工环节向高附加值的环节不断升级。

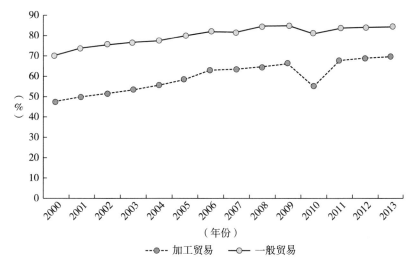

图 4 - 14　2000—2013 年不同贸易方式下的出口中国内附加值率

数据来源：工业企业和海关数据库计算得到。

3. 分企业类型的出口中国内附加值率变动

在工业企业数据库中，按照实收资本把企业分为国有企业包括集体企业、民营企业、中国港澳台企业和外资企业四类。表4－4列出了2000—2013年民营企业、国有企业、中国港澳台企业、外资企业的出口中国内附加值率。在各年份中，民营企业的出口中国内附加值率都是最高的，国有企业和港澳台企业次之，外资企业的出口中国内附加值率在四种类型的企业中最低。这主要是因为外资企业在我国主要是以加工贸易为主，从国外进口零部件和中间产品比例高，因此出口中国内附加值率比较低。民营企业主要以一般贸易为主，出口的产品中国内附加值率较高。

表4－4　2000—2013年不同企业类型下的出口国内附加值率变动

年份	民营企业（％）	国有企业（％）	中国港澳台地区（％）	外资企业（％）
2000	80.77	77.91	59.32	55.16
2001	84.71	79.20	61.54	59.02
2002	86.31	79.82	63.84	60.28
2003	87.07	77.89	66.24	61.01
2004	87.86	76.61	67.21	61.30
2005	89.11	81.03	69.84	64.21
2006	90.16	81.77	73.22	66.66
2007	90.88	81.69	72.22	64.44
2008	92.02	81.71	75.30	65.57
2010	90.51	80.31	66.77	61.85
2011	91.31	79.30	74.78	63.07
2012	92.15	82.89	77.46	66.94
2013	92.37	81.93	77.99	66.47

数据来源：工业企业和海关数据库计算得到

从变动趋势来看，外资企业出口中国内附加值率在2000—2013年间整体呈上升趋势，但是总体的上升较为缓慢，而在2009年这一年上升迅速，并达到2000—2013年间的峰值，但其出口中国内附加值率随后又迅速下降。另外的三种类型的企业即民营企业、国有企业和中国港澳台地区企业，在整体上也都呈现缓慢上升趋势，在个别年份偶有下降情况。

　　本节采用 WIOD 数据库和微观企业数据库计算了我国出口中国内附加值和出口中国内附加值率的变动。从结果来看，虽然 2009—2010 年受金融危机影响比较大，但是我国出口国内附加值一直是持续上升的，而且出口中国内附加值率也表现出较明显的上升趋势，尤其是在 2005 年之后。这说明我国对外贸易总体上转型升级特征还是比较明显的。从微观层面的测算结果来看，一般贸易出口的国内附加值率普遍高于加工贸易。民营企业出口中国内附加值率高于国有企业、港澳台和外资企业。

　　本章在对我国参与全球价值链分工的现状和发展状况进行实际描述的基础上，通过宏观和微观两个层面数据计算了我国出口附加值和出口中国内附加值率。从现状分析来看，我国自改革开放以来一直以加工贸易方式参与全球价值链，不过随着国内成本的不断变化，加工贸易的商品结构不断优化，从轻工业不断向重化工业资本和技术密集型产品转移，加工贸易的比重不断下降，一般贸易和中间产品出口比重不断上升。从出口附加值计算可以看出，除金融危机期间，我国出口附加值和出口中国内附加值率都有明显上升趋势，加工贸易出口中国内附加值率上升幅度更快。这说明我国对外贸易转型升级总体趋势还是比较明显的。

第五章　对外贸易转型升级的就业
变动效应：规模与弹性

本章主要采用微观层面数据对参与全球价值链分工的企业就其出口增加值和出口中国内附加值率变动对就业的作用进行检验，主要从微观层面验证第三章的假说 1 和假说 3。本章的检验是后面就业行业结构变动和地区结构变动的微观基础。本章发现企业出口增加值的上升对就业具有显著促进作用，并且降低就业波动；但企业出口中国内附加值率的上升对企业就业具有抑制效应，并加剧就业需求弹性。

第一节　对外贸易转型升级的就业规模效应

本节主要采用微观企业层面数据检验在全球价值链分工背景下对外贸易转型升级对就业规模的影响。我们发现企业出口增加值的上升对就业具有显著正向作用，而出口中国内附加值率的上升则对就业有抑制效应。

一、模型的设定

我们借鉴 Krishna（2001），Akhter 和 Ali（2007）中劳动需求弹性基本理论模型设定回归模型。假设市场结构为垄断竞争市场，国家 i 行业 j 中的企业所面临的逆需求函数的表达式如下：

$$p = \theta P q^{-1/\eta} \tag{5-1}$$

其中，θ 是常值系数，p 是垄断竞争市场上厂商生产的产品价格，P 是产品所在行业的平均价格水平，q 是厂商所生产的产品产量，η 是最终产品的需求价格弹性。为了简化分析，厂商的生产函数采用柯布—道格拉斯生产函数：

$$q = AL^a K^b \tag{5-2}$$

在上述生产函数中，A 是反映知识技术水平，对外贸易存在贸易溢出效应，从而对 A 产生影响，根据 Greenaway 等（1999）的文献有 $A = e^{\lambda_0 T}(\text{trade})^{\lambda_1}$，这里分别代表 i 企业 j 行业 t 时期的进口和出口，T 代表时间趋势，λ 表示参数。L 和 K 分别是厂商在生产中投入的劳动力和资本，a 衡量的是劳动力与产量之间的弹性系数，b 衡量的是资本与产量之间的弹性系数，且 $0 \leqslant a \leqslant 1$，$0 \leqslant b \leqslant 1$。当厂商生产的产量发生变化时，厂商的利润函数表达式为：

$$\pi = pq - (wL + rK) \tag{5-3}$$

上式中 π 是厂商的利润，w 代表劳动力的价格，r 代表资本要素的价格，把式（5-1）代入（5-3）中得出：

$$\pi = \theta P q^{1-1/\eta} - wL - rK \tag{5-4}$$

通过企业利润最大化条件，最终得到厂商对劳动力的需求函数表达式：

$$L = \frac{1}{w}a\theta P(1 - 1/\eta)\left\{ A\left[\frac{1}{w}a\theta P(1 - 1/\eta)\right]^a \left[\frac{1}{r}b\theta P(1 - 1/\eta)\right]^b \right\}^{\frac{1-1/\eta}{1-(a+b)(1-1/\eta)}}$$

$$\tag{5-5}$$

把 A 的表达式 $A = e^{\lambda_0 T}(\text{trade})^{\lambda_1}$ 带进去后，对式（5-5）两边取对数并化简：

$$\ln L = \beta_0 + \frac{1 - 1/\eta}{1 - (a+b)/(1 - 1/\eta)}\lambda_1 \ln\text{trade} - \frac{1 - b(1 - 1/\eta)}{1 - (a+b)/(1 - 1/\eta)}\ln\left(\frac{w}{P}\right)$$

$$- \frac{b(1 - 1/\eta)}{1 - (a+b)(1 - 1/\eta)}\ln\left(\frac{r}{p}\right) + \frac{1 - 1/\eta}{1 - (a+b)(1 - 1/\eta)}\lambda_0 T \tag{5-6}$$

在式（5-6）中，β_0 是在取对数过程中其他所有常数项的集合，$\frac{w}{P}$、$\frac{r}{P}$ 是要素的实际价格，T 代表企业产出或者是投入。因企业数据库中资本回报率的价格无法获取，因此这里仅加入企业固定资本投入替代，实证回归的模型如下：

$$\ln L_{ijt} = \alpha_0 + \alpha_1 \ln\text{trade}_{ijt} + \alpha_2 \ln w_{ijt} + \varphi H_{ijt} + \delta_j + \delta_t + \varepsilon_{ijt} \tag{5-7}$$

其中，i 指企业；j 指行业；t 指年份；L_{ijt} 指企业就业人数；w_{ijt} 指企业的平均工资，用该企业本年应付工资总额除以该企业的从业人员总数得到。系数 α_2 指劳动力需求弹性的估计参数，预期其符号为负，表示平均工资越高，企业就业人员数量可能越低，体现了劳动力需求弹性的总效应。$\ln trade_{ijt}$ 指企业对外贸易转型升级情况，这里采用出口增加值对数（$\ln DVA_{ijt}$）和出口中国内附加值率（$DVAR_{ijt}$）来表示。H_{ijt} 是影响劳动力需求的其他方面，包括 $\ln Y_{ijt}$ 表示企业产出，以企业工业总产值取对数表示，用以控制企业规模对就业的影响；$\ln K_{ijt}$ 表示企业固定资产净值年平均余额的对数，资本投入与劳动力需求之间可能存在替代关系；$\ln age_{ijt}$ 表示企业年龄的对数，用基准年份减去企业设立年份；以及企业的生产效率 tfp_{ijt}，用企业全要素生产率表示，这里采用 Levinsohn 和 Petrin（2003）方法计算。因工业企业数据库中工业增加值数据部分年份缺乏，因此我们采用盖庆恩（2015）的方法补充工业增加值，工业增加值＝工业总产值－中间投入＋增值税。这里中间投入的缺失值采用余淼杰（2017）的方法进行补充计算，中间投入＝产出×销售成本/销售收入－工资支付－折旧值。

这里我们主要采用工业企业数据库与海关数据库匹配数据进行检验。涉及数据的统计描述如表 5 - 1 所示。

表 5 - 1　数据统计描述

变量	变量含义	观测值	均值	标准误	最小	最大
$\ln L$	从业人员对数	587，325	5.449	1.116	2.197	12.288
$\ln w$	劳动力平均报酬对数	490，836	2.935	0.777	-7.103	10.852
$\ln DVA$	出口国内增加值对数	467，201	13.870	2.025	-1.009	23.463
$DVAR$	出口国内增加值率	587，325	0.795	0.342	0	1
$\ln K$	企业固定资本对数	536，306	9.354	1.739	0	19.145
$\ln Y$	企业产出对数	586，856	11.103	1.422	0	19.554
$\ln age$	企业年龄	587，325	1.961	0.514	0	2.773
tfp	企业生产率	587，325	5.47	1.133	-4.40	12.321

二、基准回归结果

首先以企业出口国内增加值率（DVAR）为关键解释变量进行回归，回归结果见下表 5 - 2。企业出口国内增加值率（DVAR）对企业就业规模的影响在 1% 的显著性水平上显著，企业出口国内增加值率（DVAR）每增加 1%，企业就业规模就下降0.016%。两者之所以呈现负相关关系，可能是因为企业出口国内增加值率的提高伴随着一定程度上企业生产效率的提高，对劳动力的需求会有所下降。但是企业出口国内增加值率（DVAR）短期内很难有所提高，所以仍需要结合出口增加值总量（DVA）进行分析。从表5-2第（1）列可以发现，剩余控制变量基本符合经济学规律，而且都在1%的显著性水平上显著。企业产出每增加1%，企业就业规模就增加0.364%；企业资本每增加1%，其就业规模就增加0.101%；企业年龄每增加1%，则就业规模增加0.158%；企业平均工资每上升1%，则其就业规模下降0.424%；企业的全要素生产率每提升1%，就业规模就下降0.040%。可见对企业劳动力需求影响最大的还是平均工资，其次是企业的产出。而出口增加值率和全要素生产率的提升都导致了企业劳动力需求的下降，表明随着企业生产效率的提升，企业更加倾向于减少劳动力数量。

通常某些因变量与滞后一期的控制变量存在相关性，所以表5-2第（2）列将所有控制变量滞后一期，探究其对企业当期出口国内增加值率的影响。结果表明，滞后一期的企业出口国内增加值率（DVAR）每增加1%，则企业当期的就业规模便下降0.031%；同样当期的控制变量也会影响下一期的因变量，所以表5-2第（3）列选择将因变量企业就业规模滞后一期，探究当期控制变量对其的相关影响。结果表明，当期企业出口国内增加值率（DVAR）每增加1%，滞后一期的企业就业规模则下降0.007%。表5-2第（4）列中，对回归方程进行了一阶差分，其结果也非常显著。

表5-2 基准回归结果（DVAR）

	（1） lnL	（2）自变量滞后 lnL	（3）因变量滞后 L. lnL	（4）差分 D. lnL
DVAR	-0.016*** (0.003)	-0.031*** (0.004)	-0.007* (0.004)	-0.012*** (0.004)
lny	0.364*** (0.002)	0.254*** (0.002)	0.210*** (0.002)	0.239*** (0.002)
lnk	0.101*** (0.001)	0.078*** (0.002)	0.096*** (0.002)	0.045*** (0.002)

续表

	（1） lnL	（2）自变量滞后 lnL	（3）因变量滞后 L. lnL	（4）差分 D. lnL
ln*age*	0.158 ***	0.075 ***	0.571 ***	-0.157 ***
	(0.005)	(0.007)	(0.010)	(0.010)
ln*w*	-0.424 ***	-0.080 ***	-0.131 ***	-0.379 ***
	(0.001)	(0.002)	(0.002)	(0.001)
tfp	-0.040 ***	-0.011 ***	-0.019 ***	-0.043 ***
	(0.001)	(0.002)	(0.002)	(0.001)
_cons	1.608 ***	2.151 ***	1.856 ***	0.327 ***
	(0.027)	(0.043)	(0.044)	(0.037)
行业固定	是	是	是	是
时间固定	是	是	是	是
N	489789	331893	323271	293271

注：*、**、***分别表示在10%、5%、1%的统计水平上显著，括号内数值为标准误差。

　　虽然以企业出口国内增加值率（DVAR）为关键解释变量进行的回归结果非常显著，但是仍然不能忽视企业出口国内增加值规模提升对于企业就业规模的影响。所以接下来将企业出口国内增加值（DVA）作为关键解释变量进行回归，其结果见下表5-3。企业出口国内增加值（DVA）对企业就业规模的影响在1%的显著性水平上显著，企业出口国内增加值（DVA）每增加1%，企业就业规模就上升0.023%，表明随着企业出口国内增加值规模上的提高，企业劳动力需求还是扩大的。从表5-3第（1）列可以发现，剩余控制变量也基本符合经济学规律，而且都在1%的显著性水平上显著。企业产出每增加1%，企业就业规模就增加0.356%；企业资本每增加1%，其就业规模就增加0.095%；企业年龄每增加1%，则就业规模增加0.118%；企业平均工资每上升1%，则其就业规模下降0.423%；企业的全要素生产率每提升1%，就业规模就下降0.044%。

　　表5-3第（2）列将所有控制变量滞后一期，探究其对企业当期出口国内增加值的影响。结果表明，滞后一期的企业出口国内增加值（DVA）每增加1%，则企业当期的就业规模便上升0.019%；表5-3第（3）列选择将因

变量企业就业规模滞后一期，探究当期控制变量对其的相关影响。结果表明，当期企业出口国内增加值（DVA）每增加1%，滞后一期的企业就业规模则下降0.015%。表5-3第（4）列中，对回归方程进行了一阶差分，其结果依旧非常显著。

　　考虑到对外贸易转型升级与就业之间存在互为因果的内生性关系，这里我们采用企业出口其他国家比重作为权重计算了各企业出口面临的实际有效汇率作为出口增加值的工具变量，进行两阶段回归检验，检验结果见表5-3中IV估计列。通过工具变量检验的结果依然是非常显著的。

表5-3　基准回归结果（lnDVA）

	（1）	（2）自变量滞后	（3）因变量滞后	（4）差分	（5）IV
lnDVA	0.023***	0.019***	0.015***	0.007***	0.003***
	（0.001）	（0.001）	（0.001）	（0.001）	（0.001）
ln$y$	0.356***	0.246***	0.195***	0.244***	0.201***
	（0.002）	（0.003）	（0.003）	（0.003）	（0.014）
ln$k$	0.095***	0.076***	0.091***	0.040***	0.035***
	（0.001）	（0.002）	（0.002）	（0.002）	（0.001）
lnage	0.118***	0.065***	0.521***	-0.111***	0.003***
	（0.005）	（0.008）	（0.012）	（0.012）	（0.000）
ln$w$	-0.423***	-0.070***	-0.131***	-0.384***	-0.213***
	（0.001）	（0.002）	（0.002）	（0.002）	（0.005）
tfp	-0.044***	-0.016***	-0.019***	-0.044***	-0.001***
	（0.001）	（0.002）	（0.002）	（0.001）	（0.002）
_cons	1.514***	2.062***	1.938***	0.243***	2.056***
	（0.030）	（0.048）	（0.049）	（0.043）	（0.018）
行业固定	是	是	是	是	是
时间固定	是	是	是	是	是
N	389112	267108	260386	223589	389112

注：*、**、***分别表示在10%、5%、1%的统计水平上显著，括号内数值为标准误差。

三、稳健性检验

通过将样本按地区、所有制、要素密集度和贸易方式进行分类，然后分别进行相应回归，以检验基准回归的结果是否稳健。同时也能从不同角度出发，探究企业出口国内增加值（DVA）或企业出口国内增加值率（DVAR）对企业就业规模的异质性影响。

1. 按企业所在地区分类

将企业按其总部所在地划归东、中、西三大地区，东部沿海地区经济最为发达，对外贸易也最为活跃，全球价值链参与度远远高于中部和西部地区，但是也存在着资源匮乏和劳动力成本较高等瓶颈；而中部地区经济发展水平介于两者之间，但是拥有较为富裕和廉价的劳动力资源；西部地区虽然经济发展比较滞后，而且地广人稀，但是坐拥极为丰富的自然资源。可见三大地区的经济状况存在着非常大的差异性，但是又各有比较优势，所以将企业按这三大地区进行分类回归，可以检验基准回归的稳健性。三大地区的划分见表5－4。

表5－4　三大地区划分

序号	地区	地区内省（自治区、直辖市）
（1）	东部地区	北京、天津、河北、辽宁、上海、江苏、浙江、福建、山东、广东、海南
（2）	中部地区	山西、吉林、黑龙江、安徽、江西、河南、湖北、湖南
（3）	西部地区	四川、重庆、贵州、云南、西藏、陕西、甘肃、青海、宁夏、新疆、广西、内蒙古

表5－5是按地区进行分类后的回归结果。以企业出口国内增加值率（DVAR）为关键解释变量进行的回归结果显示，仅有位于东部地区的企业，其出口国内增加值率与就业规模之间存在非常显著的相关性，达到了1%的显著性水平。东部地区的企业其出口国内增加值率（DVAR）每提升1%，则东部地区企业的平均就业规模下降0.019%。而对于中部地区和西部地区的企业来说，其出口国内增加值率（DVAR）对其劳动力需求的影响不显著，但是这

并不能表明中西部地区的企业其就业变动不受全球价值链参与程度的影响，仍需要结合其出口国内增加值的规模来考量。

在表 5 - 5 的第（2）、（4）、（6）列，将企业出口国内增加值（DVA）作为关键解释变量进行回归，结果表明无论是东部地区，还是中、西部地区，企业出口国内增加值规模上的变动都能非常显著的促进其劳动力需求的增加。其中东部地区的企业出口国内增加值（DVA）每提升 1%，则东部地区企业的就业规模增加 0.024%。而中部地区的企业出口国内增加值（DVA）每提升 1%，则其就业规模增加 0.017%。对西部地区的企业而言，其出口国内增加值（DVA）每提升 1%，则企业的就业规模增加 0.011%。而其他控制变量的结果与基准回归相差不大，表明基准回归的结果是较为稳健的。综上可知，从出口国内增加值率（DVAR）角度来看，仅有东部地区的企业显著性较高，中西部地区就业规模变动均不显著。但从出口国内增加值（DVA）角度来看，三大地区企业出口国内增加值规模上的增大都会促进其就业规模的扩张，并且波动幅度为东部地区最大，中部地区次之，西部地区波动幅度最小。所以从经济学角度分析，一个地区参与全球价值链程度越高，该地区的企业出口国内增加值的变动对就业规模的影响越大。而中、西部地区出口国内增加值率（DVAR）影响不显著可能是因为产业结构的问题，中、西部地区的企业多是劳动密集型或者自然资源出口型企业，处于全球价值链下游，出口国内增加值率变化不大且比值较低。而东部地区全球价值链参与程度较高，而且较早开始产业升级，向价值链上游攀升，所以回归结果十分显著，这也侧面反映了东部地区企业产业结构升级是较为成功的。

表 5 - 5　按地区分类

	东部地区		中部地区		西部地区	
	（1）	（2）	（3）	（4）	（5）	（6）
	lnL	lnL	lnL	lnL	lnL	lnL
DVAR	- 0.019 ***		- 0.017		0.022	
	(0.003)		(0.013)		(0.015)	
lnDVA		0.024 ***		0.017 ***		0.011 ***
		(0.001)		(0.002)		(0.003)

续表

	东部地区		中部地区		西部地区	
	（1）	（2）	（3）	（4）	（5）	（6）
	lnL	lnL	lnL	lnL	lnL	lnL
ln$w$	-0.420***	-0.421***	-0.404***	-0.391***	-0.482***	-0.451***
	(0.001)	(0.001)	(0.005)	(0.006)	(0.006)	(0.007)
控制变量	是	是	是	是	是	是
行业固定	是	是	是	是	是	是
时间固定	是	是	是	是	是	是
N	444865	353683	27326	21976	17598	13453

注：*、**、***分别表示在10%、5%、1%的统计水平上显著，括号内数值为标准误差。

2. 按企业的所有制类型分类

按企业所有制类型分类，可以将样本中的企业分为四大类：民营企业、国有企业、港澳台企业和外资企业。不同所有制企业在资本结构、管理方式以及生产效率等方面存在较大差距，所以选择按企业所有制划分进行稳健性检验也是比较合理的。因为控制变量的回归结果与基准回归基本一致，所以在此处就不再呈现，分别以出口国内增加值率（DVAR）和出口国内增加值（DVA）为关键控制变量，仅展示二者的回归结果，见表5-6。

表5-6　按所有制分类

	（1）民营企业 lnL	（2）国有企业 lnL	（3）港澳台企业 lnL	（4）外资企业 lnL
$DVAR$	-0.017***	-0.008	-0.009*	-0.027***
	(0.005)	(0.014)	(0.005)	(0.005)
lnDVA	0.020***	0.008***	0.029***	0.031***
	(0.001)	(0.003)	(0.002)	(0.001)
控制变量	是	是	是	是
行业固定	是	是	是	是
时间固定	是	是	是	是
N	250785	12207	100088	126693

注：*、**、***分别表示在10%、5%、1%的统计水平上显著，括号内数值为标准误差。

　　结果显示，民营企业和外资企业的出口国内增加值率（DVAR）变动对其就业规模变动的影响较大，回归结果在1%的显著性水平上显著；而港澳台企业仅有10%的显著性；国有企业的回归结果则不显著。可见民营企业和外资企业的全球价值链参与度相对较高，而且处于一种攀升态势，而国有企业和港澳台企业相对滞后一些。而四种所有制企业出口国内增加值（DVA）变动对就业规模的影响都达到了1%的显著性，再一次表明企业出口国内增加值规模上的变动会产生非常显著的就业变动效应。

3. 按企业的要素密集度分类

　　通过将该年度的企业和所有企业的资本均值与劳动均值的比值比较，将样本企业划分为资本密集型企业和劳动密集型企业，然后将两者分别进行回归，结果见下图5-7。结果表明，基准回归结果还是比较稳健的。资本密集型企业的出口国内增加值率每提升1%，则其就业规模降低0.023%，在1%的显著性水平上显著；而劳动密集型企业降低0.007%，显著性水平为5%。从企业出口国内增加值（DVA）视角来看，资本密集型企业每提升1%，其就业规模提升0.014%；劳动密集型企业提升0.022%。说明出口增加值规模上的提升会导致劳动密集型企业的劳动力需求更高，但是资本密集型企业全球价值链参与程度更高，且向价值链上游攀升更为容易。

表5-7　按要素密集度分类

	资本密集型企业		劳动密集型企业	
	（1）	（2）	（3）	（4）
	lnL	lnL	lnL	lnL
DVAR	-0.023^{***}		-0.007^{**}	
	(0.005)		(0.003)	
lnDVA		0.014^{***}		0.022^{***}
		(0.001)		(0.001)
lnw	-0.387^{***}	-0.390^{***}	-0.354^{***}	-0.355^{***}
	(0.003)	(0.003)	(0.001)	(0.002)
控制变量	是	是	是	是
行业固定	是	是	是	是
时间固定	是	是	是	是
N	96905	58995	392884	330117

　　注：*、**、***分别表示在10%、5%、1%的统计水平上显著，括号内数值为标准误差。

4. 按企业贸易方式分类

按企业贸易方式，可以将样本企业分为一般贸易企业和加工贸易企业，这两种企业参与国际贸易的方式存在很大差异，其回归结果也会存在一定的异质性，回归结果见表5-8。一般贸易企业出口国内增加值率（DVAR）变动对其就业规模变动的影响较大，达到了1%的显著性水平，其出口国内增加值率（DVAR）每提升1%，则就业规模降低0.036%；而加工贸易企业的回归结果不显著，说明一般贸易企业参与全球价值链的程度要高于加工贸易企业。而出口国内增加值（DVA）及其余控制变量的回归结果都在1%的显著性水平上显著，且回归结果与基准回归结果差别不大。

表5-8 按贸易方式分类

	一般贸易		加工贸易	
	（1）	（2）	（3）	（4）
	lnL	lnL	lnL	lnL
DVAR	-0.036***		-0.003	
	(0.004)		(0.004)	
lnDVA		0.025***		0.013***
		(0.001)		(0.001)
lnw	-0.305***	-0.312***	-0.541***	-0.555***
	(0.002)	(0.002)	(0.002)	(0.003)
控制变量	是	是	是	是
行业固定	是	是	是	是
时间固定	是	是	是	是
N	338889	275328	150900	113784

注：*、**、***分别表示在10%、5%、1%的统计水平上显著，括号内数值为标准误差。

四、总结

第一节重点考察了对外贸易转型升级过程中的就业规模效应，主要采用是工业企业数据库与海关数据库匹配数据进行检验，分别以企业出口国内增加值率（DVAR）及出口国内增加值（DVA）为关键解释变量，探究其变动对于企业就业规模的影响。回归结果发现企业出口国内增加值率（DVAR）每增加1%，企业就业规模就下降0.016%；而滞后一期的企业出口国内增加值率（DVAR）每增加1%，则企业当期的就业规模便下降0.031%；当期企业出口国内增加值率（DVAR）每增加1%，滞后一期的企业就业规模则下降0.007%。而从企业出口国内增加值（DVA）角度出发，发现其每增加1%，企业就业规模就上升0.023%，表明随着企业出口国内增加值规模上的提高，企业劳动力需求还是扩大的。滞后一期的企业出口国内增加值（DVA）每增加1%，则企业当期的就业规模便上升0.019%；当期企业出口国内增加值（DVA）每增加1%，滞后一期的企业就业规模则下降0.015%；且对回归方程进行一阶差分后，其结果依旧非常显著。

随后从企业所在地区、所有制、要素密集度和贸易方式进行稳健性检验，同时探究企业出口国内增加值（DVA）或企业出口国内增加值率（DVAR）对不同类别企业就业规模的异质性影响。稳健性检验结果发现基准回归结果是稳健的，绝大部分变量仅有系数上的变化，而且得出四点新发现：第一，中部和西部地区的企业出口国内增加值率（DVAR）影响不显著，因为中西部地区的企业多是劳动密集型或者自然资源出口型企业，处于全球价值链下游，出口国内增加值率变化不大且比值较低；东部地区的企业不但全球价值链参与程度较高，而且较早开始产业升级，向价值链上游攀升。第二，民营企业和外资企业的出口国内增加值率（DVAR）变动对其就业规模变动的影响较大，回归结果在1%的显著性水平上显著；而港澳台企业仅有10%的显著性；国有企业的回归结果则不显著。可见民营企业和外资企业的全球价值链参与度相对较高，而且处于一种向价值链上游攀升态势，而国有企业和港澳台企业相对滞后一些。第三，出口增加值规模的提升会导致劳动密集型企业的劳动力需求更高，但是资本密集型企业全球价值链参与程度更高，且向价值链上游攀升更为容易。第四，一般贸易企业出口国内增加值率（DVAR）变动对就业规模变动的影响较大，而加工贸易企业的回归结果不显著，侧面反映一般贸易企业参与全球价值链的程度要高于加工贸易企业。上述结论多从企业出口国内增加值率（DVAR）变动的角度去考量的，而出口国内增加值（DVA）规模变动的结论是相似的，都不同程度促进了企业规模的提高，并且回归结果非常显著。

第二节　对外贸易转型升级的就业弹性效应

对外贸易的发展不仅直接影响就业的规模，还会通过影响工资变动进而对就业的需求弹性产生影响。Rodrik（1997）给出了参与全球化分工会影响劳动力工资变动的三个途径。首先，对外贸易的发展导致劳动者承担的非工资成本上升。对于贸易全球化环境中的劳动者来说，改善工作条件等成本的增加逐渐从雇主转移到劳动者身上，而且劳动需求弹性越大，改善劳动环境等非工资成本由工人们承担的就越高。其次，对外贸易发展导致劳动报酬和就业的波动性增大。全球化使劳动需求曲线更加平滑，即劳动需求更加富有弹性，劳动力市场更加缺乏稳定性，参与全球化分工在短期内增加了外生冲击对劳动力市场波动的影响。最后，参与全球化分工使得劳动者在谈判中的地位下降。工人在谈判中的地位受到该国劳动需求弹性的影响，劳动需求弹性越大，雇主在谈判中占据的地位越有利。贸易开放使工人的受重视程度下降，工人的利益因此受到一定的损失，进而导致劳动力市场上的就业风险增大。

而根据 Hicks（1963）提出了希克斯－马歇尔要素派生需求定律。Hamermesh（1993）在希克斯－马歇尔派生需求定理的基础上提出了"要素需求基本法则"，用式子表示如下：

$$\eta_{LLj} = -[1-s]\sigma_{LL} - s\eta_j \tag{5-8}$$

其中，η_{LLj} 表示劳动需求价格弹性，σ_{LL} 表示不变产出条件下，劳动力和其他生产要素之间的替代弹性，η_j 表示最终产品需求价格弹性，s 表示劳动力的报酬在生产要素总收入中所占的比重。

在上式中，劳动需求弹性由两部分组成，第一部分是"替代效应"（$-[1-s]\sigma_{LL}$），指在给定产出水平下，当工资提高时，企业会用其他要素来替代劳动力，替代性越大，替代效应就越强。第二部分是"规模效应"（$-s\eta_j$），指工资的变化导致产出的变化，由于产出发生变化从而导致劳动需求的变化。工资的变动最终通过要素市场竞争加剧（替代效应）和产品市场竞争加剧（规模效应）引起劳动需求弹性的变动。

本部分在所推导的劳动需求理论模型式（5－7）基础上，根据 Rodrik（1997）对外贸易通过影响工资进而影响劳动力需求弹性的观点，加入对外贸易与工资交乘项及其他的控制变量，得到我们的基准回归方程：

$$\ln L_{ijt} = \beta_1 + \beta_2 \ln w_{ijt} + \beta_3 \ln trade_{ijt} + \beta_4 \ln trade_{ijt} \times \ln w_{ijt} +$$
$$\gamma H_{ijt} + \delta_j + \delta_t + \varepsilon_{ijt} \qquad (5－9)$$

式（5－9）中劳动需求弹性 $\partial \ln L_{ijt} / \partial \ln w_{ijt} = \beta_2 + \beta_4 \ln trade_{ijt}$，所以 β_4 体现了企业对外贸易转型升级对劳动力需求弹性影响的符号和方向。此外，对外贸易主要是通过"替代效应"和"规模效应"两条途径对劳动需求弹性产生影响。以 Hicks（1963）的理论机制为依据，如果控制产出的条件，则体现贸易劳动力需求弹性的替代效应，如果控制资本，则回归结果反映贸易对劳动力需求弹性的规模效应。我们通过分别加入企业资本投入（$\ln K_{ijt}$）和产出（$\ln Y_{ijt}$）两个控制变量，资本变动对劳动力需求的影响主要通过替代效应产生，即资本对劳动力的替代性所引致的劳动力需求弹性的变化；产出变动对劳动力需求的影响主要通过规模效应产生，即出口规模扩大所引致的劳动力需求弹性的变化。

一、基准回归结果

通过将中国工业企业数据库和海关数据库相匹配，获得 2000—2013 年共587325 家企业的微观面板数据，基于式（5－9）的固定效应回归模型进行检验，基本结果见表5－9、表5－10。

表5－9 是将企业出口国内增加值（DVA）作为关键解释变量，并且分别控制企业资本和产出控制变量的加入，所得的回归结果。结果表明在不控制企业资本和产出的情况下，企业平均工资每上升1%，其劳动力需求弹性上升0.399%，这也比较符合经济学规律，当劳动力使用成本上升时，企业更倾向于减少劳动力雇佣，以降低企业成本。当加入企业资本控制变量时，企业平均工资每上升1%，企业劳动力需求弹性上升0.417%；当控制企业产出，不控制资本时，企业平均工资每上升1%，企业劳动力需求弹性上升0.413%；当同时控制企业资本和产出时，企业劳动力需求弹性上升为0.424%。可见随着企业资本和产出控制变量的加入，企业劳动力需求弹性上升幅度越来越大，就业风险也越来越大，而且企业资本变化相对于产出变化更容易引起企业劳

动力需求弹性的变化，就会加重了就业风险的程度。说明贸易通过替代效应所引致的劳动力需求弹性变化为0.417%；而通过规模效应所引致的劳动力需求弹性变化为0.413，二者数值上相差不大，但是替代效应的作用更强一点。总体而言，回归结果是比较理想的，绝大部分变量都符合经济学规律且达到了1%的显著性水平。以同时控制企业资本和产出的表5-9（3）列回归结果而言，企业年龄每增加1%，该企业的劳动力需求便增加0.122%，表明随着企业成立时间的增加，企业实力相对更强一些，其吸纳的劳动力数量也会更多；企业全要素生产率每提高1%，企业劳动力需求便下降0.043%，在一定程度上表明，当企业生产效率提高时，企业倾向于减少劳动力数量，从而降低生产成本；企业资本规模每提高1%，则企业劳动力需求便上升0.095%；企业产出规模每增加1%，则企业劳动力需求上升0.357%，这两个变量都能直接衡量企业规模，表明随着企业规模的扩大，企业会雇佣更多的劳动力。

表5-9　出口国内增加值对劳动力需求弹性影响基准回归结果

	（1） lnL	（2） lnL	（3） lnL	（4） lnL
ln$w$	-0.468*** (0.008)	-0.500*** (0.008)	-0.535*** (0.007)	-0.524*** (0.007)
lnDVA	0.039*** (0.002)	0.027*** (0.002)	-0.000 (0.002)	0.002 (0.002)
ln$DVAW$	0.005*** (0.001)	0.006*** (0.001)	0.008*** (0.001)	0.008*** (0.001)
lnage	0.319*** (0.006)	0.223*** (0.006)	0.122*** (0.005)	0.152*** (0.005)
tfp	0.113*** (0.001)	0.114*** (0.001)	-0.043*** (0.001)	-0.065*** (0.001)
ln$k$		0.182*** (0.001)	0.095*** (0.001)	
ln$y$			0.357*** (0.002)	0.405*** (0.002)

续表

	(1)	(2)	(3)	(4)
	lnL	lnL	lnL	lnL
_cons	4.753***	3.418***	1.829***	2.228***
	(0.038)	(0.038)	(0.036)	(0.036)
行业固定	是	是	是	是
时间固定	是	是	是	是
N	389986	389487	389112	389611

注：*、**、***分别表示在10%、5%、1%的统计水平上显著，括号内数值为标准误差。

表5-10则将关键控制变量由企业出口国内增加值（DVA）变为出口国内增加值率（DVAR），前者一定程度上反映企业参与全球价值链的规模，后者则反映了企业参与全球价值链的效率。表5-10中各变量的回归结果都基本符合经济学规律，并且全都达到了1%的显著性水平。结果显示，在不控制企业资本和产出的情况下，企业平均工资每上升1%，其劳动力需求弹性上升0.401%。当加入企业资本控制变量时，企业平均工资每上升1%，企业劳动力需求弹性上升0.423%。当控制企业产出，不控制资本时，企业平均工资每上升1%，企业劳动力需求弹性上升0.416%。当同时控制企业资本和产出时，企业劳动力需求弹性上升为0.426%。表明贸易通过替代效应所引致的劳动力需求弹性变化为0.423%。而通过规模效应所引致的劳动力需求弹性变化为0.416%，依旧是替代效应的作用更明显，而且贸易冲击明显加剧了就业市场的波动，提高了就业风险。同样观察同时控制企业资本和产出的表5-10（3）列回归结果，企业年龄每增加1%，该企业的劳动力需求便增加0.158%，表明随着企业成立时间的增加，企业实力相对更强一些，其吸纳的劳动力数量也会更多。企业全要素生产率每提高1%，企业劳动力需求便下降0.040%，在一定程度上表明，当企业生产效率提高时，企业倾向于减少劳动力数量，从而降低生产成本。企业资本规模每提高1%，则企业劳动力需求便上升0.102%；企业产出规模每增加1%，则企业劳动力需求上升0.364%，这两个变量都能直接衡量企业规模，表明随着企业规模的扩大，企业会雇佣更多的劳动力。

表5-10 出口国内增加值率对劳动力需求弹性影响基准回归结果

	(1)	(2)	(3)	(4)
ln$w$	-0.359***	-0.368***	-0.373***	-0.369***
	(0.003)	(0.002)	(0.002)	(0.002)
DVAR	0.106***	0.183***	0.194***	0.161***
	(0.009)	(0.009)	(0.008)	(0.008)
DVARln$w$	-0.053***	-0.069***	-0.067***	-0.059***
	(0.003)	(0.003)	(0.002)	(0.002)
lnage	0.392***	0.285***	0.158***	0.188***
	(0.005)	(0.005)	(0.005)	(0.005)
tfp	0.127***	0.123***	-0.040***	-0.061***
	(0.001)	(0.001)	(0.001)	(0.001)
ln$k$		0.197***	0.102***	
		(0.001)	(0.001)	
ln$y$			0.364***	0.414***
			(0.002)	(0.001)
行业固定	是	是	是	是
时间固定	是	是	是	是
N	490836	490257	489789	490367

注：*、**、***分别表示在10%、5%、1%的统计水平上显著，括号内数值为标准误差。

二、稳健性检验

1. 将企业按所在地区进行分类回归

我国各地区经济发展水平不同，且在中央政府统筹之下，各地区会实施不同的经济政策，所以出口国内增加值比率对企业就业需求的影响可能受企业所在地区的不同而产生变化，所以在稳健性检验中，按地区进行分类是非常有必要的。

按照表5-4的分类方式，将我国31个省（自治区、直辖市）的49万家企业划分为东部、中部和西部三个大地区分别进行回归，这样也能从经济区域层面出发去探究企业出口国内增加值相关变动对劳动力需求弹性的异质性影响。三大地区回归结果见表5-11。

表5-11 三大地区回归结果

东部	控制资本	控制产出	都控制	控制资本	控制产出	都控制
	（1）	（2）	（3）	（4）	（5）	（6）
ln$w$	−0.362***	−0.365***	−0.368***	−0.537***	−0.526***	−0.504***
	(0.006)	(0.006)	(0.006)	(0.019)	(0.019)	(0.021)
$DVAR$	0.190***	0.162***	0.197***			
	(0.020)	(0.018)	(0.018)			
DVARln$w$	−0.072***	−0.060***	−0.068***			
	(0.006)	(0.006)	(0.006)			
lnDVA				−0.000	0.002	0.028***
				(0.004)	(0.004)	(0.005)
ln$DVAW$				0.008***	0.008***	0.006***
				(0.001)	(0.001)	(0.002)
N	445324	445303	444865	353683	354060	354053
中部	（7）	（8）	（9）	（10）	（11）	（12）
ln$w$	−0.384***	−0.373***	−0.383***	−0.393***	−0.387***	−0.375***
	(0.029)	(0.027)	(0.027)	(0.054)	(0.055)	(0.056)
$DVAR$	0.052	0.041	0.054			
	(0.081)	(0.077)	(0.077)			
DVARln$w$	−0.025	−0.022	−0.024			
	(0.027)	(0.026)	(0.026)			
lnDVA				0.017	0.017	0.030***
				(0.011)	(0.011)	(0.011)
ln$DVAW$				0.000	0.001	−0.001
				(0.004)	(0.004)	(0.004)
N	27335	27425	27326	21976	22062	21981

西部	控制资本	控制产出	都控制	控制资本	控制产出	都控制
	(13)	(14)	(15)	(16)	(17)	(18)
ln$w$	− 0.509 ***	− 0.487 ***	− 0.500 ***	− 0.470 ***	− 0.467 ***	− 0.426 ***
	(0.039)	(0.037)	(0.037)	(0.071)	(0.071)	(0.077)
DVAR	− 0.094	− 0.060	− 0.049			
	(0.116)	(0.109)	(0.110)			
DVARln$w$	0.030	0.025	0.023			
	(0.037)	(0.035)	(0.036)			
lnDVA				0.007	0.006	0.027
				(0.015)	(0.015)	(0.017)
ln$DVAW$				0.001	0.002	− 0.002
				(0.005)	(0.005)	(0.006)
N	17598	17639	17598	13453	13489	13453
控制变量	是	是	是	是	是	是
行业固定	是	是	是	是	是	是
时间固定	是	是	是	是	是	是

注：*、**、***分别表示在10%、5%、1%的统计水平上显著，括号内数值为标准误差。

从企业出口国内增加值率（DVAR）角度看，可以发现东部地区的企业其出口国内增加值率（DVAR）变动对于其劳动力需求弹性的影响是十分显著的，达到了1%的显著性水平，但是中西部地区的回归结果却不显著。这一结果与第一节三大地区企业出口国内增加值率（DVAR）对就业规模影响的显著性一样，所以也能归因于三大地区产业结构的问题，中西部地区的企业多是劳动密集型或者自然资源出口型企业，处于全球价值链下游，出口国内增加值率变化不大且比值较低，导致企业出口国内增加值率（DVAR）对其劳动力需求弹性的影响不显著；而东部地区全球价值链参与程度较高，而且较早开始产业升级，向价值链上游攀升，所以其劳动力需求弹性对于企业出口国内增加值率（DVAR）的变化是比较敏感的。而从企业出口国内增加值（DVA）角度来看，也只有东部地区企业出口国内增加值（DVA）规模变动会很显著的影响劳动力需求弹性。当企业出口国内增加值率（DVAR）增加1%时，东部地区企业通过替代效应所引致的劳动力需求弹性变动为 0.419%，通过规模效应引致的劳动力需求弹性变化为 0.413%；中部地区企业通过替代效应所引致的劳动力需求弹性变动为 0.404%，通过规模效应引致的劳动力需求弹性变化为 0.390%；西部地区企业通过替代效应所引致的劳动力需求弹性变动为 0.533%，通过规模效应引致的劳动力需求弹性变化为 0.507%。

东、中、西部三大地区的划分还是较为粗糙了点，为了更加准确的反映地区之间的差异，可以将东、中、西部三大地区细分为八大经济区，八大经济区差异化程度更高，各经济区内部也更具同一性，且在中央政府统筹规划下，各经济区有着各具特色的经济定位。八大经济区划分见表 5 - 12，回归结果见表 5 - 13。

表 5 - 12　八大经济区划分

序号	经济区名称	区内省（自治区、直辖市）
（1）	东北综合经济区	辽宁、吉林、黑龙江
（2）	北部沿海综合经济区	北京、天津、河北、山东
（3）	东部沿海综合经济区	上海、江苏、浙江
（4）	南部沿海综合经济区	福建、广东、海南
（5）	黄河中游综合经济区	陕西、山西、河南、内蒙古
（6）	长江中游综合经济区	湖北、湖南、江西、安徽
（7）	大西南综合经济区	云南、贵州、四川、重庆、广西
（8）	大西北综合经济区	甘肃、青海、宁夏、西藏、新疆

表 5 - 13　八大经济区回归结果

	（1）东北	（2）北部沿海	（3）东部沿海	（4）南部沿海
$DVAR$	0.072	0.020	0.282***	0.216***
	(0.073)	(0.048)	(0.028)	(0.031)
$DVAR\ln w$	-0.037	-0.022	-0.089***	-0.073***
	(0.024)	(0.015)	(0.008)	(0.010)
$\ln DVA$	0.012	0.003	-0.037***	0.041***
	(0.013)	(0.009)	(0.006)	(0.008)
$\ln DVAW$	0.002	0.008**	0.018***	-0.003
	(0.004)	(0.003)	(0.002)	(0.003)

续表

	（5）黄河中游	（6）长江中游	（7）大西南	（8）大西北
DVAR	0.139	−0.016	−0.189	0.816***
	(0.131)	(0.095)	(0.123)	(0.294)
DVARln*w*	−0.040	−0.006	0.066*	−0.291***
	(0.045)	(0.031)	(0.039)	(0.095)
ln*DVA*	−0.014	0.026*	0.022	−0.022
	(0.016)	(0.015)	(0.019)	(0.037)
ln*DVAW*	0.010*	−0.002	−0.003	0.008
	(0.006)	(0.005)	(0.006)	(0.014)
控制变量	是	是	是	是
行业固定	是	是	是	是
时间固定	是	是	是	是

注：*、**、***分别表示在10%、5%、1%的统计水平上显著，括号内数值为标准误差。

通过表5－13可以发现企业出口国内增加值率（DVAR）能够显著影响其劳动力需求弹性也仅有东部沿海、南部沿海和大西北综合经济区这三个地方，东部沿海和南部沿海两个综合经济区涵盖了中国大陆最重要的两个经济带，即长三角和珠三角经济带，是中国经济发展程度最高，全球价值链参与程度最高的地方，样本中几乎一半左右的出口企业来自于这两个地区，所以这两个地区企业的出口国内增加值率（DVAR）与劳动力需求弹性之间的相关性比较显著；而大西北综合经济区虽然经济上比较落后，全球价值链参与度也不高，但是其地处边疆，与邻国的跨国贸易往来比较频繁，而且多是一些欠发达国家或者处于全球价值链更下游的国家，使得处于大西北综合经济区内的企业劳动力需求弹性受对外贸易冲击的影响更为显著。剩余五个综合经济区劳动力就业弹性与企业出口国内增加值率（DVAR）之间的关系不显著，可能是因为深居内陆或者经济发展滞后，导致全球价值链参与程度不高，使得对外贸易较少影响工资变动，更难进一步影响企业劳动力需求弹性。

2. 按企业所有制性质分类回归

可以依据实收资本的不同，将企业按所有制性质分为四类：民营企业（集体、私有）、国有企业、中国港澳台企业和外资企业。考虑到不同所有制企业的全球价值链参与度不同，可以通过对四种所有制企业进行分类回归，检验不同所有制企业出口国内增加值变动对其劳动力需求弹性的冲击，并验证基准回归结果是否稳健，结果见表5－14。

表5－14　不同所有制企业回归结果

	民营企业		国有企业	
	（1）	（2）	（3）	（4）
$\ln w$	-0.580***	-0.436***	-0.413***	-0.381***
	(0.010)	(0.004)	(0.042)	(0.013)
$\ln DVA$	-0.009***		0.004	
	(0.002)		(0.009)	
$\ln DVAW$	0.010***		0.002	
	(0.001)		(0.003)	
$DVAR$		0.000		0.264***
		(0.015)		(0.044)
$DVAR\ln w$		-0.006		-0.090***
		(0.005)		(0.014)
控制变量	是	是	是	是
行业固定	是	是	是	是
时间固定	是	是	是	是
N	217609	250785	8944	12207
	中国港澳台企业		外资企业	
	（5）	（6）	（7）	（8）
$\ln w$	-0.334***	-0.352***	-0.417***	-0.370***
	(0.049)	(0.011)	(0.050)	(0.008)
$\ln DVA$	0.042***		0.029**	
	(0.010)		(0.011)	
$\ln DVAW$	-0.004		0.001	
	(0.004)		(0.004)	
$DVAR$		0.209***		0.170***
		(0.035)		(0.031)
$DVAR\ln w$		-0.073***		-0.059***
		(0.011)		(0.009)

	中国港澳台企业		外资企业	
	（5）	（6）	（7）	（8）
控制变量	是	是	是	是
行业固定	是	是	是	是
时间固定	是	是	是	是
N	75507	100088	87039	126693

注：*、**、***分别表示在10%、5%、1%的统计水平上显著，括号内数值为标准误差。

由表5-14可知，民营企业的劳动力需求弹性受出口国内增加值（DVA）规模变动的影响较大，而国有企业、中国港澳台企业和外资企业受到出口国内增加值比率的冲击更显著。民营企业大多企业规模较小，也多处于全球价值链下游，尚处于规模扩张阶段，所以外贸规模的扩大更能影响其劳动力需求弹性，对外贸易的规模效应影响更大；而国有企业、中国港澳台企业和外资企业大多是实力雄厚，位于全球价值链较高层次的企业，其规模已经很大了，此时在全球价值链上的攀升程度更能冲击其劳动力需求弹性，受替代效应的影响更明显。

3. 将企业按要素密集度进行分类回归

通过将该年度的企业和所有企业的资本均值与劳动均值的比值比较，将样本企业划分为资本密集型企业和劳动密集型企业，以探究企业出口国内增加值率（DVAR）和企业出口国内增加值（DVA）分别对其劳动力需求弹性造成的影响，结果如表5-15所示。

表5-15 不同要素密集度企业回归结果

	资本密集型企业		劳动密集型企业	
	（1）	（2）	（3）	（4）
ln$w$	-0.337***	-0.349***	-0.553***	-0.301***
	（0.016）	（0.004）	（0.008）	（0.003）
lnDVA	0.027***		-0.018***	
	（0.004）		（0.002）	

续表

	资本密集型企业		劳动密集型企业	
	（1）	（2）	（3）	（4）
ln$DVAW$	-0.004 ***		0.014 ***	
	(0.001)		(0.001)	
$DVAR$		0.178 ***		0.190 ***
		(0.015)		(0.010)
DVARln$w$		-0.058 ***		-0.066 ***
		(0.004)		(0.003)
控制变量	是	是	是	是
行业固定	是	是	是	是
时间固定	是	是	是	是
N	58995	96905	330117	392884

注：*、**、***分别表示在10%、5%、1%的统计水平上显著，括号内数值为标准误差。

从表5-15的回归结果可知，无论是资本密集型企业还是劳动密集型企业，外贸对于它们劳动力需求弹性的冲击都是非常显著的。资本密集型企业中，其出口国内增加值（DVA）每增加1%，劳动力需求弹性上升0.392%，出口国内增加值率（DVAR）每提升1%，劳动力需求弹性上升0.395%；劳动密集型企业中，其出口国内增加值（DVA）每增加1%，劳动力需求弹性上升0.747%，出口国内增加值率（DVAR）每提升1%，劳动力需求弹性上升0.353%。所以可以发现劳动力密集型企业受到外贸规模冲击时，对劳动力需求弹性的影响更大，而资本密集型企业的劳动力需求弹性受到替代效应的作用更大。

4. 将企业按贸易方式进行分类回归

最后按企业贸易方式进行稳健性回归，将样本企业分为一般贸易企业和加工贸易企业，回归结果见表5-16。结果表明无论是出口国内增加值率（DVAR）还是出口国内增加值（DVA）都能非常显著的影响企业劳动就业弹性，绝大部分回归结果与基准回归结果类似，再一次说明基准回归结果是较为稳健的。

表5－16　按贸易方式回归

	一般贸易		加工贸易	
	（1） lnL	（2） lnL	（3） lnL	（4） lnL
lnw	－0.482*** （0.010）	－0.244*** （0.003）	－0.733*** （0.013）	－0.480*** （0.004）
lnDVA	－0.008*** （0.002）		－0.027*** （0.003）	
lnDVAW	0.012*** （0.001）		0.013*** （0.001）	
DVAR		0.204*** （0.011）		0.274*** （0.014）
DVARlnw		－0.079*** （0.003）		－0.085*** （0.004）
控制变量	是	是	是	是
行业固定	是	是	是	是
时间固定	是	是	是	是
N	275328	338889	113784	150900

注：*、**、***分别表示在10%、5%、1%的统计水平上显著，括号内数值为标准误差。

三、总结

　　第二节重点考察了对外贸易转型升级过程中对外贸易通过影响工资变动，从而对就业需求弹性产生的影响。主要采用是工业企业数据库与海关库匹配数据进行检验，分别以企业出口国内增加值率（DVAR）及出口国内增加值（DVA）为关键解释变量，探究其变动对于企业就业规模的影响。总体而言，回归结果是比较理想的，绝大部分变量都符合经济学规律且达到了1%的显著性水平。当企业出口国内增加值（DVA）变化1%时，贸易通过替代效应所引致的劳动力需求弹性变化为0.417%。而通过规模效应所引致的劳动力需求弹性变化为0.413%，二者数值上相差不大，但是替代效应的作用更强一点。而当企业出口国内增加值率（DVAR）变化1%时，贸易通过替代效应所引致的劳动力需求弹性变化为 0.423%。而通过规模效应所引致的劳动力需求弹性变化为 0.416%，依旧是替代效应的作用更明显，而且贸易冲击明显加剧了就业市场的波动，提高了就业风险。

随后从不同 DVAR 测算方式和企业所在地区、所有制、要素密集度及贸易方式等角度进行了稳健性检验，同时探究企业出口国内增加值（DVA）或企业出口国内增加值率（DVAR）变动对于企业劳动力需求弹性的冲击。结果发现，四种不同 DVAR 测算方式所测算出的劳动力需求弹性是极为相近的，表明企业出口国内增加值率（DVAR）对其劳动力需求弹性的冲击不受 DVAR 测算方式的影响，基准回归的结果是稳健的。

以不同地区分类进行的稳健性检验发现东部地区的企业其出口国内增加值率（DVAR）变动对于其劳动力需求弹性的影响是十分显著的，但是中西部地区的回归结果却不显著，企业出口国内增加值（DVA）的影响也仅有东部显著。因为中、西部地区的企业多是劳动密集型或者自然资源出口型企业，处于全球价值链下游，出口国内增加值率变化不大且比值较低，导致企业出口国内增加值率（DVAR）对其劳动力需求弹性的影响不显著。而东部地区全球价值链参与程度较高，而且较早开始产业升级，向价值链上游攀升，所以其劳动力需求弹性对于企业出口国内增加值率（DVAR）的变化是比较敏感的。当企业出口国内增加值率（DVAR）增加 1% 时，东部地区企业通过替代效应所引致的劳动力需求弹性变动为 0.419%，通过规模效应引致的劳动力需求弹性变化为 0.413%；中部地区企业通过替代效应所引致的劳动力需求弹性变动为 0.404%，通过规模效应引致的劳动力需求弹性变化为 0.390%；西部地区企业通过替代效应所引致的劳动力需求弹性变动为 0.533%，通过规模效应引致的劳动力需求弹性变化为 0.507%。后面，进一步将三大地区划分为八大经济区，结果发现外贸冲击企业劳动力需求弹性显著的仅有东部沿海、南部沿海和大西北这三个综合经济区。

按企业所有制进行的回归结果显示，民营企业的劳动力需求弹性受出口国内增加值（DVA）规模变动的影响较大，而国有企业、港澳台企业和外资企业受到出口国内增加值比率的冲击更显著。因为民营企业大多企业规模较小，也多处于全球价值链下游，对外贸易的规模效应影响更大；而国有企业、港澳台企业和外资企业大多是实力雄厚，位于全球价值链较高层次的企业，受替代效应的影响更明显。

按企业要素密集度划分时，无论是资本密集型企业还是劳动密集型企业，外贸对于它们劳动力需求弹性的冲击都是非常显著的。而且劳动力密集型企业受到外贸规模冲击时，对劳动力需求弹性的影响更大，而资本密集型企业的劳动力需求弹性受到替代效应的作用更大。最后按企业贸易方式进行的稳健性回归显示，一般贸易企业和加工贸易企业与基准回归结果都是较为接近的。

从本章的研究来看，对外贸易的发展不仅会直接影响企业的就业规模，而且会通过影响企业平均工资的变动进而对企业的就业需求弹性产生影响。对外贸易的冲击在很大程度上加剧了劳动力市场的不稳定性，使得劳动者的就业风险有所上升，这也可能是导致近年来逆全球化呼声高涨的重要原因，不过还需要更多理论和实证研究的支持。

第六章　对外贸易转型升级的
就业变动效应：行业结构

本章首先采用 WIOD 数据库提供 56 个行业数据，检验了我国各行业出口增加值上升和出口附加值率上升对行业就业增量以及行业间就业调整的影响。随后利用工业企业数据库数据检验了对外贸易转型升级是通过影响就业创造率还是就业破坏率进而影响行业就业动态配置。本章主要是对第三章中理论假说 2 和假说 5 进行检验，结果发现行业出口增加值上升和出口中国内附加值率上升都会促进行业就业；某行业出口增加值上升会抑制其他行业就业，但服务业行业对外贸易转型升级对制造业行业就业具有促进作用。

第一节　行业对外贸易转型升级与
就业结构变动的典型事实

一、各行业对外贸易转型升级的典型事实

本部分采用 WIOD 数据库中各行业世界投入产出表，基于上一章中的分解公式按照 WWZ 方法对我国各行业的出口额进行分解，计算了各行业中出口的国内增加值和出口中国内附加值率。

从制造业各行业细分来看，2000—2014 年我国制造业各部门出口中的国内增加值都呈现显著增长，尤其是机械设备制造业与汽车制造业，2014 年出口附加值分别较 2000 年增长了 19 倍与 34 倍。各个制造业部门中，纺织品、服装制造业（C6）一直占据我国制造业出口附加值份额的 20% 以上，2003 年

起计算机、电子和光学产品制造业（C17）开始超过纺织品、服装制造业（C6），成为出口附加值占比最大的产业，2014 年计算机、电子和光学产品制造业占总制造业出口附加值比重高达 24.65%。另外，高技术制造业出口附加值增速较快，2000—2014 年平均增长率高达 23.23%，汽车制造业（C20）为典型代表，均速高达 32.16%。计算机、电子和光学产品制造业（C17），纺织品、服装制造业（C6），电气设备制造业（C18）以及机械设备制造业（C19）为我国制造业贡献了 60% 以上的出口附加值。

就出口附加值率而言，我国制造业各部门出口附加值率主要集中在 55%~95% 范围内，不同制造业部门的出口附加值率存在异质性，一般而言我国具有明显比较优势的食品饮料制造业（C5），纺织品、服装制造业（C6）出口附加值率较高，平均出口附加值率在 80% 以上；而计算机、电子和光学产品制造业（C17），电气设备制造业（C18）等高技术制造业出口附加值率相对较低。从趋势上来看，大多数制造业出口附加值率为"W 型"波动上升。从波动幅度角度来看，炼焦及核燃料加工业（C10），基本金属制造业（C15）以及计算机、电子和光学产品制造业（C17）三个部门的出口附加值率变动幅度最大，波动幅度在 10% 以上，其余制造业部门变动均在 10% 以下。从 2004 年以来的增长率来看，纺织品，服装制造业和电子和光学产品制造业的增长速度比较快，年均增长幅度分别为 0.011 和 0.015；汽车制造业和机械设备制造业增幅相对比较缓慢，2004 年以来年均增长幅度为 0.007 左右，详见图 6-1。

细分服务业来看，不同类型服务业出口附加值增长存在较大差异。其中，批发贸易（C29）在服务业总出口附加值中占比较高，2014 年占比高达 41.5%，较 2000 年提升 10 个百分点。15 年间金融（C41）、保险（C42）服务业平均同比增速维持在 35% 以上。除此之外，仓储和运输支持服务业（C34）、科学研究和发展服务业（C47）、行政及其支持服务（C50）、卫生和社会工作（C53）的出口附加值也实现由负转正并在后期爆发式增长的发展趋势。

就出口附加值率而言，我国各服务部门出口附加值率基本分布在 70%~95% 之间，除批发贸易（C29）发展较为平稳外，其他服务部门基本呈现"W 型"发展趋势。2000 年到 2005 年期间大部分服务业行业的出口国内增加率都

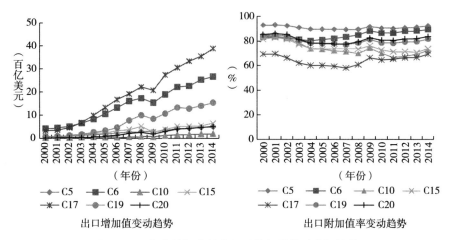

图6-1　代表性细分制造业对外贸易转型升级趋势

注：这里（C5）食品饮料制造业；（C6）纺织品、服装制造业；（C10）炼焦及核燃料加工业；（C15）基本金属制造业；（C17）计算机、电子和光学产品制造业；（C18）电气设备制造业；（C19）机械设备制造业；（C20）汽车制造业。

下降了，尤其是为制造业服务型服务业更加明显，但从 2006 年之后除 2009 年这一年，其他年份基本也是呈增长趋势，不过增幅差异比较大。计算机编程、咨询及信息服务（C40）增长幅度最大，15 年间增长近 10 个百分点。陆路运输（C31）、水运（C32）、航空运输（C33）、仓储及运输支持（C34）等运输服务业出口附加值率增幅相对比较小，详见图 6-2。

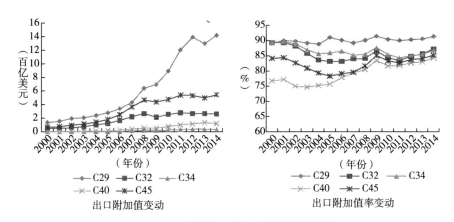

图6-2　细分服务业出口附加值变动趋势

注：（C29）批发贸易；（C32）水运服务；（C34）仓储及运输支持；（C40）计算机编程、咨询及信息服务；（C45）法律、会计、总部经济及管理咨询服务。

二、各行业就业变动

总体来看，我国就业人数呈现缓慢上升趋势，2000—2014年服务业就业人数增长幅度大于制造业。2014年，我国总就业人数达8.58亿，较2000年增长19.28%，除2010年外各年份就业人数均为正增长。其中，2014年我国服务业就业人数高达3.91亿，是2000年的1.79倍；2014年制造业就业人数较2000年增长52.46%。15年间服务业平均吸纳总就业人数的37.94%，比制造业高20.5个百分点。从2010年之后，制造业的就业增长速度增速进一步放缓，服务业吸收就业能力增强，详见图6-3。

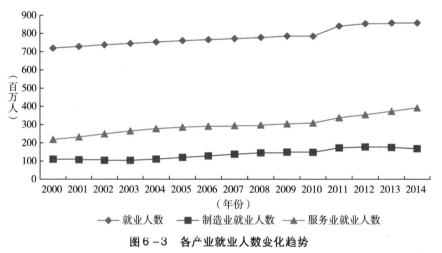

图6-3　各产业就业人数变化趋势

资料来源：WIOD 数据库。

细分制造业部门来看，不同制造业部门就业人数存在较大差异而且变动趋势各异。纺织、服装制造业（C6）的就业人数占比较高，除受金融危机影响的2009年和2010年，2003—2012年纺织，服装制造业就业人数呈现明显的上升趋势。这是因为入世后我国深度融入全球价值链分工，因劳动力成本低廉，劳力资源丰富等比较优势吸引发达国家劳动密集型制造业产业转移，从而提升对劳动力密集型行业的劳动力需求。不过2013年之后纺织服装制造业就业人数有下降趋势。与开采业有关系的一些制造业比如炼焦及燃料加工业，基本金融服务业等行业其吸纳就业人数基本保持不变；而资本密集型的行业尤其是对专业性要求比较高的行业其吸收就业的人数基本呈现比较平稳增长，比如汽车制造业

（C20）。而以加工环节嵌入全球价值链程度比较深的资本密集型行业就业波动相对比较大，如计算机、电子和光学产品制造业（C17）在金融危机期间吸收的就业人数大幅下降，危机过后又平稳增长。而机械设备制造业（C19）也呈现比较大的波动。图6-4呈现了制造业中代表性行业就业波动情况。

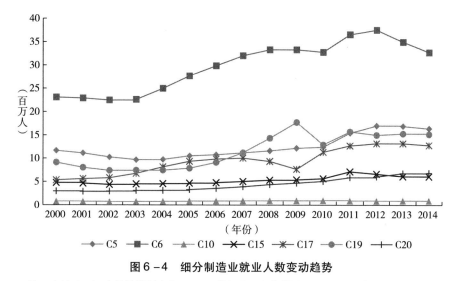

图6-4　细分制造业就业人数变动趋势

注：这里（C5）食品饮料制造业；（C6）纺织品、服装制造业；（C10）炼焦及核燃料加工业；（C15）基本金属制造业；（C17）计算机、电子和光学产品制造业；（C19）机械设备制造业；（C20）汽车制造业。

服务业内部各分行业就业呈现较大的差异性：批发贸易（C29）占总服务就业人数的比重高于其他服务部门，平均就业人数占比达20%。2014年较2000年增长84.45%。公共行政、国防和社会保障、教育服务、卫生和社会工作、住宿和餐饮服务业等都是吸纳就业人数比较高的行业。从2000年到2014年增长率来看，年均增长率最高的是行政及其支持服务业（C50），2000年仅为6.1万人，2014年猛增至159.3万人，是2000年的26倍；增长最为迅速的是房地产业（C44），2014年较2000年增长了9.8倍，年均增长率22.03%，仓储和运输支持（C34）年均增长率也在20%以上；公共行政、国防和社会保障（C51），其他专业的科学和技术活动（C49），计算机编程、咨询及信息服务（C40）和保险和养老外的金融服务（C41）的年均增长率都超过10%；但水运（C32）、航空运输（C33）服务业从业人数变动幅度为负，从业人员呈下降趋势，详见表6-1。

表6-1 2000—2014 年我国服务业行业就业变动

行业	2000 年	2005 年	2010 年	2014 年	2000—2014 年净增长
C29 批发贸易	43281	60176	56489	79834	36553
C51 公共行政、国防和社会保障	12240	29847	40267	46571	34331
C52 教育服务	36679	32276	36192	45609	8930
C53 卫生和社会工作	16602	15318	18283	25613	9011
C36 住宿和餐饮服务业	15272	22163	21195	22432	7160
C30 零售业	8954	12449	11686	16516	7562
C41 保险和养老外的金融服务	3257	7850	11777	16016	12759
C31 陆路运输和管道运输	13629	13022	12895	15584	1955
C44 房地产业	1113	5901	10545	12084	10971
C39 电信服务	2827	6463	6054	7612	4785
C45 法律、会计、总部经济及管理咨询服务	2178	4779	5978	7517	5339
C49 其他专业的科学和技术活动	1033	2581	3883	4883	3850
C34 仓储和运输支持	391	2037	2706	3270	2879
C32 水运	5377	4779	2500	3021	−2356
C40 计算机编程、咨询及信息服务	409	1027	1807	2272	1863
C50 行政及其支持服务	61	514	1267	1593	1532
C47 科学研究和发展	358	781	1068	1343	985
C42 强制性社保外的保险，再保险和养老服务	367	803	963	1310	943
C33 航空运输	1626	1235	988	1194	−432
C35 邮政和快递服务	628	562	715	864	236

注：单位千人，资料来源于 WIOD 数据库。

从各行业就业变动和各行业以国内增加值测算的出口额和出口中国内增加值率变动趋势，可以看出行业出口中国内附加值率越高和增加值出口额越多的行业往往就业人数越多。而就业人数和各行业出口中国内附加值率和增加值出口额之间的散点图也显示（见图6-5），增加值出口额和行业从业人数以及出口国内附加值率与行业从业人数之间存在正相关关系。那么我国行业间对外贸易结构调整和行业内的对外贸易升级是否促进了行业间就业结构的调整呢？接下来的两节内容我们将采用WIOD的数据对此进行检验。

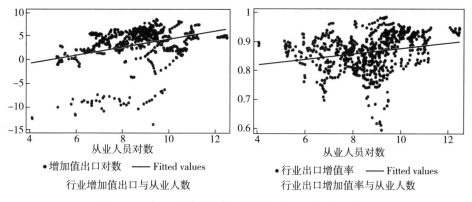

图6-5 行业对外贸易转型升级与从业人数的散点图

第二节 对外贸易转型升级对行业就业的影响

本节首先采用WIOD数据库对我国对外贸易转型升级与行业内和行业间就业结构的调整进行检验，同时利用我国制造业行业数据进行稳健性检验。

一、检验模型

本节根据Greenaway等（1999）提出的劳动力需求模型建立基本的回归方程。在柯布—道格拉斯生产函数 $Q_{st} = A_{st}^{\gamma} K_{st}^{\alpha} L_{st}^{\beta}$ 条件下，这里 Q 代表 s 行业 t 时期的总产出，K 代表 s 行业 t 时期的资本存量，L 是 s 行业 t 时期的劳动力投入，α，β 是要素的投入份额，γ 表示技术对产出的供给弹性。为使利润最大化，企业雇佣员工使其多雇佣一单位劳动获得的收益等于其支付的成本即工资 w，多雇佣一单位资本使其获得的收益等于支出的成本 c。根据这一生产者均衡条件，柯布－道格拉斯生产函数可以转化为：

$$Q_{st} = A_{st}{}^{\gamma} \left(\frac{\alpha L_{st}}{\beta} \frac{W_t}{C} \right)^{\alpha} L_{st}{}^{\beta} \qquad (6-1)$$

这里的 c 代表是使用资本的成本，w_t 代表 t 时期的工资水平。对上式两边取对数形式进行转换后得到：

$$ln L_{st} = \delta_0 + \delta_1 ln \left(\frac{W_t}{C} \right) + \delta_2 ln Q_{st} \qquad (6-2)$$

这里 $\delta_0 = -(\gamma ln A_{st} + \alpha ln\alpha - \alpha ln\beta)/(\alpha + \beta)$；$\delta_1 = -\alpha/(\alpha + \beta)$；$\delta_2 = 1/(\alpha + \beta)$。根据对外贸易的技术外溢效应，表示技术水平的 A 其决定函数为：

$$A_{st} = e^{\theta 1 Ti} M_{st}^{\theta 2} X_{st}^{\theta 3} \qquad (6-3)$$

M 代表进口渗透率，X 代表出口导向率。T 表示时间趋势，将（6－3）式带入（6－2）式中，可以得到：

$$ln L_{st} = \delta_0{}^* + u_0 T + u_1 ln M_{st} + u_2 ln X_{st} + \delta_1 ln \left(\frac{W_t}{C} \right) + \delta_2 ln Q_{st} \qquad (6-4)$$

其中 $\delta_0 = -(\alpha ln\alpha - \alpha ln\beta)/(\alpha + \beta)$；$u_0 = -\theta_i \gamma/(\alpha + \beta)$。因在全球价值链分工背景下，大部分进口的目的是为了进行加工再出口，而我们想要检验的是对外贸易转型升级对就业行业调整的作用，这里的基准回归模型仅包含出口附加值或出口附加值率并采用差分的形式：

$$\Delta ln L_{st} = \delta_0{}^* + u_0 T + u_1 \Delta ln\, trade_{st} + \delta_1 \Delta ln\, w_{st} + \delta_2 \Delta ln Q_{st} +$$
$$\delta_3 \Delta ln\, r_{st} + s_0 H + \varepsilon \qquad (6-5)$$

这里 $trade_{st}$ 反映对外贸易转型升级的情况，采用两种方法衡量，①出口中国内增加值（lndva）。②采用出口中国内附加值比率（dvar）。w_{st} 表示劳动力平均工资，这里采用劳动力总报酬除以从业人员数获得。r_{st} 表示资本收益率，采用资本总报酬除以资本存量获得。Q_{st} 表示行业的实际总产出，采用行业总产出利用 2010 年产出价格指数进行平减获得。T 表示时间固定效应，H 表示行业固定效应。

二、回归结果

根据式（6－5）的回归结果见表6－2。表6－2 中前三列和后三列分别是基于出口附加值和出口国内附加值率变动的检验结果。因考虑到制造业和服务业对外贸易转型升级对就业的影响可能存在比较大的差异，因此在所有行业回归之外，我们还对制造业行业和服务业行业分别进行了检验。基于出口附加值检验的结果发现，不论是全行业样本还是其中的制造业和服务业样本，出口附加值的提升对行业就业估计系数都是显著为正。从出口国内附加值率的回归结果来看，基于全部样本的检验发现出口国内附加值率在1%显著水平下促进行业就业的增加，出口的国内增加值率提高一个点，行业就业规模提高0.625%。如果从制造业和服务业样本来看，出口国内附加值率上升对就业的这种拉动作用在服务业行业更为显著。服务业行业出口的国内增加值率上升一个点，其行业就业增加1.034%，这一结果在1%统计水平下显著。制造业行业的出口国内附加值率上升对行业就业的拉动作用估计系数为0.329，也在1%水平下显著。

就其他变量来看，行业总产出的上涨显著促进就业增加，制造业行业产值增加1%，就业会增加0.3%左右，服务业产出增加1%会使就业上升0.5%左右。工资上升则显著减少就业增加，工资每上升1%，就业人数会下降约0.5%，制造业就业下降0.4%，服务业下降0.6%到7%。理论上来讲，资本回报率上升会对行业劳动力就业水平产生显著负向作用。

此外，考虑到出口与就业之间存在较强的内生性问题，我们采用各行业出口至各国家的出口额占总出口额的比例作为权重，计算了我国各行业出口的实际有效汇率作为出口增加值的工具变量进行两阶段回归，结果见表6-2中的IV估计列。从中可以看到我国采用IV估计的结果系数还是显著为正的，这说明出口增加值对行业就业拉动作用是比较稳健的。

表6-2　行业就业检验结果

	全行业	制造业	服务业	全行业	制造业	服务业	IV
D. lndva	0.002***	0.020***	0.002***				0.001***
	(0.000)	(0.003)	(0.000)				(0.000)
D. dvar				0.625***	0.329***	1.034***	
				(0.025)	(0.028)	(0.047)	
D. e							
D. lnq	0.509***	0.306***	0.513***	0.394***	0.327***	0.664***	0.495***
	(0.003)	(0.004)	(0.007)	(0.003)	(0.004)	(0.005)	(0.237)

续表

	全行业	制造业	服务业	全行业	制造业	服务业	IV
D. lnw	− 0. 523 ***	− 0. 403 ***	− 0. 607 ***	− 0. 633 ***	− 0. 417 ***	− 0. 710 ***	− 0. 62 ***
	(0. 004)	(0. 006)	(0. 005)	(0. 003)	(0. 006)	(0. 005)	(0. 025)
D. lnr	− 0. 152 ***	− 0. 146 ***	− 0. 160 ***	− 0. 160 ***	− 0. 144 ***	− 0. 181 ***	− 0. 148 ***
	(0. 003)	(0. 006)	(0. 003)	(0. 003)	(0. 006)	(0. 003)	(0. 021)
_cons	0. 010	− 0. 017	0. 035	− 0. 003	− 0. 018 *	0. 015	0. 019 ***
	(0. 012)	(0. 011)	(0. 024)	(0. 017)	(0. 010)	(0. 026)	(0. 005)
年份固定	是	是	是	是	是	是	是
行业固定	是	是	是	是	是	是	是
N	596	271	276	615	271	295	615

注：*、**、***分别表示在10%、5%、1%的统计水平上显著，括号内数值为标准误差。

考虑到即使在服务业行业和制造业行业内部，不同的行业特征和结构对劳动力的需求也存在差异，因此我们还将制造业按照技术水平，服务业行业按照生产性服务业和消费性服务业进行划分，对式（6 - 5）进行检验。根据《中国高技术产业统计年鉴》（2015）对高技术产业的定义，我们把化学品及化学制品制造业、基本药物制剂和药物制剂的制造业、计算机，电子和光学产品制造业、电气设备制造业、机械设备制造业等作为高技术行业，其他制造业行业作为中低技术行业。根据胡晓鹏（2008）基于生产性服务业的特点，将陆路运输和管道运输、水运、航空运输、仓储和运输支持、邮政和快递服务、计算机编程、咨询及信息服务、为金融服务和保险活动提供辅助活动、法律、会计、总部经济及管理咨询服务、广告和市场研究服务、科学研究和发展作为生产性服务业，其他为消费性服务业。我们加入出口附加值和出口中国内附加值率与是否高技术行业和是否服务行业的交乘项进行回归，结果见表6 - 3。

表6 - 3中前两列为制造业行业回归结果，后两列为服务业回归结果。从检验结果来看，加入"是否高技术制造业行业"的交乘项之后，制造业行业出口国内附加值上升对就业总体具有负向作用，而交乘项的系数显著为正，为0. 060，在之前数据描述中我们发现高技术行业出口增加值一般都比较高。这说明制造业总体回归结果显著为正的结论主要是由于高技术行业出口增加值上升引起的。不过出口中国内附加值率上升的回归结果与出口附加值回归结果完全相反。非高技术行业出口增加值率上升对就业具有显著正向作用，但出口

附加值率与高技术行业交乘项的估计系数显著为负，数值为 −0.589，这说明高技术行业出口中国内附加值率的上升对就业相比于非高技术行业有抑制作用。

服务业类型与出口中国内增加值交互项前的系数为 0.011，且在 1% 的显著性水平下显著，这表明服务业类型能增强出口中国内增加值的变动对该行业就业变动的影响，且生产性服务业较消费性服务业的促进作用更明显。生产性服务业与出口中国内附加值比率交互项前的系数为 −1.359，且在 1% 的显著性水平下显著，这表明生产性服务业总体上能减弱出口中国内附加值比率的变动对该行业就业变动的影响。

表6−3 稳健性检验结果

	制造业		服务业	
	（1）	（2）	（3）	（4）
D. lndva	− 0.046 ***		− 0.013 ***	
	(0.007)		(0.001)	
D. lndva * indus	0.060 ***		0.011 ***	
	(0.006)		(0.001)	
D. dvar		1.063 ***		3.219 ***
		(0.065)		(0.129)
D. dvar * indus		− 0.589 ***		− 1.359 ***
		(0.047)		(0.075)
其他控制变量	是	是	是	是
年份固定	是	是	是	是
行业固定	是	是	是	是
N	271	271	276	276

注：*、**、*** 分别表示在 10%、5%、1% 的统计水平上显著，括号内数值为标准误差。

三、长期效应检验

基于 WIOD 数据库行业检验结果来看，行业对外贸易转型升级对行业就业的调整在短期内是比较显著的，不过对外贸易的转型升级是一个比较长期的过程，再加上就业的调整收到劳动合同等影响具有显著滞后性，所以基于短期的检验结果可能并不能真实反映对外贸易转型升级对就业的作用。为此，本部分借鉴 Dix – Carneiro 和 Kovak（2019）等检验贸易自由化对巴西地区就业调整影响时的模型构建行业就业调整模型，从较长历史时期对行业对外贸易转型升级对就业的调整进行检验。模型设定如下：

$$\Delta ln\, L_{s,2000-2014} = \alpha_0 + \alpha_1 \Delta trade_{s,2000-2014} + \alpha_2 X_{s,2000} + \varepsilon \qquad (6-6)$$

这里 $\Delta ln\, L_{s,2000-2014}$ 是 s 行业 2000 年到 2014 年的就业变动，$\Delta trade_{s,2000-2014}$ 是行业对外贸易转型升级的度量，这里采用行业从 2000 到 2014 年出口的国内附加值变动和出口国内附加值率变动表示；$X_{s,2000}$ 表示的是 2000 年影响行业就业的因素，这里主要是行业总产出。基于式（6-6）的检验结果见表 6-4。

表 6-4　对外贸易转型升级对行业就业的中长期影响

	全行业	制造业	服务业	全行业	制造业	服务业
lndva0014	0.191 ***	0.228 ***	0.239 ***			
	(0.019)	(0.010)	(0.034)			
dvar0014				7.818 ***	1.255 *	7.424 ***
				(0.821)	(0.656)	(1.388)
lnq	0.021 *	– 0.032 ***	0.069 ***	0.049 ***	0.003	0.092 ***
	(0.011)	(0.008)	(0.015)	(0.011)	(0.014)	(0.015)
_cons	0.101 *	– 0.010	0.125 *	0.258 ***	0.380 ***	0.227 ***
	(0.058)	(0.041)	(0.071)	(0.055)	(0.064)	(0.070)
N	56	21	31	56	21	31

注：*、**、***分别表示在 10%、5%、1% 的统计水平上显著，括号内数值为标准误差。

从 2000 年到 2014 年的时间跨度期来看，不论是全行业样本还是分制造业和服务业分样本的检验都发现，出口中国内附加值的上升显著促进就业提升，估计系数都通过 1% 显著性水平检验。从作用大小来看，制造业行业出口中国内附加值提升 1%，行业就业提升 0.228%。服务业出口中国内附加值提升 1%，长期就业提升 0.239%。行业出口国内附加值率的回归结果也发现，中长期来看出口中附加值率的上升显著促进行业就业增长，这一结论在服务业行业效果更加明显。服务业行业出口的国内附加值率占比上升一个百分点，其就业拉动作用在 7.4% 左右，估计系数在 1% 统计水平下显著。制造业行业出口的国内附加值率上升对就业拉动作用要小的多，其估计系数为1.255，通过10%统计显著性检验。

基于WIOD行业数据的检验，我们发现对外贸易的转型升级对就业长期来讲具有拉动作用，不过服务业的拉动作用大于制造业。行业出口国内附加值和国内附加值率上升越快的行业其吸收的就业也越多。从这个角度看，我们验证了第三章中的假说1，这也说明从行业角度来看，我国对外贸易转型升级是在保持低附加值生产环节的基础上向高附加值环节转移。

第三节 对外贸易转型升级与行业间就业结构调整

一个行业如果从低附加值的加工环节向高附加值的生产环节转移，可能会导致低附加值加工环节大量劳动力的释放，促使这些劳动力向其他行业进行转移。同时如果这个行业在保持低附加值加工环节向高附加值环节攀升，该行业的对外贸易发展对劳动力需求扩大，会导致其他行业从业人员向该行业转移，也即是第三章假说2。因此在检验了同一行业的外贸升级对本行业就业的影响之后，本部分借鉴孔高文等（2020）检验机器人发展对行业间就业结构调整时的方法，检验一个行业对外贸易增加值出口和出口附加值率变动如何影响其他行业就业。模型设定如下：

$$\Delta ln\, L_{jt} = p_0 + p_1 T + p_2 \Delta ln\, trade_{st} + p_3\, H_{jt} + \varepsilon \qquad (6-7)$$

这里 $\Delta ln\, L_{jt}$ 表示行业 j 的就业变动，H_{jt} 是行业影响就业波动的其他因素，$\Delta ln\, trade_{st}$ 表示 s 行业对外贸易发展情况，这里 $s \neq j$。

一、对外贸易转型升级与行业间就业结构变动：总体效应

我们基于所有行业数据检验，s 行业对外贸易发展对 j 行业就业的影响，$s \neq j$。全行业的检验结果见表6-5中的第（1）和（2）列。结果显示出口中国内增加值的变动对其他行业就业的估计系数接近0，且未通过显著性检验，这表明 s 行业对外贸易转型升级对其他行业 j 的就业几乎没有影响。而 s 行业出口中国内附加值比率的提升对其他行业就业具有正向作用，不过估计结果也不显著。

表 6-5 对外贸易转型升级对行业间就业结构：总体效应

	全行业		全行业		制造业		服务业	
	（1）	（2）	（3）	（4）	（5）	（6）	（7）	（8）
D. lndva	-0.000			-0.0001*		-0.001*		-0.000
	(0.001)			(0.000)		(0.001)		(0.000)
D. dvar		0.126	-0.003		-0.012		-0.012	
		(0.128)	(0.008)		(0.012)		(0.015)	
控制变量	是	是	是	是	是	是	是	是
时间固定	是	是	是	是	是	是	是	是
行业固定	是	是	是	是	是	是	是	是
N	27253	28290	615	596	271	271	295	276

注：*、**、***分别表示在 10%、5%、1% 的统计水平上显著，括号内数值为标准误差。

同时，我们设定 $\Delta ln L_{jt}$ 为除了 s 行业所有行业的平均就业量，检验 s 行业对外贸易升级对其他所有行业平均就业的影响，检验结果见表 6-5（3）—（8）列。全行业列回归的因变量是除了 s 行业外其他行业的平均就业规模对数的差值，自变量是 s 行业增加值出口的增量和出口中国内附加值率的增量。这里我们控制了除 s 之外其他行业的产出和平均工资。从全行业回归结果来看，s 行业对外贸易的发展确实会对其他行业的就业产生负向影响，不过这种负向效应并不大，见表 6-5 中的全行业（1）和（4）列。具体来讲，s 行业增加值出口规模的提升在 10% 统计水平下对其他行业就业规模产生负效应，回归系数为 -0.0001，总体作用比较小；而 s 行业出口中国内附加值率的上升，虽然估计系数也是负数，但是并未通过统计显著性检验。

从制造业和服务业来看，行业对外贸易转型升级对其他行业就业的负效应在制造业行业内部更加显著。制造业行业 s 增加值出口规模的提升在 10% 统计显著水平下对其他行业就业产生负作用，估计系数为 -0.001，说明 s 行业增加值出口规模上升 1%，其他行业就业规模平均缩减 -0.001%；s 行业出口中国内附加值率的增加对其他制造业行业就业的负效应并未通过显著性检验。服务业行业对外贸易发展对其他服务业行业就业的影响并不显著，详见

表6-5中服务业的两列结果。

为了检验 s 行业对其他行业的就业影响的长期效应，这里把 $\Delta ln L_{jt}$ 设定为除 s 行业之外其他所有行业平均就业规模2000年到2014年的变化量，$\Delta ln\ trade_{st}$ 为 s 行业2000年到2014年的出口中国内附加值率和增加值出口的变化量。控制了其他行业的平均产出后基于 WIOD 数据回归结果见表6-6。从结果可以看出，中长期来看，仅有制造业行业 s 的对外贸易转型升级对其他制造业会产生较强的负效应。制造业 S 行业出口中国内附加值率每上升一个点，会导致制造业行业平均就业下降0.035个点；s 行业的增加值出口上升1%，则其他行业平均就业下降0.002%，估计系数都通过5%的统计显著性水平。这一结果比直接差分时的系数和显著性水平都高。这说明长期来看，行业对外贸易的转型升级确实会对其他制造业行业产生较强的负向效应。

表6-6　对外贸易转型升级与行业间就业结构变动：中长期效应

	全部	制造业	服务业	全部	制造业	服务业
lnexad0014				-0.004	-0.002***	-0.000
				(0.003)	(0.000)	(0.001)
dvar0014	-0.082	-0.035**	-0.037			
	(0.050)	(0.015)	(0.043)			
控制变量	是	是	是	是	是	是
N	840	315	465	840	315	465
R^2	0.006	0.109	0.332	0.0285	0.344	0.001

注：*、**、***分别表示在10%、5%、1%的统计水平上显著，括号内数值为标准误差。

基于服务业行业检验的中长期效应未通过显著性检验，导致所有行业回归的结果也不显著，这说明服务业行业对外贸易转型升级不论在短期还是在长期对其他服务行业就业都不能产生显著影响。这可能是跟服务业行业参与全球价值链分工比较低，总体发展规模小有关，也可能跟服务业各行业间的就业特殊性有关系。

二、对外贸易转型升级与行业间就业结构变动：行业差异

因各行业间就业变动差异比较大，采用 s 行业对外贸易转型升级对所有

其他行业就业平均值的检验不能非常详细看到行业之间和行业内部之间的相互影响作用。因此，本部分我们就制造业对外贸易转型升级对服务业行业和其他制造业行业就业的影响进行检验，同时也对服务业行业对外贸易转型升级对服务业其他行业和制造业行业就业的影响进行检验。

我们就制造业各行业对外贸易转型升级对服务业和其他制造业各行业就业的影响进行了检验，结果见表6-7。制造业行业出口增加值上升对服务业各行业总体就业的影响系数为-0.017，在1%的显著性水平下显著，说明制造业行业出口增加值上升会对服务业行业就业具有显著挤出效应。但是制造业出口中国内附加值率的变动对服务业就业变动并未产生影响。从制造业行业对外贸易转型升级对其他制造业行业就业的影响来看，我国制造业出口附加值的估计系数为-0.016，在1%的显著性水平下显著，说明制造业出口附加值的上升对其他制造业行业具有负向效应。不过制造业 s 行业出口中国内附加值比率的上升对其他制造业行业就业具有显著挤出作用，估计系数为-0.243。

表6-7　制造业行业对外贸易转型升级对其他行业就业的影响

	制造业对服务业		制造业对制造业	
	（1）	（2）	（3）	（4）
D. lndvas	-0.017***		-0.016***	
	(0.006)		(0.005)	
D. dvars		0.059		-0.243***
		(0.053)		(0.048)
D. lnw	-0.690***	-0.690***	-0.408***	-0.411***
	(0.007)	(0.008)	(0.010)	(0.010)
D. lnr	-0.156***	-0.156***	-0.145***	-0.143***
	(0.005)	(0.005)	(0.011)	(0.011)
D. lnq	0.658***	0.654***	0.319***	0.323***
	(0.009)	(0.009)	(0.007)	(0.007)
时间固定	是	是	是	是
行业固定	是	是	是	是
N	5900	5900	5149	5149

注：*、**、***分别表示在10%、5%、1%的统计水平上显著，括号内数值为标准误差。

服务业出口增加值的上升对制造业就业影响的估计系数为 -0.001，但未通过任何显著性检验，这表明服务业出口中国内附加值的变动对制造业就业的变动无影响，但是服务业出口中国内附加值比率上升对制造业各行业就业具有显著正向作用，估计系数为0.494，表明 s 行业出口中国内附加值率上升一个点，其他行业就业增加0.494%。这可能是因为服务贸易出口国内附加值率上升表明价值链下游环节价值增值对上游生产制造业发展具有溢出效应。服务业出口中国内增加值变动对其他服务业就业影响的估计系数为0.001，在10%的显著性水平下显著，说明服务业出口中国内增加值变动明会导致其他服务业就业的同向变动；同时服务业出口中国内附加值比率变动前的系数为0.188，在5%的显著性水平下显著，说明服务业出口中国内附加值比率变动也显著引致其他服务业就业的同向变动，详见表6-8。

表6-8　制造业行业对外贸易转型升级对其他行业就业的影响

	服务业对制造业		服务业对服务业	
	（1）	（2）	（3）	（4）
D. lndvas	-0.001		0.001[*]	
	（0.001）		（0.001）	
D. dvars		0.494[***]		0.188[**]
		（0.063）		（0.074）
D. lnw	-0.401[***]	-0.413[***]	-0.679[***]	-0.693[***]
	（0.009）	（0.009）	（0.007）	（0.007）
D. lnr	-0.146[***]	-0.141[***]	-0.161[***]	-0.157[***]
	（0.010）	（0.010）	（0.005）	（0.005）
D. lnq	0.311[***]	0.323[***]	0.646[***]	0.655[***]
	（0.007）	（0.007）	（0.008）	（0.008）
时间固定	是	是	是	是
行业固定	是	是	是	是
N	5779	6233	5996	6490

注：*、**、***分别表示在10%、5%、1%的统计水平上显著，括号内数值为标准误差。

三、对外贸易转型升级与行业间就业结构变动：基于行业劳动力可替代性特征

考虑到不同行业对劳动力的要求不同，有些行业就业具有专用性，可替

代性非常低，比如金融服务业或教育服务业对就业人员要求非常高，往往劳动力只能在行业内部转移；但是有些行业对劳动力要求并不高，可替代性非常强，比如餐饮服务业或者纺织服装制造业等。我们根据行业对就业要求的特性和劳动力的可替代性，选择制造业中纺织服装业和计算机，电子和光学产品制造业增加值出口变动和出口中国内附加值率变动对其他行业就业的影响；选择服务业行业中批发贸易和计算机编程、咨询及信息服务业对外贸易发展对其他行业就业的影响。以纺织服装制造业的影响为例，根据式（6 - 7）这里的 $\Delta ln\,L_{jt}$ 代表非纺织服装制造业各行业的就业变动，$\Delta ln\,trade_{st}$ 表示纺织服装业对外贸易升级情况，H_{jt} 控制了 j 行业工资变动、产出变动和资本回报率变动，回归结果见表 6 - 7 和表 6 - 8。

从纺织服装制造业和计算机、电子等制造业回归结果来看，不论是出口中国内附加值率的上升还是增加值出口的增加都会对其他行业就业产生显著负向影响。纺织服装制造业出口中国内附加值率上升 1 个点，其他行业的就业会下降 3.15%，增加值出口增加 1%，其他行业就业会下降 2.67%；而计算机、电子和光学产品制造业出口中国内增加值率上升 1 个点，其他行业就业会下降 1.15%，增加值出口的增加 1%，其他行业就业会下降 1.09%。从这一结果可以看出劳动力密集行业对外贸易的升级会大幅度促进其他行业劳动力向纺织服装制造业转移，其作用力远远大于资本密集型行业对外贸易转型升级的作用，详见表 6 - 9。

表 6 - 9　制造业代表性行业对外贸易转型升级对其他行业就业影响

	纺织服装业				计算机、电子和光学产品制造业			
	dvar	dvar	lndva	lndva	dvar	dvar	lndva	lndva
D. trade	-3.15***	-3.33***	-2.67***	-1.13***	-1.10***	-1.15***	-1.09***	-1.22***
	(0.94)	(0.96)	(8.59)	(8.64)	(0.31)	(0.31)	(0.31)	(0.29)
D. trade*是否高技术制造		-0.039**		-0.003*		-0.037*		-0.002*
		(0.019)		(0.001)		(0.020)		(0.001)
D. trade*是否生产性服务		0.048***		0.004***		0.065***		0.004***
		(0.017)		(0.001)		(0.022)		(0.001)
控制变量	是	是	是	是	是	是	是	是

续表

	纺织服装业				计算机、电子和光学产品制造业			
	dvar	dvar	lndva	lndva	dvar	dvar	lndva	lndva
年份固定	是	是	是	是	是	是	是	是
N	601	601	601	601	601	601	601	601
R^2	0.592	0.627	0.592	0.628	0.594	0.624	0.594	0.625

注：*、**、***分别表示在10%、5%、1%的统计水平上显著，括号内数值为标准误差。

　　另外考虑到行业之间劳动力替代作用的大小，我们还加入了对外贸易转型升级与j行业是否是高技术制造业和是否是生产性服务业的交互项。从交互项的结果来看，纺织服装业对外贸易转型升级对高技术制造业行业就业的负向作用显著高于对中低技术制造业，出口中国内附加值率的估计系数通过5%统计显著性检验，增加值出口额的交互项系数通过10%统计显著性检验。这说明纺织服装制造业对外贸易转型升级对高技术制造业劳动力向的负向作用高于中低技术制造业行业。这可能是因为我国当前高技能制造业行业主要还是低端加工环节，而纺织服装制造业发展的同时其他劳动力密集型中低技术制造业发展也比较快，劳动力从高技能制造业行业转出更多。纺织服装业对外贸易的转型升级对生产性服务就业的负向效应要小于其他行业，这是因为纺织服装制造业的发展也会促进生产性服务业行业的发展。以计算机、电子和光学产品制造业交互项的系数的估计结果与纺织服装制造业回归的结果基本一样，说明计算机、电子和光学产品制造业对外贸易的转型升级对高技术制造业就业的负向作用要高于中低技术制造业。

　　从服务业对外贸易发展来看，批发贸易服务业对外贸易发展对其他行业就业都具有正向作用，这是因为批发贸易处于价值链的下游，下游行业对外贸易的发展会促进上游行业的发展，促进就业增加。批发贸易对外贸易中国内附加值率上升1个点，其他行业就业增加2.38%，增加值出口额上升1%则其他行业就业增加3.5%，而且都通过1%统计显著性检验。批发贸易对外贸易发展对生产性服务业就业的正向影响大于消费性服务贸易行业，对中低技术制造业就业的正向作用大于对高技术制造业的作用。而现代服务贸易代表计算机编程、咨询及信息服务业对外贸易的发展对其他行业就业有负向作用，这是因为这种服务贸易的发展意味着与之相关联的上游企业或者下游企业技术升级加快，很可能出现机器或技术替代劳动力，从而对就业吸纳作用下降，这种下降作用在高技术制造业行业更为显著，详见表6-10。

表6-10 代表性服务业行业对外贸易转型升级对其他行业就业影响

	批发贸易				计算机编程、咨询及信息服务			
	dvar	dvar	lndva	lndva	dvar	dvar	lndva	lndva
D. trade	2.383***	2.470***	3.523***	3.889***	−2.624***	−2.766***	−0.186***	−0.212***
	(0.738)	(0.759)	(1.091)	(1.090)	(0.722)	(0.726)	(0.051)	(0.05)
D. trade*是否高技术制造		−0.035*		−0.003*		−0.039*		−0.003*
		(0.018)		(0.001)		(0.020)		(0.002)
D. trade*是否生产性服务		0.047***		0.004***		0.049***		0.005***
		(0.016)		(0.001)		(0.018)		(0.002)
控制变量	是	是	是	是	是	是	是	是
时间固定	是	是	是	是	是	是	是	是
N	609	609	609	609	601	601	601	601
R^2	0.591	0.628	0.591	0.627	0.585	0.616	0.585	0.615

注：*、**、***分别表示在10%、5%、1%的统计水平上显著，括号内数值为标准误差。

本节采用WIOD2000年到2014年56个行业的数据对对外贸易转型升级对其他行业就业的影响进行检验，结果发现一个行业对外贸易转型升级对其他行业就业具有负效应，这种负效应在较长期更加明显。劳动力替代比较强的劳动力密集型行业对外贸易转型升级对其他行业就业的转移效应大于资本密集型行业；劳动力密集型行业对外贸易转型升级对高技术制造业就业负效应大于对其他中低技术或劳动力密集型行业的就业转移；高技术制造业行业的对外贸易转型升级对高技术制造业行业就业的负效应也大于中低技术制造业；相较于消费性服务业，制造业行业对外贸易转型升级有利于生产性服务贸易的上游或下游就业增加。处于价值链下游的消费性服务业的对外贸易转型升级对其他行业就业具有正向作用。

第四节　对外贸易转型升级与制造业行业就业动态调整

基于各个行业总体就业数据的变动虽然能检验各个行业对外贸易转型升级对其就业变动的影响，但是无法观测到底这种效应是通过什么途径影响的。在现实中，行业就业总变动可能通过现有企业调整规模、企业退出和新企业进入等多种渠道实现。Davis 和 Haltiwanger（1992）利用美国制造业 1972—1986 年的企业数据，测算了美国制造业行业就业再配置时，首次将就业变动分解为就业创造率和就业破坏率，并利用就业创造率和就业破坏率构建了就业分配率和就业净增长率，可以考察就业在各行业内、行业间或者各地区内、地区间配置的动态变化。自此以后，许多学者根据这一分解框架判断就业的动态调整。Gourinchas（1999）、Klein 等（2003）、Colantone（2012）和 Moser 等（2010）等检验汇率波动对行业内和行业间就业再分配影响时，Bernard 等（2003）、Biscourp 和 Kramarz（2007）、Bottini 和 Gasiorek（2009）、Groizard 等（2014）等研究贸易自由对就业结构调整时，都是采用 Davis 和 Haltiwanger（1992）方法分解的就业破坏率、就业创造率、就业再分配率等指标衡量就业再分配。马弘等（2013）采用中国工业企业数据库数据对我国就业波动的变化情况进行了分解，查看在行业间劳动力的流动变化，但他们的研究仅仅是进行指标的分解，并未检验这些就业动态变化受哪些因素影响。本节主要采用中国工业企业调查数据库对各行业的劳动力动态变动进行分解，之后检验对外贸易转型升级对行业劳动力动态变化的影响。

一、行业就业动态变动

1. 数据说明

关于行业就业动态变动的测算我们主要采用全国工业企业数据库。工业企业数据库收录的都是国有经济和规模以上的非国有经济，基于此测算的各行业或各地区就业动态变动可能存在偏差。对于这个问题，马弘等（2013）认为基于工业企业数据库计算的就业波动结果可以看成所有现实中企业测算结果的下界。这是因为：第一，工业企业数据库中所有企业的主营业务收入、总产出占整个制造业企业的 90% 以上，就业占比在 70% 左右。第二，Halti-wanger 等（2010）认为小企业就业波动往往更大，即小企业的进入退出比大企业更大而且就业规模非常有限。如果控制成立时间，企业规模和就业变动之间并未有显著关系。鉴于 2011 年开始，工业企业数据库统计的是年营业收入在 2000 万元以上的企业，为保证测算结果的准确性，本部分主要对 1999—2010 年的就业动态变动进行测度。

2. 测度指标

本文借鉴 Davis 和 Haltiwanger（1992）和 Groizard 等（2014）的做法来度量就业动态。首先，我们使用 e_{it} 表示企业 i 在 t 期的就业量，g_{it} 表示企业 i 从 t−1 期到 t 期的就业增长率，计算公式为企业 i 在两段时期间内的就业变动量除以其就业规模 x_{it}。更具体的说：

$$g_{it} = \begin{cases} \dfrac{e_{it} - e_{it-1}}{x_{et}} = \dfrac{2(e_{it} - e_{it-1})}{e_{it} + e_{it-1}} & if\ e_{it-1}, e_{it} > 0 \quad ① \\ -2 & if\ e_{it-1} > 0, e_{it} = 0 \quad ② \\ 2 & if\ e_{it-1} = 0, e_{it} > 0 \quad ③ \end{cases} \quad (6-8)$$

式（6−8）①表示处于存续期的企业的就业增长率，最终取值区间在（−2，2）之间，便于计算和理解。式（6−8）②和③分别表示退出企业和新进企业就业增长率，这里的退出企业表示在 t−1 年经营，但到 t 年破产，导致其在 t 及以后的年份都不经营，因此 t 期就业变为零；新进企业代表 t−1 期不存在市场中，t 年进入市场进行运营，因此 t−1 期的就业为零。

表 6−11　定义企业的新建和退出

状态	所有制	t−1 期时的情况	t 期的情况	t 期的增长率
连续存在企业	国有	缺失	从业人数 >0	2
	非国有	缺失	从业人数 >0，企业年龄 <2	2
	非国有	缺失	从业人数 >0，企业年龄 ≥2	0
	国有	从业人数 >0	缺失	−2
	非国有	从业人数 >0，非运营	缺失	−2
	非国有	从业人数 >0，运营中	缺失	0

续表

状态	所有制	t−1 期时的情况	t 期的情况		t 期的增长率	
非连续存续企业	性质	t−1 期	t 期	t+n 期	t 期增长率	t+n 期增长率
	非国有	从业人数 >0	缺失	从业人数 >0	0	0
	国有（2006年以后）	从业人数 >0	缺失	从业人数 >0	0	0

注：这里非连续存续企业是指 t 年进入，t+n 年后退出，在 t+h 年后又进入，随后的年份中有可能再次退出的企业。

需要说明的是，由于工业企业数据库只包含全部国有企业和年主营业务收入超过500万元的非国有企业。如果是国有企业，从样本中退出就意味着该国有企业的消失；如果新进入样本则认为是新进企业。但是对于非国有企业，工业企业调查数据库中仅仅包含了年主营业务收入超过500万元以上的，新进入工业企业数据库的非国有企业，不一定是新建企业，而有可能是过去年主营业务收入未达到500万元以上的，如果按照新建企业计算，则高估这些企业所引起的就业增加；同时也存在着退出工业企业调查数据库的非国有企业可能仅仅是年主营业务收入未超过500万元，但现实依旧存续的企业，如果按照消失企业计算会高估这些企业所引起的就业减少。另外，受工业企业调查数据库进入门槛的限制，存在较多的非国有企业会频繁进出数据库，比如2000年进入数据库，但2001年销售收入下降，退出数据库，2003年又再次进入数据库。这种非连续企业的存在如果都按照新进入或新退出企业计算也会高估这些企业对就业波动的影响。为了排除以上可能性，使得结果比较稳健，本文借鉴马弘等（2013）方法，根据工业企业数据库存在的各种情况，重新定义了企业的退出和新进，如表6−11所示。

根据企业就业增长率的计算结果，本文使用就业创造率（Job Creation）、就业破坏率（Job Destruction）、就业再分配率（Job Reallocation）和就业净增长率（Job Net Flow）衡量就业的变动。首先，行业或者地区 j 在 t 期的就业创造率（ JC_{jt} ）为该行业或该地区在 t 期的所有就业增长率大于0的企业的就业新增总量除以该行业的总体就业规模，即：

$$JC_{jt} = \frac{\sum_{i \in I_{jt}, g_{it} > 0}(e_{it} - e_{it-1})}{X_{jt}} \qquad (6-9)$$

其中，X_{jt} 表示行业或者地区 j 在 t 期的就业规模总量，是该行业或地区所有企业就业规模的加总。就业增加率大于零的企业即包括新进企业和就业人数在增加的存续企业，因此该指标也可以分解成两部：一个是由新进企业引起的就业创造率（JCX_{jt}），也即把 j 行业或地区在 t 时期所有新进入企业的就业增加量除以行业或地区的就业总规模，另一部分是续存企业扩张带来的就业创造（JCC_{jt}），即 j 行业或地区在 t 时期所有续存企业就业增加量除以行业或地区总就业规模。

同理，行业或者地区 j 在 t 期的就业破坏率或消失率（JD_{jt}）为该行业或地区在 t 期的所有就业增长率小于 0 的企业的就业消失总量除以该行业或地区的总体就业规模：

$$JD_{jt} = \frac{\sum_{i \in I_{jt}, g_{it} < 0}(e_{it-1} - e_{it})}{X_{jt}} \qquad (6-10)$$

就业破坏率也可以分成两部分：一是退出企业所带来的就业消失率（JDE_{jt}）；二是续存企业吸收就业数量下降引起的就业破坏率（JDC_{jt}）。

此外，就业创造率和就业破坏率之和定义了 t-1 期和 t 期之间行业或地区 j 的就业再分配率（SUM_{jt}），反映该行业或地区所经历的就业调整总况；就业创造率和就业破坏率之差则称为就业净增长率（NET_{jt}），反映该行业或地区净增加的就业情况。

$$SUM_{jt} = JC_{jt} + JD_{jt} \qquad (6-11)$$
$$NET_{jt} = JC_{jt} - JD_{jt} \qquad (6-12)$$

基于上述指标测度，我们利用工业企业数据库首先测算了各年度的制造业就业变动率，详细可见表 6-12。在抽样期间的每一年，中国制造业的就业变化频率都很高，同时创造和破坏了大量的就业机会。例如，平均每年每 100 个就业职位中约 13 个职位是新创造的，约 12 个职位会消失，年度的平均就业再分配率和平均就业净增长率分别是 25.76% 和 1.14%，说明中国的就业调整还是比较大的。这一结果与很多国家就业波动率的研究结论一致，比如 Davis 等（1996）年研究发现德国的就业再分配率是欧洲最低的为 16%，瑞典为 23.5%；Baldwin 等（1998）发现美国和加拿大 1973 年至 1992 年就业再分配率分别为 18.9% 和 21.9%；发展中国家的就业再分配率一般更高，在 25% ~ 30% 之间，而就业净增长率基本很小（Roberts，1996）。

表6-12　各年度制造业的就业变动率　　　　　　单位：%

年份	就业创造率（JC）	新进创造率	就业破坏率（JD）	退出破坏率	就业再分配率（SUM）	就业净增长率（NET）
1999	19.34	4.19	14.63	3.55	33.97	4.70
2000	11.01	3.49	15.35	4.39	26.36	-4.34
2001	11.46	5.05	15.56	5.94	27.02	-4.10
2002	10.52	2.24	12.00	3.08	22.52	-1.48
2003	12.20	3.31	12.28	4.55	24.47	-0.08
2004	15.48	5.87	14.04	4.85	29.52	1.45
2005	13.21	2.17	9.01	2.56	22.23	4.20
2006	10.49	2.14	8.14	1.62	18.62	2.35
2007	11.99	2.35	8.38	1.69	20.37	3.61
2008	14.94	3.06	10.54	0.45	25.48	4.40
2009	15.16	0.63	15.50	0.33	30.66	-0.35
2010	15.62	5.02	10.30	0.83	27.92	3.33
Mean	13.45	3.29	12.14	2.82	25.76	1.14

数据来源：根据中国工业企业调查数据库计算得到。

在中国高就业调整下，存在大量的就业创造和就业破坏，就业创造和消失与发达国家的幅度基本相当。从各年份变化来看，2000—2003 年，中国制造业就业经历一个比较大的就业缩减期，这可能是因为加入 WTO 之后的冲击引起的调整；这几年的就业创造率基本都在 11% 左右，但就业破坏率都超过 12%，有些年份还在 15% 以上；企业退出带来的就业缩减量也远大于新建企业带来的就业增加量。不过 2004—2008 年，中国经历就业规模的不断扩张期；这一阶段的就业创造率都超过 10% 以上，就业破坏率基本在 8% ~ 11% 左右，而且新建企业带来的就业增加量远远大于退出企业的就业减少量。2009 年我国就业净增长有所下降，主要是受 2008 年金融危机的影响，随后 2010 年就业规模继续扩大。

3. 行业就业波动的计算结果

基于规模以上企业就业创造率、新进企业就业创造率、就业破坏率、退出企业就业破坏率、就业再分配率和就业净增长率从 1999—2010 年年均变动如表 6-13 所示。

从就业净增长率来看,饮料制造业、烟草制品业、造纸及纸制品业、印刷业和记录媒介的复制、化学纤维制造业等行业的就业都略有下降,年均的净增长率在 -1% 以下;化学原料及化学制品制造业、非金属矿物制品业、通用设备制造业、专用设备制造业的就业净增长率也呈现负的并且数值超过 -1% 以上,而纺织品就业净增长率最低,年均净增长为 -2.36%,这说明纺织品行业就业规模一直在缩减,而且缩减比较大,这可能跟我国产业升级和调整有很大关系。其他行业的年均就业净增长率基本都为正的,其中通信设备、计算机及其他电子设备制造业的就业人数以年均 5.5% 的规模在增长,是所有行业中最高的;其次是石油加工、炼焦及核燃料加工业,年均为 5%;而除了纺织品以外的其他劳动力密集型行业如服装、鞋、帽制造业,皮革、毛皮、羽毛(绒)及其制品业,木材加工及木、竹、藤、棕、草制造业,家具制造业等年均净增长率基本都在 3%~5% 之间;技术密集型行业如电气机械及器材制造业、仪器仪表及文化、办公用机械年均净增长率基本都在 2%~3% 之间。通过工业企业数据库计算的各行业净增长率变化与 WIOD 数据库中制造业行业统计的就业增长信息基本一致,这说明行业内规模以上企业的就业变动基本能代表整个行业的就业变动情况。

分要素密集程度来看,劳动力密集型的行业比如纺织业,服装、鞋、帽制造业,皮革、毛皮、羽毛(绒)及其制品等年均就业创造率基本都在 12% 左右,纺织业的新进企业带来的就业创造率年均为 3.23%,是比较高的,其他劳动力密集型行业的新进企业就业创造率则比较低。从就业破坏率来看,这些行业的就业年均就业破坏率都在 10%~15% 之间,其中纺织业的就业破坏率相对比较高,年均为 14.21%。由退出企业带来的就业破坏率来看,纺织品行业的数值比较高,年均为 4%,其他劳动力密集型行业比如服装、鞋帽制造业,皮革制造业,家具制造业,文教体育用品制造业等退出企业带来的就业破坏率平均只有 0.6%~0.7%。

资本密集型的机械和电子制造行业比如电气机械及器材制造业,通信设备、计算机及其他电子设备制造业，仪器仪表及文化、办公用机械制造业等要略高一些，基本都在13%以上。这些资本和技术密集度比较高的行业其新进企业带来的就业创造率相对都比较低，大概年均2%左右，其中通信设备、计算机及其他电子设备制造业，仪器仪表及文化、办公用机械制造业的年均新进企业带来的就业创造率都低于2%，比纺织品业年均的3.23%要低很多。这说明资本密集度相对比较高的行业其就业创造率主要是由持续性企业规模扩张引起的。这可能是因为这些高资本、高技术密集型行业进入门槛比较低，规模经济优势比较明显。从就业破坏率来看，除了通用和专用设备制造业的年均数值相对比较高在13%以上外，其他行业如交通运输设备制造业、电气机械及器材制造业等都在12%以下。另外，资本和技术密集程度相对比较高的行业其退出企业带来的就业破坏率年均数值在1%以上，普遍比劳动力密集型行业高一些。

表6-13　1999—2010年制造业细分行业年均就业变动　　单位：%

行业代码	就业创造率	新进就业创造率	就业破坏率	退出就业破坏率	就业再分配率	就业净增长率
13 农副食品加工业	16.45	4.18	15.91	4.70	32.36	0.54
14 食品制造业	15.09	3.2	13.22	2.96	28.31	1.87
15 饮料制造业	13.03	3.63	13.72	4.35	26.75	-0.69
16 烟草制品业	17.52	9.29	18.36	9.43	35.88	-0.84
17 纺织业	11.85	3.23	14.21	4.01	26.06	-2.36
18 服装、鞋、帽制造业	12.67	2.01	10.66	0.69	23.33	2.01
19 皮革、毛皮、羽毛（绒）及其制品	13.78	1.72	12.06	0.73	25.84	1.72
20 木材加工及木、竹、藤、棕、草	17.08	5.05	13.4	2.52	30.48	3.68
21 家具制造业	15.32	2.68	12.64	0.76	27.96	2.68
22 造纸及纸制品业	12.21	2.87	12.59	3.66	24.8	-0.38
23 印刷业和记录媒介的复制	11.26	2.1	11.85	2.96	23.11	-0.59
24 文教体育用品制造业	12.42	1.6	10.92	0.59	23.34	1.5

续表

行业代码	就业创造率	新进就业创造率	就业破坏率	退出就业破坏率	就业再分配率	就业净增长率
25 石油加工、炼焦及核燃料加工业	16.18	7.18	11.17	3.76	27.35	5.01
26 化学原料及化学制品制造业	12.53	3.87	13.58	3.93	26.11	−1.05
27 医药制造业	12.74	2.6	10.94	2.70	23.68	1.8
28 化学纤维制造业	11.79	2.49	12.04	2.85	23.83	−0.25
29 橡胶制品业	12	2.26	11.2	2.47	23.2	0.8
30 塑料制品业	14.12	1.99	12.13	1.13	26.25	1.99
31 非金属矿物制品业	11.77	3.13	12.78	2.87	24.55	−1.01
32 黑色金属冶炼及压延加工业	12.62	4.5	12.06	3.51	24.68	0.56
33 有色金属冶炼及压延加工业	13.76	3.91	10.9	2.50	24.66	2.86
34 金属制品业	13.58	2.26	11.42	1.45	25	2.16
35 通用设备制造业	11.84	2.76	13.02	2.89	24.86	−1.18
36 专用设备制造业	12.42	2.94	14.07	3.36	26.49	−1.65
37 交通运输设备制造业	12.53	2.78	11.45	2.33	23.98	1.08
39 电气机械及器材制造业	13.63	2.06	11.57	1.46	25.2	2.06
40 通信设备、计算机及其他电子设备制造业	15.98	1.79	10.49	0.94	26.47	5.49
41 仪器仪表及文化、办公用机械	13.9	1.8	11.56	1.34	25.46	2.34
42 工艺品及其他制造业	14.1	2.11	11.44	0.73	25.54	2.66

数据来源：根据中国工业企业调查数据库计算得到。

　　化学制品和医药制品等行业的年均就业创造率、就业破坏率都比较稳定，其数值基本介于劳动力密集型行业和设备制造、电子产品制造等行业。与农业相关的农产品制造业如农副产品加工业、食品制造业等以及跟金属采矿、木材采伐等相关的制造业行业，比如有色金属冶炼及压延加工业、木材加工及木、竹、藤、棕、草制品业、家具制造业等年均就业创造率普遍比较高，而且新进企业带来的就业创造率比较高。同时，这些行业的就业破坏率也相对比较高,导致这些行业的就业再分配率都高,年均变动基本都在25%以上。这些行业进入门槛相对比较低,所以企业进入退出率比较高。

为进一步查看行业就业波动如何随着时间而变化,本部分还以劳动力密集型的纺织业和资本、技术密集度比较高的通信设备、计算机及其他电子设备制造业为例进行了分析。两个行业每年的就业净增长率变化如图6-6所示。纺织品制造业在1999—2004年的就业净增长率都是负的,不过有不断上升趋势,2001年之前净增长率基本在-5%左右,2002年到2004年大概在-2.5%左右,2005—2007年基本在2%左右;受金融危机影响,2007年到2009年再次下降,2010年净增长率上升到15%,可能是政策激励有关。通信设备、计算机及其他电子设备制造业的就业净增长率(图6-6中采用通信与电子产品表示)在2001年和2009年都是负的,不过数值基本在-2%左右,这两年的数值低,一个是受加入WTO的冲击影响,另一个是受金融危机冲击;其他年份的就业净增长率都是正的。从变化趋势来看,1999—2001年下降趋势明显,2001—2003年呈现增长趋势,2003—2005年基本保持平稳,在10%左右,2006年之后有明显的下降趋势,如图6-6所示。

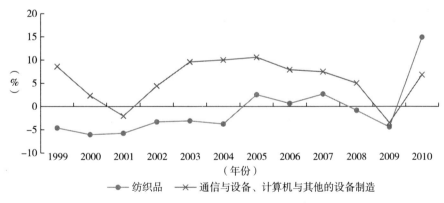

**图6-6 1999—2010年纺织品和通信设备、计算机与
其他电子设备制造就业净增长率变动**

纺织品行业的就业创造率远低于通信设备、计算机与其他电子设备制造业,详见图6-7纺织业和通信设备、计算机与其他电子设备制造业就业创造率和就业破坏率变动。从趋势来看,1999—2001年间两个行业的就业创造率都在下降,之后通信设备、计算机与其他电子设备制造业的就业创造率呈现

显著上升趋势，2006—2008年基本保持在16%左右，从2009年之后再次上升。纺织品制造业的就业创造效应在2002到2009年之间基本比较平稳，大概为10%左右，2010年变化比较大，上升到22%。而图6-7中新进就业创造率来看，纺织品行业的新进企业带来的就业创造率都高于通信设备、计算机与其他电子设备制造业。这说明相比于纺织品行业，通信设备、计算机与其他电子设备制造业的就业创造率主要还是持续存在企业扩张引起的。对比纺织品和通信、计算机与其他电子设备制造业的就业创造率，可以发现在大部分年份两个行业的指标数值变动方向是相反的。当通信、计算机与其他电子设备制造业的就业创造率高的时候，纺织品行业的就业创造率一般都比较低，这说明劳动力确实在行业间再进行调整，才保证我国就业的持续稳定或增长。

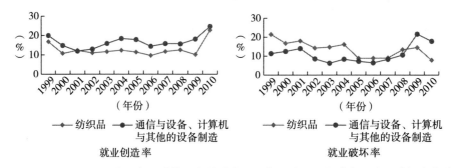

图6-7　纺织品和通信设备、计算机与其他电子设备制造就业创造率和就业破坏率变动

　　从就业破坏率来看，纺织品行业的就业破坏率在2008年之前都高于通信设备、计算机与其他电子设备制造业。通信设备、计算机与其他电子设备制造业的就业破坏率在2008—2010年明显有上升趋势，说明该行业受金融危机的影响要高于纺织品行业。从图6-8中退出企业引起的就业破坏率来看，纺织品行业退出就业破坏率在2004年之前远高于通信设备、计算机与其他电子设备制造业，之后两个行业该指标差距逐渐缩减。

　　另外，不论是从新进就业创造率还是从退出就业破坏率来看，随着时间推移，两个行业的指标数值都呈显著下降趋势。这说明随着时间变化，我国两个行业中企业进入和退出率都在下降，尤其是退出率下降比较明显，行业的市场集中度变强，行业内企业规模在扩大。这种趋势在其他行业也存在，这说明我国行业的市场竞争结构和竞争方式正在发生变化，规模经济可能是未来企业主要的竞争优势来源。

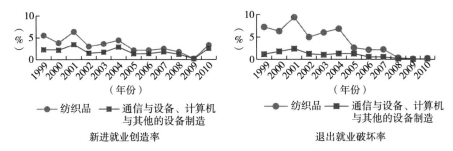

图6-8 纺织品和通信设备、计算机等制造新进就业创造率和退出就业破坏率变动

二、对外贸易转型升级对就业动态变动的影响

1. 回归模型

实证研究重点考察在2000—2013年期间行业层面的出口国内附加值率及出口附加值对于就业指标包括就业创造率、就业净增长率、就业破坏率、新进就业创造率、退出就业破坏率和就业再分配率的影响。本节的计量模型设定如下：

$$Y_{j,t} = \alpha + \beta_1 TRADE_{j,t-1} + \beta_2 \gamma_{j,t-1} + \mu_j + \varepsilon_{jt} \qquad (6-13)$$

模型中被解释变量是行业层面的就业指标，下标j、t分别表示行业和年份。核心解释变量（$TRADE_{j,t-1}$）为行业j出口的国内增加值率或增加值出口的对数。$\gamma_{j,t-1}$表示地区和行业层面随时间变化的特征变量：劳动生产率（productivity）采用人均产出表示；资本劳动比（ratio）采用固定资产净余额与从业人数的比值表示；工业总产值（gycz）采用企业工业产值的对数表示。这些变量都是通过规模以上企业行业层面加总或平均获得，具体数据来源于工业企业数据库。此外，模型控制了行业层面的固定效应。

2. 检验结果

根据模型（6-13）基于中国国民经济行业分类的工业行业层面的检验结果见表6-14。表6-14结果可以得出，出口中国内附加值率的提升对于行业层面的就业创造率、就业净增长率均有显著的促进作用，估计系数都通过1%统计显著水平检验。出口中国内附加值率提升1个百分点，行业就业创造率上升0.246个百分点，行业净增长率上升0.745个百分点。这种促进作用与之前企业层面就业规模的检验结果是一致的。出口中国内附加值率上升对行业就业破坏率、就业再分配率具有显著抑制作用。出口中国内附加值率上升1个百分点，行业就业破坏率下降0.499个百分点，就业再分配率下降0.253个百分点。出口中国内附加值率对新进企业就业创造率的作用并不显著，这说明出口中国内附加值率对行业就业创造率的作用主要通过扩大持续经营企业的就业产生。出口中国内附加值率对退出企业就业破坏率有显著抑制作用，出口中国内附加值率上升1个点，退出企业就业破坏率下降0.254个点。

从其他控制变量来看，行业中劳动力生产率的上升对就业创造率，就业破坏率和就业再调整率都有显著正向作用；人均资本存量上升对行业就业破坏率、就业创造率、就业再调整率、新进企业就业创造率和退出破坏率都有显著负向影响。工业产值增加对各种就业波动指标影响都不大，详见表6-14。出口附加值对数的提升对行业层面就业动态调整的作用基本与出口中附加值率的作用一致。出口附加值对数提升1%，行业就业创造率会提升0.024个点，行业净增长率会提升0.075%。出口附加值对数提升对行业层面的就业破坏率、就业再分配率和退出就业破坏率均有显著的抑制作用。出口附加值对数上升1%，行业的就业破坏率下降0.051个点，行业退出企业就业破坏率下降0.023个点，均通过1%显著性检验。出口附加值对数上升1%，行业就业再分配率下降0.026个点，系数通过5%显著水平检验。出口附加值对数上升对行业新进就业创造率的影响不显著，见表6-15。

表6-14 出口中国内增加值率对于行业就业动态调整的影响

	(1)	(2)	(3)	(4)	(5)	(6)
	JC	JD	SUM	NET	JCX	JDE
L. dvar	0.246***	-0.499***	-0.253**	0.745***	-0.069	-0.254***
	(2.77)	(-7.65)	(-2.02)	(8.05)	(-1.45)	(-8.20)
L. productivity	0.029***	0.027***	0.056***	0.003	0.009	-0.005
	(2.71)	(3.39)	(3.69)	(0.21)	(1.54)	(-1.07)
L. ratio	-0.034***	-0.049***	-0.084***	0.016	-0.021***	-0.011***
	(-3.09)	(-6.17)	(-5.40)	(1.39)	(-3.79)	(-3.14)
L. gycz	0.001	-0.001	-0.0003	0.002	-0.0005	0.001
	(0.17)	(-0.35)	(-0.06)	(0.41)	(-0.27)	(0.59)
_cons	-0.003	0.623***	0.620***	-0.63***	0.155***	0.277***
	(-0.04)	(11.57)	(6.00)	(-8.20)	(4.09)	(11.23)
N	325	325	325	325	350	350

注：*、**、***分别表示在10%、5%、1%的统计水平上显著，括号内数值为t值。

表6-15 出口附加值对行业就业动态调整的影响

	(1)	(2)	(3)	(4)	(5)	(6)
	JC	JD	SUM	NET	JCX	JDE
lndva	0.024***	-0.051***	-0.026**	0.075***	-0.001	-0.023***
	(2.75)	(-7.86)	(-2.13)	(8.18)	(-0.18)	(-7.47)
productivity	0.028**	0.030***	0.058***	-0.002	-0.001	-0.003
	(2.57)	(3.77)	(3.78)	(-0.19)	(-0.07)	(-0.80)
ratio	-0.037***	-0.043***	-0.08***	0.006	0.0001	-0.008**
	(-3.29)	(-5.27)	(-5.07)	(0.55)	(0.01)	(-2.18)
gycz	-0.0003	0.001	0.0007	-0.001	0.001	0.001
	(-0.09)	(0.40)	(0.14)	(-0.37)	(0.71)	(1.18)
_cons	-0.164	0.968***	0.804***	-1.131***	0.0574	0.421***
	(-1.35)	(10.89)	(4.70)	(-8.96)	(0.54)	(9.95)
N	325	325	325	325	350	350

注：*、**、***分别表示在10%、5%、1%的统计水平上显著，括号内数值为t值。

从上面的检验可以发现对外贸易的转型升级主要是通过扩大存续企业就业创造率，抑制就业破坏率促进就业净增长。但是不同的行业中企业规模要求不同，可能对外贸易转型发展对就业各种指标的作用不一致。因此在式（6-13）基础上加入是否资本密集型行业交乘项。行业密集度通过2000年行业劳均资本是否大于所有行业的平均值，如果大于平均值则认为行业是资本密集型的，否则是劳动力密集型的。检验结果发现不论是出口附加值对数还是出口中国内附加值率与是否资本密集型行业的交乘项系数（Lndva * hy，Dvar * hy）都不显著，见表6-16。另外我们还参考高技术产业统计分类目录2002年将行业分为是否高技术行业，并加入交互项进行检验，发现出口附加值对数和出口中国内附加值率与是否高技术行业的交互项系数也不显著，其他变量系数不论在符合还是显著性上都与表6-14和6-15基本一致。

这说明不论是在资本密集型行业还是在劳动力密集型行业，对外贸易转型升级促进行业就业创造率尤其是存续企业就业创造率，抑制就业破坏率和退出破坏率，促进就业净增长率的结论不论在什么行业都是无差异。

表6-16 对外贸易转型升级对就业动态变动：行业异质性

	(1)	(2)	(3)	(4)	(5)	(6)
	JC	JD	SUM	NET	JCX	JDE
是否资本密集型行业						
lndva	0.033 ***	- 0.053 ***	- 0.02	0.085 ***	- 0.005	- 0.022 ***
	(2.81)	(- 6.16)	(- 1.21)	(7.05)	(- 0.97)	(- 5.53)
lndva * 是否资本密集型	- 0.017	0.004	- 0.014	- 0.022	- 0.008	- 0.002
	(- 1.12)	(0.35)	(- 0.61)	(- 1.32)	(- 1.05)	(- 0.37)
dvar	0.227 **	- 0.497 ***	- 0.270 *	0.723 ***	- 0.069	- 0.248 ***
	(2.10)	(- 6.25)	(- 1.77)	(6.42)	(- 1.22)	(- 6.63)
Dvar * 是否资本密集型	0.056	- 0.006	0.049	0.062	0.003	- 0.018
	(0.31)	(- 0.05)	(0.20)	(0.33)	(0.03)	(- 0.29)
是否高技术行业						
lndva	0.024 ***	- 0.051 ***	- 0.026 **	0.075 ***	- 0.009 **	- 0.023 ***
	(2.75)	(- 7.87)	(- 2.13)	(8.17)	(- 2.11)	(- 7.48)
lndva * 是否高技术	0.0001	- 0.0031	- 0.003	0.003	- 0.0001	- 0.002
	(0.02)	(- 0.85)	(- 0.43)	(0.61)	(- 0.05)	(- 1.08)
dvar	0.246 ***	- 0.497 ***	- 0.251 **	0.743 ***	- 0.069	- 0.254 ***
	(2.77)	(- 7.62)	(- 2.00)	(8.02)	(- 1.45)	(- 8.17)
Dvar * 是否高技术	- 0.005	- 0.049	- 0.0544	0.0444	- 0.0009	- 0.035
	(- 0.05)	(- 0.61)	(- 0.35)	(0.38)	(- 0.02)	(- 0.91)
控制变量	是	是	是	是	是	是
N	325	325	325	325	325	325

注：*、**、***分别表示在10%、5%、1%的统计水平上显著，括号内数值为t值。

本节通过微观数据对行业就业创造率、就业破坏率、就业净增长率、就业再分配率和新进就业创造率，退出就业破坏率等指标的测算，发现我国行业存在较高的就业创造率和就业破坏率，导致各行业就业再分配率比较高，不过大部分行业净增长率都是正的。新进就业创造率和退出就业破坏率随时间在不断降低。对外贸易转型升级会显著促进续存企业就业创造率，抑制就业破坏率和退出就业破坏率进而促进行业净增长率，这一结论不论在什么类型的行业都是稳健并无差异。

　　本章主要采用 WIOD 的行业数据检验了我国对外贸易转型升级对行业就业结构调整的影响。从本章的分析来看，对外贸易转型升级对行业内部就业有促进作用，这种效应在中长期更加有效；从工业行业的检验来看，一个行业对外贸易转型升级对就业的拉动作用主要是通过促进行业就业创造率尤其是续存企业的就业创造率，从而抑制就业破坏率。从行业间就业调整的检验结果来看，我国制造业行业出口增加值的上升对其他行业就业具有负向影响；服务业行业出口增加值的上升对其他行业就业具有显著正向作用，这种效应在制造业行业中更加明显。

第七章　对外贸易转型升级的
就业变动效应：地区结构

本章主要采用地区层面数据对对外贸易转型升级对地区就业结构调整的影响进行分析，是对第三章中的假说 2 和假说 4 的验证。基于地区层面数据的检验我们发现我国一地区对外贸易转型升级确实会对其他地区就业存在挤出效应，尤其是东部地区对中西部地区的就业挤出效应最为明显；但如果地区间市场融合度高，产业梯度转移顺畅，东部地区对外贸易转型升级对其他地区就业具有溢出效应。

第一节　地区对外贸易转型升级和就业的变动趋势

一、全球价值链背景下对外贸易转型升级的地区表现

中国的改革开放是渐进式进行的。首先从深圳、珠海、汕头和厦门四个经济特区的开放开始，随后逐渐扩大到东部沿海城市，再逐步扩大到沿江、沿边城市和区域，到 20 世纪 90 年代形成东西南北中全方位的开放局面。因中国各区域在要素禀赋、技术水平、收入水平等各方面存在差异，因此在参与全球价值链分工中其参与程度和分工地位也存在比较大的差异。通常把我国 31 个省（自治区、直辖市）按照经济发展程度分为东部地区、中部地区和西部地区。东部地区是最早实行沿海开放政策并且经济发展水平较高的省（自治区、直辖市），包含北京、天津、河北、辽宁、上海、江苏、浙江、福建、山东、广东、海南；中部是指经济次发达地区，包含山西、内蒙古、吉

林、黑龙江、安徽、江西、河南、湖北、湖南；而西部则是指经济欠发达的西部省（自治区、直辖市），包括四川、重庆、贵州、云南、西藏、陕西、甘肃、青海、宁夏、新疆、广西。本部分主要从地区层面分析我国各地区对外贸易转型升级的情况。

1. 区域出口增加值和国内附加值率的变动

对于各省（自治区、直辖市）出口国内附加值和附加值率的测算，目前主要有两种方法：一种是基于宏观层面把我国各省市自治区之间的投入产出表与世界投入产出表结合，构建我国各省市自治区出口的分解框架，比如苏庆义（2016）、张红梅等（2020）、李善同等（2018）分解框架。还有一些是从区域层面进行出口的分解，比如潘文卿和李跟强（2018）、倪红福和夏杰长（2016）等。该方法需要把中国区域或者省级层面的投入产出表嵌入到全球投入产出表中，而我国区域投入产出表每隔五年公布一次，所以学者基本就某一年份数据进行分析。例如苏庆义（2016）对2007年各省市的出口省内增加值进行分析，张红梅等（2020）对2012年各区域的出口进行分解。苏庆义（2016）把2007年我国30个省（自治区、直辖市）的出口额分解为本地增加值、国内其他省（自治区、直辖市）的增加值、从国外进口的增加值和回流的国内增加值四个部分，并计算了2007年各地区的出口增加值和出口中国内附加值率，见表7-1。

表7-1 2007年各省（自治区、直辖市）出口国内增加值及出口中国内附加值率

省份	DVA（亿元）	DVAR（%）	省份	DVA（亿元）	DVAR（%）	省份	DVA（亿元）	DVAR（%）
北京	2520	66.85	山西	507	84.37	广西	420	84.36
天津	2221	73.96	内蒙古	231	87.98	重庆	280	79.69
河北	1347	84.61	吉林	301	86.88	四川	530	82.21
辽宁	2305	78.60	黑龙江	524	86.92	贵州	118	82.04
上海	6793	60.03	安徽	572	81.74	云南	304	85.72
江苏	10090	68.16	江西	356	85.37	陕西	366	85.79
浙江	7932	75.98	河南	746	87.21	甘肃	383	88.41
福建	3272	79.81	湖北	581	86.89	青海	47	87.66

省份	DVA（亿元）	DVAR（%）	省份	DVA（亿元）	DVAR（%）	省份	DVA（亿元）	DVAR（%）
山东	5925	85.43	湖南	430	81.87	宁夏	69	86.94
广东	15815	56.55				新疆	433	86.92
海南	160	72.10						

资料来源：苏庆义，中国省级出口的增加值分解及其应用，经济研究，2016 年第 1 期。

从表 7-1 中还可以看出 2007 年东部地区出口国内增加值远高于中部地区和西部地区，其中江浙沪和珠三角地区表现最为突出，广东省的出口增加值 2007 年为 15815 亿元，江苏省紧随其后为 10090 亿元。虽然中西部地区省份的出口国内增加值的差距和东部地区相比没有那么明显，但是总体上中部地区省份的出口国内增加值还是高于西部地区，而且西部地区各省市自治区之间的出口增加值存在较明显差距，比如 2007 年四川省出口产品的国内增加值达到 530 亿元，而青海省只有 47 亿元。从出口中国内附加值率来看，东部地区的比率平均来看低于中部地区和西部地区。出口增加值越高的，其出口国内附加值率越低，比如广东省 2007 年数值仅为 56.55%，江苏省为 68.16%，上海市为 60.03%，东部地区只有河北省和山东省的出口中国内附加值率比较高，为 84.61% 和 85.43%。这说明东部地区在对外贸易过程中参与全球价值链分工程度比较高。中部和西部地区总体出口国内附加值率都在 80% 以上。

因中国投入产出表每一年的部门分类都存在一些差异，同时我国的区域投入产出表中部门分类与世界投入产出表的分类也存在差异。采用宏观层面方法对各省市、自治区出口国内增加值计算在不同年份之间无法进行直接对比，需要进行年份间的部门调整，受限于国内投入产出表的年份限制也没有办法得到连续年份的分解结果，因此本部分借鉴盛斌和赵文涛（2020）的方法，通过 Upward 等（2013）、Kee 和 Tang（2016）、张杰等（2013），采取企业层面出口国内增加值率的测算方法。首先匹配工业企业数据库和中国海关数据库，测算各地区各个企业的出口国内增加值率；通过企业出口额占各地区出口额的比重作为权重进行加总构建省市自治区出口中国内附加值率指标，再根据出口中国内附加值率指标和各省市自治区出口总额，计算各省市自治区的出口增加值。这一方法的好处是可以得到 2000 年到 2013 年连续的出口国内附加值率和出口增加值，这种方法不能通过投入产出表获得其他省份的附加值和重复计算部分。但我们认为这一问题并不是非常大，首先，国内各省市自治区之间交易成本比较高，市场分割严重（朱希伟等，2005；陆铭，2010），我们对比了 2007 年通过企业层面方法计算的各地区出口国内附加值率和苏庆义的结果，发现两者差异并不是非常大（见图 7 - 1）。其次，本书更多的是看出口增加值和出口中国内附加值率变动对就业变动的影响，采用差分的形式进行检验，所以通过企业层面数据计算的地区出口增加值和出口中国内附加值率对结果影响并不是非常大。

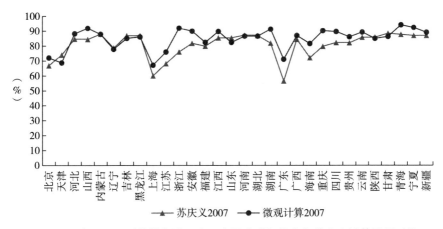

图 7 - 1　企业层面测算的各地区出口中国内附加值率与苏庆义计算结果对比

基于企业层面计算的各地区出口中国内附加值率，分区域看东、中、西各区省份的指标整体呈现上升趋势，其中中、西部地区在样本期间的出口国内附加值率高于东部地区（如图 7 - 2 所示）。在 2000 年，东部地区的出口国内附加值率为 0.67%，西部地区为 0.78%，中部地区最高，为 0.82%；截止到 2013 年，中部地区的出口国内附加值率高达 0.88%，西部地区为 0.86%，东部地区最低，为 0.69%。各区域加工贸易出口比重的差异是造成各地区各行业出口中增加值差异的一个重要原因（段玉婉和杨翠红，2018）。一般贸易出口仍是各地区进行增加值出口的主要方式，在东部地区，加工贸易出口较为发达，规模与一般贸易出口规模相当，但在中、西部内陆地区，一般贸易在出口中的比重更高，地位更加重要。

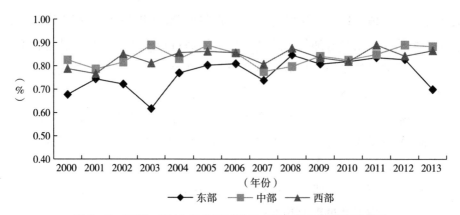

图 7 - 2　2000—2013 年分区域出口中国内附加值率变动趋势

数据来源：根据微观企业数据计算得到。

对比图 7 - 3、图 7 - 4 和图 7 - 5，东部地区各省市区之间的 DVAR 值较为分散，体现在图 7 - 3 中东部地区各省市自治区 2000—2013 年间 DVAR 值增长折线图在 0.5% ~ 0.95% 之间分布比较分散，并且各省市自治区的 DVAR 增长表现出较为稳定的特点，波动性较小。再看图 7 - 4，中部地区各省市区在 2000—2013 年的 DVAR 增长折线图的分布则更集中，进一步集中在 0.7% ~ 0.95% 之间，且相较于东部地区，各省市区 DVAR 的增长总体上更平缓一些，总体增长幅度更小，出现较大波动的省市区增多。图 7 - 5 中，各省市自治区 DVAR 增长的波动更大，从图上看甘肃省的波动尤为明显，各省市区 DVAR 绝大部分集中分布在 0.75% ~ 1% 之间，DVAR 突破东部和中部地区的上限 0.95%。

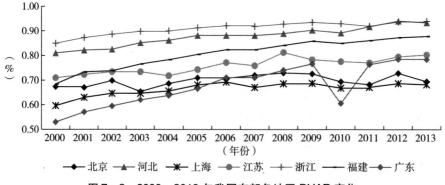

图 7 - 3　2000—2013 年我国东部各地区 DVAR 变化

数据来源：根据微观企业数据计算得到。

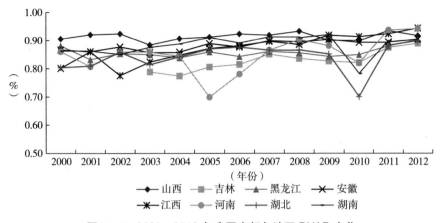

图 7 - 4　2000—2013 年我国中部各地区 DVAR 变化

数据来源：根据微观企业数据计算得到。

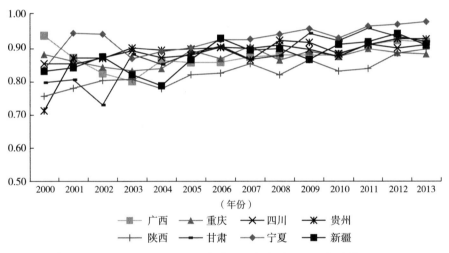

图 7 - 5　2000—2013 年我国西部各地区 DVAR 变化

数据来源：根据微观企业数据计算得到。

二、各地区就业的变动趋势

因参与全球价值链分工主要影响的是城镇单位的就业，因此本部分以城镇单位就业为例分析我国各省市自治区就业变动情况。

1. 三大区域就业结构变动

从区域来看，东部沿海地区最早嵌入全球价值链的加工环节，其城镇单位就业人数最多而且增长速度也是三大区域中最快的，这从图 7 - 6 东部、中部和西部地区就业变动可以看出。在三个区域中，西部地区城镇单位就业人员总量最低，增速居中；中部地区比较接近三区平均总量，但是增长速度是三区当中最低的。中部地区虽然大部分省份是人口密度较大的省份，但解决的就业并不是最多的，大部分劳动力还是流向东部地区。从总体趋势来看，东部地区 2000—2002 年城镇单位就业人员总数有下降趋势，但从 2003—2014 年城镇单位就业人员一直是上升的，尤其是 2008 年之后上升速度非常快，自 2015 年之后东部地区就业人员总量又呈轻微下降趋势；在 2014 年之前，东部地区就业的年平均增长率为 5.1% 左右，但 2015 年的增长率变为 - 1.7%，随后的几年一直是负增长。中部地区的城镇单位就业在 2000—2008 年之间城镇单位就业基本保持平衡，部分年份有下降趋势，如 2004 年、2005 年、2006 年和 2007 年的就业增长率都是负的；2009 年之后就业增长比较明显，但 2014 年之后变动不大。西部地区 2000—2002 年城镇单位就业有比较明显的下降，但从 2003 年开始就业一直呈现增长趋势，年均增长率在 3% 左右，2014 年之后基本保持平稳。

从三大区域城镇单位人员占总城镇单位就业比重来看，东部地区占比最高，在 42% 到 55% 之间，而且比重逐年增加，2000 年东部地区城镇单位人员占比为 42%，2010 年之后该比例已上升到 50.5%，2013 年这一比例超过 52%，随后的几年中该比例基本未发生太大变化。2000 年到 2003 年期间西部地区城镇单位就业人员占比下降比较快，而 2004 年之后西部就业占比基本保持在 20% 左右，中部地区城镇单位就业占比一直在下降（见图 7 - 6）。

从产业分布来看，三大区域城镇单位就业人员在第三产业中就业比重最高，都在 50% 以上。东部地区第一产业所占比重非常低，2015 年之后基本都在 1% 左右；第二产业和第三产业占比则不断波动，2003 年第三产业占比最高，2013 年第二产业占比最高，不过大部分时候第二和第三产业都各占 50% 左右。中部地区和西部地区第一产业就业比重比较相似，在 5% 左右并呈下降趋势；中部地区的第三产业就业与东部地区比较相似，在 50% 左右；但西部地区第三产业就业比重要高于东部和中部地区，2003 年到 2010 年间第三产业就业比重不断上升；2011—2013 年第二产业城镇单位就业有所增加，但从

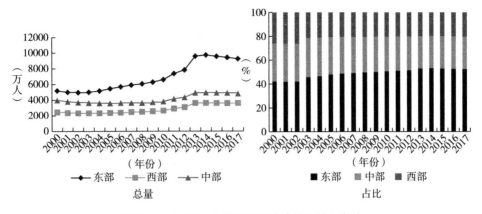

图 7-6　东部、中部和西部城镇单位就业变动

资料来源：《中国统计年鉴》（2001—2018）。

2014 年之后，西部第三产业的就业比重又开始逐渐上升，2017 年该比例超过 60%，高于东部地区大概 10 个百分点（见图 7-7）。

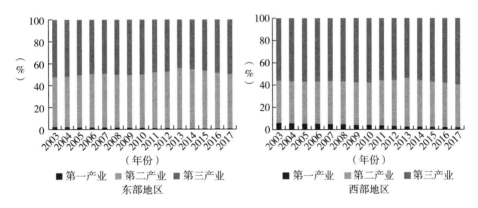

图 7-7　东部和西部地区城镇单位就业人员的产业分布

资料来源：《中国统计年鉴》（2004—2018）。

从三大区域城镇单位就业的变动来看，开放最早的东部地区一直是就业的主要聚集地，就业增长速度也最快，占全国就业的比重逐渐上升，其中第二产业工业的就业比例相对比较高。人口集中的中部地区主要还是劳动力流出区域，其地区内部解决的就业占全国就业的比重一直在下降。西部地区城镇单位就业比重从 2000 年以来基本没有太多变化，但就业逐步向第三产业转移，第二产业就业比重下降比较明显。

2. 各省（自治区、直辖市）就业结构变化

在东部地区十一个直辖市和省份中，城镇就业人员总量 2017 年最高的是广东省，就业总量为 1963.1 万人；然后是江苏省，为 1484.6 万人；山东省和浙江省，分别为 1192.94 和 1054.5 万人。这些都是东部地区的人口大省和制造业大省，对外贸易所占份额比较高。北京市、福建省、上海市、河北省和辽宁省、天津市紧随其后。2017 年东部地区城镇就业总量最少的是人口总量最少的海南省。从城镇就业的增长和变动趋势来看，从 2000—2017 年均增速最快的是广东省，年均增长速度达到了 10.79%，浙江省和江苏省紧随其后，年均增长率分别为 6.3% 和 5.8%。增长最慢的则是河北省，仅有0.015%。从增长趋势来看，绝大部分省份较为平稳，例如北京市、天津市和海南省每年几乎以相同速度增长，浙江省在 2013 年之前呈现加速上升，而广东省和江苏省这两个出口大省在 2012—2013 年出现了一个非常高速的增长，详见图 7−8。

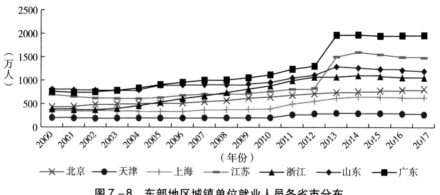

图 7−8　东部地区城镇单位就业人员各省市分布

资料来源：《中国统计年鉴》（2001—2018）。

中部地区中城镇就业人员总量河南省是最高，2017 年为 1129.35 万人；湖北省和湖南省紧随其后，分别为 695.02 万人和 565.75 万人；内蒙古自治区最低，为 280.63 万人。这与中部地区各省人口总数排名成正比，2017 年中部地区人口总数最大的是河南省，达到 9559 万人；最低是内蒙古自治区，为 2529 万人。从变动趋势来看，黑龙江省的城镇单位就业一直呈现明显下降趋势；湖北省、安徽省在金融危机之前城镇单位就业也有下降趋势，在 2009 年之后则呈现比较强的上升趋势；河南省、湖南省还有江西省在金

融危机之前增长相对平稳，危机之后呈现快速增长，2013 年之后又回归平稳；而山西省、吉林省和内蒙古自治区城镇单位就业人数的变动趋势基本相同，在 2012 年之前基本保持不变，在 2013 年之后则呈明显下降趋势，详见图 7 - 9。

不论是从总量还是从变动趋势来看，西部地区城镇就业人员明显的分为三个层次：第一层是四川省，2017 年城镇就业人员总量为西部地区最高，为 792.21 万人，同时也是西部地区城镇单位就业人数增长最快的一个省份；第二层是陕西省、云南省、重庆市、广西壮族自治区、新疆维吾尔自治区、贵州省和甘肃省，这些省市自治区城镇单位就业在 2009 年之前变动比较缓慢，2010 年到 2013 年呈现较快增长趋势，随后又趋于平稳；第三层是宁夏回族自治区、青海省和西藏自治区，2017 年仅有 71.14 万人、63.35 万人和 33.3 万人，这些地区的城镇单位就业人数基本保持在同一水平，可参见图 7 - 9。

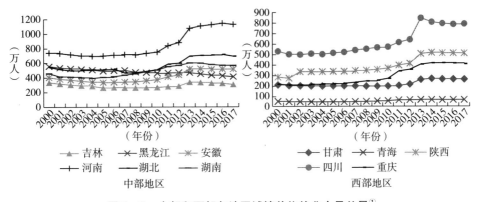

图 7 - 9　中部和西部各地区城镇单位就业人员总量①

从制造业城镇单位就业来看，对外贸易发展比较快的省（自治区、直辖市）其制造业就业人数相对较高，而且占当地总就业的比重也比较高。以东

① 本图并未把中部和西部所有的省（自治区、直辖市）都列出，仅保留了代表性省（自治区、直辖市）的变动趋势。在西部地区青海省、西藏自治区、宁夏回族自治区三地城镇单位就业都比较低而且自 2000 年以来基本保持不变；除四川省之外的其他西部其他地区城镇就业变动趋势基本也是一致的。中部地区江西省、山西省和安徽省城镇单位就业变动趋势基本一致；吉林省和内蒙古自治区的就业总量和变动趋势业基本一致。

部的广东省为例，2005 年广东省的制造业单位就业人数为 360 万人，2015 年则上升到 981.01 万人，占城镇单位就业人员的比重也从 2005 年的 39.81% 上升到 2015 年的 50.36%。东部地区像江苏省、浙江省、山东省和上海市等的制造业单位就业人数增量上升都比较大；这些省市的制造业单位就业占比从 2005 年到 2010 年基本都是上升的，但 2010—2015 年第三产业发展更快，所以制造业就业占比有所下降的。从制造业就业总量来看，东部地区只有北京市总量 2005—2015 年是一直下降的。而中部地区的安徽省、江西省、河南省、湖南省等，与东部地区对外贸易发展较快省市相邻的省份，其制造业单位就业人数上升比较快。2005—2015 年制造业就业占比也在上升，这有可能是因为这些地方在承接东部地区制造业的产业转移。西部地区除了甘肃省制造业就业人数 2015 年比 2005 年下降之外，其他省市自治区的制造业就业人数都比 2005 年上升，不过上升的数量远低于东部和中部地区的省市自治区；从制造业单位就业占城镇单位就业人员占比来看，西部地区只有青海省和新疆维吾尔自治区的比重从 2005 年到 2015 年是正增长（见表 7 - 2）。

表 7 - 2　各地区制造业就业人数与占比变化

区域	省（自治区、直辖市）	制造业单位就业人数（万人）				制造业单位就业占比（%）			
		2005 年	2010 年	2015 年	2015—2005 年变动	2005 年	2010 年	2015 年	2015—2005 年变动
东部	北京	102.4	100.6	92.19	- 10.21	20.25	15.56	11.86	- 8.39
	天津	77.7	75.3	110.78	33.08	40.03	36.61	37.58	- 2.45
	河北	120.3	119.7	140.85	20.55	24.27	23.04	21.88	- 2.39
	辽宁	150.4	144.8	150.63	0.23	30.26	27.95	24.36	- 5.9
	上海	118.7	141.3	192.93	74.23	35.62	35.96	30.28	- 5.34
	江苏	251.6	335.5	595.2	343.6	40.01	43.93	38.35	- 1.66
	浙江	203.4	351.7	330.6	127.2	38.30	39.80	30.51	- 7.79
	福建	200.2	241.2	235.47	35.27	50.04	47.56	35.51	- 14.53
	山东	336.7	346.4	417.54	80.84	37.79	36.23	33.76	- 4.03
	广东	360	476.7	981.01	621.01	39.81	42.62	50.36	10.55
	海南	7.2	8	8.81	1.61	9.64	9.84	8.78	- 0.86

续表

区域	省（自治区、直辖市）	制造业单位就业人数（万人）				制造业单位就业占比（%）			
		2005年	2010年	2015年	2015—2005年变动	2005年	2010年	2015年	2015—2005年变动
中部	山西	72.2	71.7	65.42	-6.78	20.03	18.18	14.86	-5.17
	内蒙古	44	37.2	46.69	2.69	18.11	14.93	15.65	-2.46
	吉林	60.4	60.8	84.23	23.83	23.06	22.72	25.91	2.85
	黑龙江	102.5	66.8	57.35	-45.15	20.90	14.52	13.23	-7.67
	安徽	68.3	76	120.95	52.65	20.37	20.38	23.54	3.17
	江西	64	71.6	138.24	74.24	23.22	24.08	28.77	5.55
	河南	155.2	158.8	352.88	197.68	22.15	21.13	31.34	9.19
	湖北	146	138.5	189.42	43.42	28.53	27.14	26.59	-1.94
	湖南	81.1	106.2	121.75	40.65	19.96	21.00	21.02	1.06
西部	甘肃	44.2	35.3	35.62	-8.58	22.75	18.17	13.61	-9.14
	广西	56.7	62.5	76.21	19.51	19.99	19.74	18.80	-1.19
	贵州	41.7	36.9	42.5	0.8	19.80	16.45	13.82	-5.98
	青海	6.7	9.8	10.88	4.18	15.73	18.63	17.35	1.62
	陕西	86.2	81	104.44	18.24	25.79	22.20	20.40	-5.39
	四川	117.8	124.2	159.66	41.86	22.98	21.77	20.07	-2.91
	云南	44.5	58.8	67.45	22.95	18.02	18.22	16.27	-1.75
	重庆	54.1	62.5	90.19	36.09	25.10	23.46	21.70	-3.4
	宁夏	11.3	10.6	12.82	1.52	18.93	17.87	17.53	-1.4
	西藏	0.8	0.8	1.16	0.36	4.40	3.60	3.47	-0.93
	新疆	24.7	26	34.84	10.14	10.09	10.20	10.98	0.89

资料来源：《中国统计年鉴》各年。

3. 地区就业动态结构变化

各地区由于生产技术、工资水平、竞争程度和贸易开放程度等差异，就业的动态调整和变动率也存在很大差异。因此，本章还基于上一章中的就业创造率、就业破坏率、就业再分配率和就业净增长率等指标测度方法，利用工业企业数据库测算了1999—2010年期间各地区制造业行业就业动态调整的各种指标，结果见表 7 - 3。

从就业再分配率来看，中部地区和西部地区的就业再分配率普遍高于东部地区。东部地区中福建省和天津市的就业再分配率在 30% 以上，中部地区吉林省、黑龙江省和湖南省的就业再分配率都在 30% 以上；西部地区甘肃省、青海省、宁夏回族自治区、新疆维吾尔自治区等的就业再分配率也都在 30%。东部地区中江苏省和浙江省的就业再分配率比较低，都在 22% 左右；中部地区的山西省和安徽省的就业再分配率都在 23% 左右，是中部地区就业再分配率比较低的省份；西部地区贵州省和云南省的就业再分配率在 23% 左右，是西部地区比较低的省份。中西部地区就业再分配率高，主要由较高的就业破坏率引起的。东部地区就业破坏率最高省份是辽宁省，年均为 14.42%；中部地区黑龙江省具有最高的就业破坏率，平均高达 21.62%；西部地区的青海省就业破化率最高为年均 18.06%，其他省市自治区基本在 13% 左右。

从就业创造率来看，东部各省市的就业创造率基本在 12%~15%，天津市和辽宁省比较高，分别为 16.58% 和 15.53% 和。新进企业的就业创造率在广东省、浙江省，江苏省和上海市、天津市都比较低，在 2% 左右，东部地区辽宁省新进企业就业创造率最高位 5.61%；而中部地区的就业创造率吉林省最高为 21.78%，其次是黑龙江省、江西省、湖南省和湖北省，分别为 15.17%、15.11%、15.02% 和 13.52%，其他省市自治区基本在 11%~12%，中部地区的新进企业就业创造率比较高，最低的河南省也有 2.94%，最高的湖南省为 6.51%。西部地区的甘肃省平均就业创造率最高，为 20.18%，其次是青海省、新疆维吾尔自治区和宁夏回族自治区，分别为 16.84%、15.8% 和 15.74%；贵州省最低为 11.8%，新进企业的就业创造率在西部普遍较高，新疆维吾尔自治区高达 7.17%，青海省和宁夏回族自治区也都在 6% 以上。从就业创造率的特点来看，东部地区的各省份就业创造率主要是存续企业规模扩张引起的，而中西部地区新进企业对就业的拉动作用比较大。东部地区各省市在 1999—2010 年期间都经历了正的就业净增长，尤其是开放程度比较高的广东省、山东省、浙江省和江苏省以及天津市等地区，净增长率都在 3% 以上，这一结论与上面各省市城镇单位制造业就业增长的结论基本相似。中部地区各省份制造业就业的净增长效应表现不一，吉林省、山西省从 1999 到 2010 年表现为正的净增长率，分别为 2.77 和 1.8；而黑龙江省、内蒙古自治区、湖北省、河南省、安徽省、湖南省等则表现为负的净增长，尤其是黑龙江省和内蒙古自治区的就业缩减量非常大。西部地区的四川省、宁夏回族自治区和广西壮族自治区，平均就业净增长率 1% 以上；云南省、陕西省、重庆市的净增长率则为负。

表 7-3　各地区平均就业波动率（1999—2010 年）　　　单位：%

区域	省（自治区、直辖市）	就业创造率	新进创造率	就业破坏率	退出破坏率	就业再分配率
东部	北京	13.66	3.04	13.32	2.23	26.99
	天津	16.58	2.99	13.41	1.37	30
	河北	12.58	4.6	10.56	2.85	23.14
	辽宁	15.53	5.61	14.42	3.63	29.95
	上海	13.04	2.18	11.97	2.09	25
	江苏	13.57	2.01	10.25	2.13	23.82
	浙江	13.21	1.73	9.88	1.21	22.09
	福建	11.24	2.52	9.1	1.14	20.34
	山东	13.64	3.93	9.72	2.13	23.36
	广东	13.08	1.62	10.63	1.02	23.71
	海南	14.49	4.28	13.93	4.57	28.42
中部	山西	12.76	3.81	10.96	3.64	23.73
	内蒙古	12.61	5.17	14.74	5.87	27.35
	吉林	21.78	5.29	19.02	6	40.8
	黑龙江	15.17	4.9	21.62	7.04	36.79
	安徽	11.73	3.87	12.11	3.63	23.85
	江西	15.11	5.7	16.38	5.37	31.49
	河南	11.83	2.94	12.3	3.21	24.13
	湖北	13.52	4.46	15.28	5.45	28.8
	湖南	15.02	6.51	15.22	5.92	30.24

续表

区域	省（自治区、直辖市）	就业创造率	新进创造率	就业破坏率	退出破坏率	就业再分配率
西部	广西	14.42	4.6	13.31	4.67	27.74
	重庆	12.92	3.84	13.03	3.63	25.95
	四川	14.86	3.84	12.29	3.58	27.14
	贵州	11.8	3	11.67	3.11	23.47
	云南	11.83	3.9	13.05	4.93	24.88
	陕西	12.83	4.03	13.65	4.82	26.48
	甘肃	13.18	4.95	13.6	4.85	26.78
	青海	16.84	6.43	18.06	7.81	34.9
	宁夏	15.74	6.55	14.45	7.72	30.19
	新疆	15.8	7.17	15.51	6.58	31.31

资料来源：根据工业企业数据库计算得到。

为了对比东、中、西部各地区就业波动率如何随着时间而变化，我们挑选了东部地区的广东省、中部地区的安徽省和西部地区的四川省作为典型进行分析。选择广东省主要是因为它是我国对外贸易的大省也是最早开放的地方；安徽省紧邻属于长三角洲，是承接上海市、浙江省和江苏省等地产业转移的主要中部省份；四川省是西部地区经济发展比较快的省份，又不像重庆市属于直辖市。图 7 - 10 的左半部分是三个省份的就业创造率年度变动趋势，右半部分是就业破化率的年度变动趋势。

从图 7 - 10 可以看出，三个省份的就业创造率基本都在 0.8% ~ 2% 之间。广东省在大部分年份如 2002—2008 年就业创造率都高于其他两个省份，安徽省在 2003 年之前就业创造率低于其他两个省份，但在 2003—2005 年之间上升比较快，金融危机期间显著下降；四川省的就业创造率是三个省份中波动最大的省，从 1999—2003 有一个较明显的下降期，随后上升，而 2005 年到 2007 年又进入下降期，但 2007 年之后进入高速增长期，2010 年最高为将近 20%，这可能跟西部大开发还有"一带一路"实施有关。从就业破坏率来看，中部地区安徽省除去 2004 年的高点，2002—2009 年基本由明显的下降趋势，2010 年上涨；四川省 2002—2006 年基本处于下降趋势，不过 2007 年之后就业破坏率又有所上升；广东省的就业破坏率是从 2002 年之后到 2004 年下降明显，但随后保持在 0.6% 左右，一直到 2007 年金融危机前夕，随后就业破坏率大幅上升，可见金融危机的影响还是比较大，主要是因为广东省对外贸易依赖程度比较高，受外需波动影响比较大。

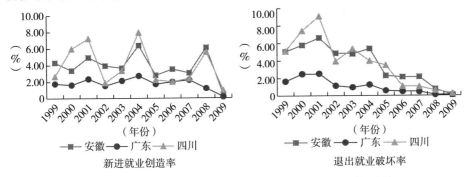

图 7-10　广东省、安徽省和四川省就业创造率和就业破坏率情况

数据来源：根据微观企业数据计算得到。

图 7-11 对三个省份新进企业就业创造率和退出企业就业破坏率的变动趋势进行了刻画。从图 7-11 可以看出，广东省的新进就业创造率是三省中最低的，而且波动比较小，基本都维持在 2%；四川省和安徽省的新进企业就业创造率波动比较大。从退出企业就业破坏率来看，三个省份从 2001 年后都有显著下降趋势，广东省的数值最低，安徽省和四川省基本差不多，两省退出企业就业破坏率下降速度比广东省的下降速度快，2009 年三省的退出企业就业破坏率基本差不多，在 0.6% 左右。

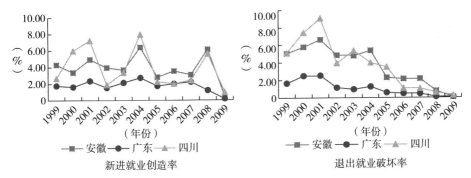

图 7-11　广东省、安徽省和四川省新进就业创造率和退出就业破坏率

数据来源：根据微观企业数据计算得到。

结合就业创造率和就业破坏率，从就业净增长率来看，自加入 WTO 后的 2001—2004 年广东省的就业净增长率是三省中最高而且增长最快的，2005—2007 年间该指标略有下降；中部安徽省的就业净增长率波动非常大，总体有上升趋势；四川省自加入 WTO 之后在西部大开发政策激励下，就业一直呈现加速增加趋势，就业净增长率持续上升。广东省和安徽省在金融危机之后就业净增长率显著下降，详见图 7 – 12。

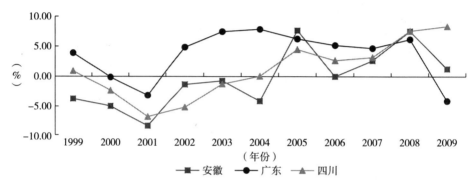

图 7 – 12 1999—2009 年广东省、安徽省和四川省就业净增长率

数据来源：根据微观企业数据计算得到。

从各地区就业变动来看，我们发现地区就业变动存在以下特点或趋势：首先，以省市自治区表示的地区层面数据来看，各地区就业变动趋势存在差异。大部分地区就业都有随时间推移而不断上升趋势，部分省市自治区就业基本保持不变或者略有下降，这些地区基本都是经济发展相对比较平稳或对外贸易、经济呈现负增长的地区。其次，对外开放发展比较快的东部省市吸纳的就业人数比较多，增长速度相对较快而且制造业就业占比较高，尤其是以广东省表现最为明显。不过随着时间推移除了个别省市自治区外，大部分地区制造业占就业的比重都在下降。再者，从制造业就业动态调整指标来看，西部地区就业再分配率一般高于东部和中部地区，表现出较高的就业创造率和就业破坏率。大部分省市自治区新进企业就业创造率和退出企业就业破坏率都随时间有明显下降趋势，这说明续存企业的就业调整对就业净增长率影响越来越大，这也从侧面反映出我国各地区市场结构正在发生变化。这可能是我国产业不断转型升级引起的。

本节主要对我国地区对外贸易转型升级和就业变动的典型事实进行分析，

我们发现不论是地区对外贸易转型升级还是地区就业都在不断调整和变动中。两者的这种变动和调整是否存在关系？对此，我们下面将采用地区层面数据，借助计量经济学方法进行检验。

第二节　对外贸易转型升级对就业地区的影响

我国地域广阔，各地区资源禀赋、对外开放程度和要素收入不同，各地区对外贸易转型升级的力度不同，这种差异会对当地就业和其他地区就业造成影响。本节首先基于地区层面的数据检验地区对外贸易转型升级对地区就业的影响。

一、对外贸易转型升级对地区就业变动的影响

1. 检验方法与数据说明

本节借鉴上一章行业就业变动的方法，设立如下模型首先检验对外贸易转型升级对本地区就业结构的影响：

$$\Delta ln\, L_{qt} = \delta_0{}^* + u_0 T + u_1 \Delta ln\, trade_{qt} + \delta_1 \Delta ln\, w_{qt} + \delta_2 \Delta ln Y_{qt} +$$
$$\delta_3 \Delta ln\, K_{qt} + s_0 H_q + \varepsilon \qquad\qquad (7-1)$$

这里下标 q 和 t 分别表示省市自治区和时间。$trade_{qt}$ 反映对外贸易转型升级的情况，采用各省市自治区出口增加值对数（lndva）和出口中国内附加值比率（dvar）。w_{qt} 表示劳动力平均工资，这里采用各省市自治区城镇单位平均工资表示，数据来源于历年《中国劳动力统计年鉴》。K_{qt} 表示省市自治区 q 在 t 时期的社会固定资产总额，Y_{qt} 表示省市自治区 q 的总产出，采用该省市自治区的国内生产总值表示，数据来自历年《中国统计年鉴》。T 表示时间固定效应，H_q 表示地区固定效应。鉴于西藏自治区对外贸易额较小而且基本没有参与全球价值链分工，因此本部分实证检验采用 31 个省市自治区 2000 年到 2014 年数据展开。

2. 回归结果

式（7-1）的回归结果见表 7-4。从回归结果可以看出各地区出口增加值的上升对地区就业具有显著正向作用，总体来看地区出口增加值上升 1%，地区就业上升 0.022%，见表 7-4 中全部列。鉴于我国改革开放的时间有差

异而且东部、中部和西部要素禀赋、经济发展水平和产业存在较大差异，我们把样本分为东部地区、中部地区和西部地区进行检验，结果见表7－4中的东部、中部和西部列。我们发现出口增加值上升对各地区就业的拉动都是显著的，不过估计系数有一定差异。西部地区出口增加值变动上升1%，其城镇单位就业增加量上升0.015%，但东部地区的作用要比西部地区高出0.016%，系数值为0.031，中部地区比西部地区高出0.011%，估计系数为0.026。这种作用力的差异可能主要是东部、中部和西部对外贸易产业不同引起的，东部地区最早参与全球价值链分工，发展的基本是劳动力密集型的加工组装业，对就业拉动作用最大，而中西部地区主要出口原料和资源类产品，所以对就业拉动作用要小于东部地区。

从出口中国内附加值率来看，所有省市自治区整体回归结果并未通过显著性检验，系数为0.009。分东部地区、中部地区和西部地区之后，我们发现这一不显著结果主要是东部，中部和西部的作用差异引起的。东部地区和西部地区省市自治区出口中国内附加值率上升对其就业的作用并不显著，系数都是负的；但是中部地区省份出口中国内增加值率的上升对就业具有显著正向作用，估计系数为0.046，并且在1%统计水平下显著，不过因为我国对外贸易80%以上是由东部地区完成的，所以总体回归时出口国内附加值率的系数并不显著。

从控制变量来看，地区产出增加会显著促进地区就业上升，工资的上涨对就业有负向效应，这一微观经济理论的基本观点是一致的。地区固定资本的上升对东部和中部地区就业具有抑制作用，这主要是由资本和劳动力之间的替代性引起的，但对西部地区具有显著正向作用，这可能是因为西部资本相对缺乏，固定资本的上升反而有助于就业增加。

表7－4　对外贸易转型升级对地区就业变动的影响

	全部	东部	中部	西部	全部	东部	中部	西部
Lndva	0.022***	0.031***	0.026***	0.015***				
	(0.001)	(0.002)	(0.001)	(0.001)				
dvar					0.009	−0.005	0.046***	−0.008
					(0.007)	(0.014)	(0.012)	(0.011)

续表

	全部	东部	中部	西部	全部	东部	中部	西部
LnY	0.052***	0.099***	0.083***	0.065***	0.171***	0.148***	0.269***	0.145***
	(0.013)	(0.027)	(0.017)	(0.020)	(0.012)	(0.029)	(0.016)	(0.019)
LnK	−0.086***	−0.156***	−0.159***	0.095***	−0.050***	−0.080***	−0.119***	0.105***
	(0.008)	(0.017)	(0.009)	(0.013)	(0.008)	(0.017)	(0.009)	(0.013)
Lnw	−0.475***	−0.537***	−0.719***	−0.283***	−0.596***	−0.639***	−0.797***	−0.397***
	(0.019)	(0.038)	(0.027)	(0.028)	(0.019)	(0.039)	(0.028)	(0.026)
_cons	0.102***	0.123***	0.140***	0.033***	0.092***	0.115***	0.111***	0.034***
	(0.003)	(0.005)	(0.004)	(0.005)	(0.003)	(0.005)	(0.004)	(0.005)
N	425	150	135	135	425	150	135	135

注：*、**、***分别表示在10%、5%、1%的统计水平上显著，括号内数值为标准误。

二、对外贸易转型升级对就业动态调整的影响

上一小节关于对外贸易转型升级对各地区就业结构调整的分析，只能检验各地区对外贸易转型升级对本地区就业总量变动的影响，并不能看出就业的调整主要由新进企业、退出企业还是由持续性企业的就业变动引起的。本小节采用第五章中就业创造率、就业破坏率、就业再分配率和就业净增长率等指标对各省市自治区的就业调整情况进行测算。并检验对外贸易转型升级如何影响各地区反映就业动态调整的各种指标。

1. 检验方法

本部分我们主要检验一地区对外贸易转型升级如何影响地区或地区行业的就业创造率、就业破坏率、就业再分配率、就业净增长率以及新进就业创造率和退出就业破坏率。检验模型设定沿用上一章行业就业动态调整时候的模型：

$$Y_{qt} = \beta + \alpha_1 TRADE_{qt-1} + \alpha_2 \gamma_{qt-1} + \mu_q + \varepsilon_{qt} \qquad (7-2)$$

模型中被解释变量是地区层面的就业指标，下标 q、t 分别表示地区、行业、年份。核心解释变量（$TRADE_{qt-1}$ 为地区 q 时间 t 出口的国内增加值率或增加值出口的对数。γ_{qt-1} 表示地区层面随时间变化的特征变量，比如劳动生产率（productivity）采用人均产出表示；资本劳动比（ratio）采用固定资产净余额与从业人数的比值表示；工业总产值（Y）采用企业工业产值的对数表示。

这些数据都来自《中国统计年鉴》。μ_q 是地区固定效应，反映地区不随时间变化的因素。

2. 检验结果

根据回归方程（7-2）基于全部地区层面数据的检验结果见表7-5。出口增加值上升对就业创造率有正向作用，估计系数为 0.027，并在 1% 统计水平显著；出口增加值上升对就业破坏率总体未产生显著影响，但对退出企业地区就业破坏率具有抑制作用，估计系数分别为 -0.028，并且通过 1% 统计水平显著检验。地区出口增加值的上升对新进企业就业创造率也具有抑制效应，估计系数为 -0.020，也在 1% 统计水平下显著。总体来看出口增加值上升对就业净增长率具有正向作用，估计系数为 0.044，详见表7-5第（4）NET 列，这个结果与地区层面出口增加值对就业拉动作用结果一致。

从出口中国内附加值率的回归结果来看，地区出口中国内附加值率上升对就业创造率具有正向影响，估计系数为 0.13，在 10% 统计水平下显著；对就业破坏率和就业再调整率未产生显著影响，但会显著抑制新进企业就业创造率和退出企业就业破坏率，估计系数分别为 -0.091 和 -0.198，对退出企业就业破坏率作用非常高。总体来看未对地区就业净增长率产生显著作用。

表 7-5 出口增加值对于地区就业指标的检验——全样本

	(1) JC	(2) JD	(3) SUM	(4) NET	(5) JCX	(6) JDE
L. lndva	0.027***	-0.029	-0.014	0.044***	-0.020***	-0.028***
	(0.007)	(0.027)	(0.028)	(0.019)	(0.004)	(0.003)
L. productivity	-0.001	0.002	0.001	-0.003	0.000	0.001**
	(0.001)	(0.003)	(0.003)	(0.003)	(0.000)	(0.000)
L. ratio	-0.007	-0.035*	-0.042**	0.028	-0.005*	-0.005**
	(0.006)	(0.018)	(0.018)	(0.019)	(0.003)	(0.002)
L. Y	-0.001	-0.003	-0.003	0.002	0.002	-0.001
	(0.003)	(0.011)	(0.011)	(0.012)	(0.002)	(0.001)
_cons	-0.061	0.693*	0.632	-0.753*	0.324***	0.473***
	(0.123)	(0.390)	(0.399)	(0.419)	(0.058)	(0.050)
N	361	361	361	361	392	392

注：*、**、***分别表示在 10%、5%、1% 的统计水平上显著，括号内数值为标准误。

表7-6 出口中附加值率对于地区就业指标检验——全样本

	(1) JC	(2) JD	(3) SUM	(4) NET	(5) JCX	(6) JDE
L. dvar	0.130*	−0.009	0.120	0.139	−0.091***	−0.198***
	(0.067)	(0.215)	(0.220)	(0.231)	(0.035)	(0.030)
L. productivity	−0.001	0.002	0.001	−0.003	0.000	0.001**
	(0.001)	(0.003)	(0.003)	(0.003)	(0.000)	(0.000)
L. ratio	−0.005	−0.043**	−0.048***	0.038**	−0.009***	−0.009***
	(0.005)	(0.017)	(0.017)	(0.018)	(0.003)	(0.002)
L. Y	0.000	−0.004	−0.004	0.005	0.001	−0.002
	(0.003)	(0.011)	(0.011)	(0.011)	(0.002)	(0.001)
_cons	0.059	0.303	0.362*	−0.245	0.117***	0.227***
	(0.059)	(0.189)	(0.193)	(0.203)	(0.031)	(0.026)
N	361	361	361	361	392	392

注：*、**、***分别表示在10%、5%、1%的统计水平上显著，括号内数值为标准误。

我们还分区域对相关的进行了检验，结果见表7-7。分区域来看，东部地区的出口增加值上升对就业创造率没有显著影响，对就业破坏率包括退出企业地区就业破坏率具有抑制作用，估计系数分别为−0.032和−0.013，并且通过1%统计水平显著检验。东部地区出口增加值的上升对新进企业就业创造率也具有抑制效应，估计系数为−0.009，也在1%统计水平下显著。因出口增加值上升对就业破坏率的抑制效应导致对就业净增长率具有显著正向作用，估计系数为0.051，详见表7-7第（4）列。西部地区的出口增加值上升对就业破坏率包括退出企业地区就业破坏率具有抑制作用，估计系数分别为−0.063和−0.047，并且通过1%统计水平显著检验，这一系数值要远高于东部地区的系数值。地区出口增加值的上升对新进企业就业创造率具有抑制效应，估计系数为−0.035，但对总就业创造率未产生显著影响。因出口增加值上升对就业破坏率的抑制效应导致对就业净增长率具有显著正向作用，估计系数为0.083，详见表7-7西部地区第（4）NET列第一行。中部地区出口增加值的上升对地区就业创造率和就业破坏率都没有显著影响，所以对就业净增长率作用系数虽为正，但未通过任何统计显著性检验。这一结果与表7

-4 有所差异，这可能是因为工业企业数据库主要规模以上企业，中部地区出口增加值上升可能主要有小企业引起的。不过中部地区出口增加值上升对新进企业就业创造率和退出企业就业破坏率都在 5% 显著水平下具有负向作用，估计系数值分别为 - 0.022 和 - 0.036。从出口中国内附加值率的回归来看，东部地区出口中国内附加值率上升仅对退出企业就业破坏率有显著抑制作用，见表 7 - 7 东部的第（6）列 dvar 行。

表 7 - 7 分区域检验结果

东部地区					
（1）	（2）	（3）	（4）	（5）	（6）
JC	JD	SUM	NET	JCX	JDE
L. lndva					
0.018	- 0.032***	- 0.014	0.051***	- 0.009**	- 0.013***
(0.011)	(0.011)	(0.017)	(0.015)	(0.004)	(0.002)
L. dvar					
0.030	0.481	0.511	- 0.451	- 0.109	- 0.232***
(0.142)	(0.696)	(0.687)	(0.733)	(0.083)	(0.067)
N					
132	132	132	132	143	143
中部地区					
（7）	（8）	（9）	（10）	（11）	（12）
JC	JD	SUM	NET	JCX	JDE
L. lndva					
0.006	0.005	0.010	0.001	- 0.022**	- 0.036***
(0.019)	(0.096)	(0.094)	(0.101)	(0.011)	(0.008)
L. dvar					
0.236**	- 0.022	0.214	0.257**	0.026	- 0.073***
(0.093)	(0.095)	(0.138)	(0.128)	(0.041)	(0.024)
N					
118	118	118	118	128	128
西部地区					
（13）	（14）	（15）	（16）	（17）	（18）
JC	JD	SUM	NET	JCX	JDE
L. lndva					
0.020	- 0.063***	- 0.043*	0.083***	- 0.035***	- 0.047***
(0.017)	(0.012)	(0.023)	(0.018)	(0.007)	(0.008)

续表

	西部地区					
	（13）	（14）	（15）	（16）	（17）	（18）
	JC	JD	SUM	NET	JCX	JDE
L. dvar	0.015*	−0.029	−0.014	0.044	−0.020***	−0.028***
	（0.008）	（0.027）	（0.028）	（0.029）	（0.004）	（0.003）
控制变量	是	是	是	是	是	是
N	111	111	111	111	121	121

注：*、**、***分别表示在10%、5%、1%的统计水平上显著，括号内数值为标准误。

东部地区出口中国内附加值率上升对就业破坏率、就业创造率和就业净增长率、新进企业就业创造率等指标都没有显著影响。西部地区出口中国内增加值率上升对就业创造率有正向作用，估计系数为0.015，但对新进企业就业创造率有显著负效应，估计系数为−0.02；西部出口中国内附加值率上升对就业破坏率没有显著影响，不过对退出企业就业破坏率有显著抑制作用，综合来看对西部就业再分配率和就业净增长率未产生显著影响。

中部地区出口中国内附加值率的上升对就业创造率具有显著正向作用，估计系数为0.236，并通过5%的统计显著水平检验；对就业破坏率总体没有显著影响，但对退出企业就业破坏率有显著抑制作用；对新进企业就业创造率无显著影响。中部地区出口中国内附加值率上升对就业净增长率具有促进作用，出口中国内附加值率上升1个百分点，就业净增长率上升0.257个百分点，这一结果在5%统计水平下显著。

从区域层面的检验，我们发现出口增加值的上升对地区就业具有显著促进作用，但出口中国内附加值率上升对地区就业总体影响不明显。基于工业企业数据库测算的就业动态调整指标的进一步检验，我们发现地区对外贸易转型升级主要通过显著抑制退出企业就业破坏率，抑制新进企业就业创造率，促进存续企业就业创造率等途径作用于地区就业。总体来看出口增加值的上升显著促进地区就业净增长率提升，这一效果在东部地区和西部地区尤其明显；出口中国内附加值率上升对地区就业创造率提升的作用相对较弱，但显著抑制新进企业就业创造率和退出企业就业破坏率，总体对就业净增长率的提升不明显，这个在东部地区和西部地区体现的最明显，东部地区出口中国内附加值率上升对就业净增长率提升有显著促进作用。

第三节　对外贸易转型升级对地区间就业变动的影响

改革开放以来，随着中国城市化进程的启动，我国劳动力不断从农村转移到城市。在快速的城市化进程中，东部地区首先开放并以加工贸易方式嵌入全球价值链，对劳动力的需求大幅上升，在很长一段时间内中西部地区人口持续向东部地区尤其是长三角、珠三角以及京津地区转移。根据 1995 年 1% 人口抽样调查资料，随着深圳、珠海、厦门和汕头等四个经济特区的不断开放，1990—1995 年省际之间人口净迁入规模最大的是广东省，为 168 万人，其他地区如上海市、北京市、江苏省等净迁入人口超过 20 万人；主要人口的迁出地是四川省 103 万人，安徽省 57 万人，湖南省 48 万人，河南省 46 万人，广西壮族自治区 42 万人等。随着改革开放不断深入推进和东部沿海城市开放，1995—2000 年省际之间劳动力迁移大规模增加，净迁入人口最高的依然是广东省，为 1165 万人，长三角地区为 465 万人，京津地区为 221 万人，三者占省级人口迁移总量的 87% 以上①。2000 年到 2005 年人口依然是向珠三角、长三角、京津和新疆等地区，但是长三角地区成为主要净迁入地，广东省净迁入人口数量开始下降。随着东部地区生产成本上升，东部沿海产业或外迁或内迁，产业不断升级对劳动力需求规模下降，中西部外来务工人员开始大量回流。因此各地参与全球价值链分工程度以及转型升级的步伐不同会导致各个地区之间劳动力的流动，不仅对本地区就业产生影响也会导致其他地区的就业变动。本节是在上一节检验地区对外贸易转型升级对本地区就业影响的基础上，进一步检验一地区对外贸易转型升级对其他地区就业的影响。

一、检验方法

本部分设定如下模型检验某地区出口增加值和出口中国内附加值率变动

---

① 根据 2000 年人口普查数据得到，详细见泽平宏观：人口迁移的国际规律与中国展望，2016 年。

对其他地区就业的影响：

$$\Delta ln\, L_{qt} = \beta_0 + \beta_1 T + \beta_2 \Delta ln\, trade_{ht} + \gamma_3 H_{qt} + \varepsilon \qquad (7-3)$$

这里 $\Delta ln\, L_{qt}$ 表示地区 q 的就业变动，H_{qt} 是地区 q 影响就业波动的其他因素，如地区平均工资、地区产出、地区固定资本总量等。$\Delta ln\, trade_{ht}$ 表示 h 地区对外贸易转型升级情况，这里 q≠h，如果 β_2 的系数大于零则表示 h 地区的变动对 q 地区就业产生正向影响。另外，考虑到地区之间距离差距因素可能会影响劳动力的流动，而且临近省市自治区之间可能更容易承接产业转移，因此本部分在式（7-3）基准回归的基础上加入了对外贸易转型升级与是否接壤的交互项，检验模型为：

$$\Delta ln\, L_{qt} = \beta_0 + \beta_1 T + \beta_2 \Delta ln\, trade_{ht} + \Delta ln\, trade_{ht} * D_{qh} + \gamma_3 H_{qt} + \varepsilon \quad (7-4)$$

这里 D_{qh} 表示地区 q 和 h 之间是否接壤。如果地区 q 和 h 在行政管理区域范围内有共同的边界，则认为两地区是接壤的，D_{qh} 赋值为 1，否则为 0。

二、基准回归结果

首先采用 30 个省市自治区数据根据式（7-3）和（7-4）对地区之间对外贸易转型升级与就业关系进行检验，结果见表 7-8。从表 7-8 来看，不论是出口增加值还是采用出口中国内附加值率的回归，控制变量的系数和显著性都与式（7-1）回归检验结果一致，地区产出增加提升地区就业，地区资本上升和工资上升抑制地区就业。

其他省市自治区增加值出口的上升显著抑制当地就业增加，其他省市自治区增加值出口上升幅度增 1%，当地就业下降增加 0.004%，见表 7-8 中的第（1）列。加入地区之间是否接壤或是否属于同一经济区的交互项的结果显示，一个地区出口增加值上升对其他地区就业的促进作用对是否接壤没有显著区别，交互项的系数都非常的小而且不显著，见表 7-8 中的第（2）列。

一地区出口中国内附加值率的上升对其他地区就业也具有显著抑制作用，其出口中国内附加值率上升增加一个点，其他省市自治区就业会下降增加 0.028%，见表 7-8 中（3）列。同样的出口中国内附加值率与地区之间是否接壤交互项系数都不显著，详见表 7-8 中（4）列。

表7-8　地区对外贸易转型升级对其他地区就业的影响

	（1）	（2）	（3）	（4）
lndva_h	－0.004 ***	－0.004 ***		
	（0.001）	（0.001）		
dvar_h			－0.028 ***	－0.023 ***
			（0.007）	（0.008）
Trade_h * 接壤		－0.001		0.023
		（0.003）		（0.036）
lnY	0.185 ***	0.185 ***	0.171 ***	0.171 ***
	（0.013）	（0.013）	（0.013）	（0.013）
lnK	－0.052 ***	－0.052 ***	－0.054 ***	－0.054 ***
	（0.008）	（0.008）	（0.008）	（0.008）
lnW	－0.603 ***	－0.602 ***	－0.600 ***	－0.600 ***
	（0.019）	（0.019）	（0.019）	（0.019）
_cons	0.092 ***	0.092 ***	0.094 ***	0.094 ***
	（0.003）	（0.003）	（0.003）	（0.003）
N	11434	11434	11434	11434

注：*、**、***分别表示在10%、5%、1%的统计水平上显著，括号内数值为标准误差。

从基准回归来看，我国一地区对外贸易转型升级对其他省市自治区的就业会产生显著负向影响，而且这种负向效应在临近区域或较远区域并未表现出显著差异。这主要是因为我国大部分地区资源禀赋基本结构相同，都是以劳动力相对丰裕为主，对外贸易中出口商品结构比较雷同再加上各地政府之间相互竞争，导致一地区对外贸易发展会促使劳动力向该地区转移，进而对其他地区就业造成抑制作用。

三、稳健性检验

1. 区域内部检验

东部地区、中部地区和西部地区内部很多省市自治区在要素禀赋、优惠政策、开放步伐等方面可能是一致的，地区内部各省市自治区之间在对外贸易发展过程中对就业的吸收存在相互竞争状态。因此我们把样本进行划分，检验如果地区 q 和 h 都属于东部地区、中部地区或西部地区，h 地区对外贸易转型升级对其他同区域就业的影响，结果见表 7-9。从出口增加值的回归结果来看，东部地区省市自治区出口增加值上升在 5% 显著水平下抑制其他省市就业的上升，估计系数为 -0.004 左右，与是否接壤交乘项的系数并不显著；而中部地区和西部地区核心变量的系数都不显著，这说明中部和西部地区省市自治区出口国内增加值上升对其他省市自治区就业并未产生显著影响。

但是从出口中国内附加率的检验结果来看，东部地区某省市对外贸易升级对其他地区就业会产生在 10% 显著水平下产生负向作用，该地区出口中国内附加值率上升增 1%，则其他省市自治区的就业下降增 0.04% 左右。产生这一结果的原因可能是东部地区省市自治区出口中国内附加值率上升会促进价值链中各零部件或者服务的生产向该地区集中，从而对其他省市自治区的就业产生负效应，东部各省市之间在转型升级过程中存在竞争效应引起的。而中部地区省份对外贸易升级对其他地区就业未产生显著作用，这主要是因为中部地区北部省份主要围绕京津冀商圈，中部省份如安徽省等主要围绕长三角地区，南部省份主要依托珠三角地区，彼此之间竞争小。西部地区内部的相互作用的回归系数并不显著，说明对外贸易发展对彼此之间的就业未产生显著影响，这可能跟西部地区地理状况和总体发展水平比较低有关系，西部人口更多的是向东部流动而不是相互之间流动。另外，对外贸易转型升级与省市自治区是否接壤的交互项不论在东部地区、中部地区还是在西部地区内部估计系数都不显著，说明一省市自治区对外贸易转型升级对其他省市自治区的就业作用跟地区是否接壤没有太大关系。

表 7-9　各地区内部对外贸易转型升级对就业的影响

	东部		中部		西部	
	(1)	(2)	(3)	(4)	(5)	(6)
$\ln dva_h$	-0.006**	-0.004**	-0.005	-0.005	-0.001	-0.001
	(0.003)	(0.002)	(0.003)	(0.004)	(0.003)	(0.004)

续表

	东部		中部		西部	
	(1)	(2)	(3)	(4)	(5)	(6)
lndva_h * 接壤		-0.009 (0.008)		0.002 (0.006)		0.000 (0.006)
	(7)	(8)	(9)	(10)	(11)	(12)
$dvar_h$	-0.044* (0.024)	-0.038* (0.020)	-0.018 (0.021)	0.005 (0.025)	-0.042 (0.026)	-0.039 (0.024)
$dvar_h$ * 接壤		-0.037 (0.061)		-0.074 (0.046)		-0.010 (0.041)
控制变量	是	是	是	是	是	是
N	1531	1531	1019	1019	1170	1170

注：*、**、***分别表示在10%、5%、1%的统计水平上显著，括号内数值为标准误。

2. 区域之间的相互作用

从人口调查数据的资料来看，对外贸易的发展主要促使劳动力从中西部地区流向东部地区，以跨区域转移为主。所以我们对各区域省市自治区对外贸易转型升级对其他区域省市自治区的就业影响进行检验，结果见表7-10和表7-11。从出口增加值的回归结果来看，东部地区出口增加值增加对中部地区和西部地区就业都具有显著负效应，但中部地区省份出口增加值上升对西部地区省市自治区和东部省市自治区就业没有产生显著作用；西部省市自治区对外贸易发展对中部省份和东部省市自治区就业也没有显著影响。

表7-10 出口国内增加值的区域间效应

	东部对中部	东部对西部	中部对西部	中部对东部	西部对中部	西部对东部
lndva_h	-0.006*** (0.002)	-0.009*** (0.002)	-0.005 (0.003)	0.002 (0.005)	-0.004 (0.003)	0.003 (0.004)
lndva_h * 接壤	-0.001 (0.007)	0.002 (0.020)	0.004 (0.010)	-0.005 (0.012)	-0.001 (0.010)	0.053 (0.056)
控制变量	是	是	是	是	是	是
N	1247	1410	1120	1214	1150	1410

注：*、**、***分别表示在10%、5%、1%的统计水平上显著，括号内数值为标准误。

表 7 - 11　出口中国内附加值率的区域间效应

	东部对中部	东部对西部	中部对西部	中部对东部	西部对中部	西部对东部
	D. lnczj	D. lnczj	D. lnczj	D. lnczj	D. lnczj	D. lnczj
dvar_h	− 0.033 **	0.007	− 0.004	− 0.003	− 0.046 **	− 0.062 **
	(0.016)	(0.017)	(0.022)	(0.031)	(0.018)	(0.027)
dvar_h ∗ 接壤	− 0.053	0.028	− 0.038	− 0.040	− 0.003	− 0.091
	(0.053)	(0.207)	(0.065)	(0.100)	(0.064)	(0.246)
控制变量	是	是	是	是	是	是
N	1247	1410	1120	1214	1150	1410

注：*、**、***分别表示在10%、5%、1%的统计水平上显著，括号内数值为标准误。

　　从出口中国内附加值率的回归结果来看，东部地区各省市自治区出口中国内附加值率的上升对中部省份就业有抑制作用，估计系数为 - 0.033，并且在5%统计水平下显著，说明东部地区对外贸易升级会吸引中部就业向东部流动，对中部省份就业造成抑制效应；但对西部省市自治区就业估计系数为正，但是不显著，说明东部对外贸易升级对西部就业未产生显著影响。中部对外贸易升级对东部省市和西部省市自治区就业也未产生显著效应，详见表 7 - 11 中中部对东部和中部对西部列。西部省市自治区对外贸易中国内附加值率上升对中部省份和东部省市自治区都具有显著抑制作用，估计系数通过5%统计显著性检验。这主要是因为在改革开放初期人口流出最大省份是西部的四川省，随着西部大开发和"一带一路"的推进，西部地区尤其是成渝经济区对外贸易发展迅速而且出口中国内附加率高，导致人口从东部地区回流并对中部劳动力形成吸引，所以回归结果呈现负效应。

3. 长江经济带数据的检验

　　区域内部和区域之间效应的检验表明：一省市自治区对外贸易转型升级对其他省市自治区就业都产生抑制作用，这种效应在东部和西部以及东部对西部和中部，西部对中部和东部作用都非常明显。这可能是因为我国国内各地区之间市场分割严重，再加上各地政府为政绩彼此之间在对外贸易和经济发展中竞争激励，并且地方保护严重，所以在产业升级的过程中并未形成东部产业向中部或西部地区梯度转移，形成良性的共同发展。推动长江经济带发展是以习近平同志为核心的党中央作出的重大决策，是关系国家发展全局的重大战略，旨在推进长江沿岸地区经济的融合和发展，从而带动整个国家经济发展。长江经济带涉及上海、江苏、浙江、安徽、江西、湖北、湖南、四川、重庆、贵州、云南，共9个省2个直辖市。长江经济带各地区经济发展水平差异大而且资源禀赋差异较大，各地区比较优势非常明显，容易形成产业联动发展。长江经济带的战略定位，一是依托长三角城市群、长江中游城市群、成渝城市群；二是做大上海、武汉、重庆三大航运中心；三是推进长江中上游腹地开发；四是促进"两头"开发开放，即上海及中巴（巴基斯坦）、中印缅经济走廊，形成内外联通的对外开放格局。因此我们以长江经济带上的省市自治区数据，检验长江经济带地区对外贸易转型升级是否对其他地区就业产生正向作用，实现经济的融合。

　　从长江经济带整体回归来看，一省市自治区增加值出口和出口中国内增加值率都对其他省市自治区就业产生负向作用，增加值出口的估计系数为 - 0.007，出口中国内附加值率的估计系数为 - 0.051，而且都通过5%统计显著水平检验，详见表7 - 12中相互之间的两列。这说明长江经济带内部并未形成产业的融合。长江经济带对外贸易转型升级发展最快的是江苏省、上海市和浙江省，我们检验这三地对外贸易转型升级对其他长江经济带是否形成辐射，促进其他地区就业增加。表7 - 12中江、浙、沪对其他列的结果显示，江苏省、浙江省和上海市出口增加值上升对其他长江经济带省市自治区的就业未产生显著影响，但是出口中国内附加值率上升确实对长江经济带其他省市的就业产生显著正向作用，估计系数为0.238，而且在1%统计水平下显著。这说明江、浙、沪三地对外贸易升级对其他地区就业有促进作用，可能是因为江、浙、沪在产业升级的过程中逐渐把没有优势的劳动力密集型产业或生产环节往长江中上游转移；或者江、浙、沪的产业升级带动了长江中上游地区资源利用和中间产品的生产从而促进就业。这从侧面说明随着地区之间壁垒的不断打破和地区之间产业的错位发展和融合，会促进对外贸易发展对彼此之间就业的拉动作用。

表7-12 长江经济带地区的检验

	相互之间	相互之间	江浙沪对其他	江浙沪对其他
lndva_h		-0.007**		-0.011
		(0.003)		(0.007)
dvar_h	-0.051**		0.238***	
	(0.024)		(0.056)	
lnY	0.339***	0.367***	0.323***	0.432***
	(0.042)	(0.042)	(0.083)	(0.085)
lnK	-0.192***	-0.192***	-0.188***	-0.173***
	(0.028)	(0.028)	(0.054)	(0.056)
lnW	-0.621***	-0.631***	-0.669***	-0.745***
	(0.065)	(0.065)	(0.131)	(0.133)
_cons	0.111***	0.108***	0.120***	0.113***
	(0.010)	(0.010)	(0.020)	(0.020)
N	1520	1520	401	401

注：*、**、***分别表示在10%、5%、1%的统计水平上显著，括号内数值为标准误。

不论是以出口增加值还是以出口中国内附加值率来衡量，一地区对外贸易转型升级对其他地区就业具有显著抑制作用，这种抑制效应主要在东部省市自治区之间和东部省市自治区对中部省市自治区和西部省市自治区作用显著。

四、地区－行业就业调整

我国地区在对外贸易转型升级的过程中，出口中国内增加值率的上升和出口增加值上升可能是由于地区从一个行业向另一个行业转型引起的，也可能是地区同一个行业沿着全球价值链往两端升级引起的。就我国东部地区、中部地区和西部地区而言，因要素禀赋和经济发展水平的不同，更有可能行业的转型升级体现在各地区之间同一行业的生产分割，实现价值链的内化引起的。所以这里我们采用地区－行业层面数据检验对外贸易转型升级对地区间就业调整的影响。首先检验地区行业对外贸易发展和升级对本地区行业就业的影响，随后检验一地区行业对外贸易的升级对其他省市自治区行业就业规模的影响。设定回归模型如下：

$$\Delta ln\, L_{qit} = \gamma_0 + \theta_0 T + \theta_1 \Delta\, trade_{qit} + \theta_2\, I_{qit} + \vartheta_1\, Q_q + \varepsilon \qquad (7-5)$$

$$\Delta ln\, L_{qit} = \partial_0 + \phi_0 T + \varnothing_1 \Delta\, trade_{hit} + \phi_2\, I_{qit} + \tau_0\, Q_q + \varepsilon \qquad (7-6)$$

这里 q 和 h 表示地区，i 表示行业，I_{qit} 表示 q 地区 i 行业 t 时间影响就业的因素，包括地区行业总产出，固定资产和工资水平的对数形式，相关数据来自于国研网数据库。Q_q 表示 q 地区固定效应，T 表示时间固定效应。$trade_{qit}$ 是 q 地区 i 行业 t 时间的对外贸易情况，这里采用出口中国内附加值率和出口增加值对数表示。$ln\, L_{qit}$ 是行业 i 地区 q 在 t 年的从业人数，数据来自历年《中国劳动统计年鉴》。因为采掘业参与全球价值链分工程度比较低而且受制于资源的限制比较大，这里 i 主要是制造业行业，包含农副食品加工业、食品制造业、饮料制造业、烟草制品业、纺织业，服装、鞋、帽制造业，皮革、毛皮、羽毛（绒）及其制品业；木材加工及木、竹、藤、棕、草制品业，家具制造业、造纸及纸制品业、印刷业和记录媒介的复制；文教体育用品制造业、石油加工、炼焦及核燃料加工业，化学原料及化学制品制造业；医药制造业、化学纤维制造业、橡胶制品业、塑料制品业、非金属矿物制品业、黑色金属冶炼及压延加工业；有色金属冶炼及压延加工业，金属制品业、通用设备制造业、专用设备制造业、交通运输设备制造业、电气机械及器材制造业、通信设备、计算机及其他电子设备制造业，仪器仪表及文化、办公用机械制造业，工艺品及其他制造业。

采用地区行业数据检验的结果见表 7-13。基于回归方程（7-5）的检验发现一个地区行业出口增加值上升对就业具有显著正向作用，出口增加值增加上升 1%，行业就业上升增加 0.011%；出口中国内增加值率的上升则会对该地区行业就业也具有显著促进作用。出口中国内增加率增加上升一个点，就业会增加会上升 0.021%，估计系数在 5% 统计水平显著。基于回归方程（7-6）的回归结果见表 7-13 中的第（3）和（4）列。与地区回归结果不同，我们发现其他地区行业出口增加值上升对本地区同一行业就业具有显著正效应，而且在 1% 水平下显著；而其他地区行业出口中国内附加值率的上升对本地区同一行业就业具有显著负向影响。

表 7 - 13　地区行业数据检验结果

	（1）	（2）	（3）	（4）
lndva_{qi}	0.011***			
	(0.001)			
$dvar_{qi}$		0.021**		
		(0.010)		
lndva_{hi}			0.004***	
			(0.001)	
$dvar_{hi}$				-0.031***
				(0.011)
lnY	0.045***	0.038***	0.044***	0.035***
	(0.001)	(0.002)	(0.001)	(0.002)
lnK	-0.039***	-0.006***	-0.038***	-0.015***
	(0.002)	(0.002)	(0.002)	(0.002)
lnW	-0.103***	-0.108***	-0.105***	-0.084***
	(0.004)	(0.007)	(0.005)	(0.007)
_cons	-0.009***	0.002	-0.008***	0.005***
	(0.001)	(0.001)	(0.001)	(0.001)
N	245204	245204	244249	244249

注：*、**、***分别表示在10%、5%、1%的统计水平上显著，括号内数值为标准误。

此外，我们还检验了东部地区，中部地区和西部地区内部各省市自治区之间和东部省市对中西部，中部省份对东西部以及西部省市自治区对中东部就业的影响，结果分别见表7-14和表7-15。从区域内部之间的回归结果来看，东部某省市一行业出口增加值的上升对其他省市同一行业就业具有显著正向作用，结果在1%水平下显著；西部某省市自治区行业出口增加值的增加对其他省市自治区同一行业就业也具有正向作用，结果在5%水平下显著。中部地区内部省份之间对外贸易对同一行业就业的作用不论是从出口增加值还是从出口中国内增加值率看都不显著，见表7-14中的第（3）和（4）列。

东部某省市出口中国内附加值率的上升对其他省市同一行业就业具有显著抑制作用，基于西部地区数据的检验并不显著。

表 7 - 14　区域内部省市自治区之间行业就业检验结果

	东部		中部		西部	
	(1)	(2)	(3)	(4)	(5)	(6)
D. $\ln dva_{hi}$		0.006 ***		-0.001		0.012 **
		(0.002)		(0.004)		(0.005)
D. $dvar_{hi}$	-0.090 ***		-0.008		0.002	
	(0.023)		(0.036)		(0.044)	
控制变量	是	是	是	是	是	是
N	42942	42942	23098	23098	20216	20216

注：*、**、***分别表示在10%、5%、1%的统计水平上显著，括号内数值为标准误。

从区域之间的相互影响来看，东部省市出口增加值的上升对中部同一行业就业具有显著负向作用，估计系数为 -0.011，并且在1%统计水平下显著，对西部省市自治区同一行业就业未产生显著影响，见表7-15中东部对中部和东部对西部列第一行。中部地区省份出口增加值上升对东部和西部省市自治区同一行业就业具有显著正向作用，从估计系数来看对东部同一行业就业拉动作用高于对西部的作用，详见表7-15中部对西部和中部对东部列；西部省市自治区某行业出口国内增加值的上升对中部和东部省市同一行业就业未产生显著影响。区域间出口中国内附加值率的估计系数都不显著，这说明从跨区域来看，某省市自治区出口中国内附加值率上升对其他区域各省市同一行业就业并未带来显著冲击。

表 7 - 15　区域之间行业就业检验结果

	东部对中部 D. lnczj	东部对西部 D. lnczj	中部对西部 D. lnczj	中部对东部 D. lnczj	西部对中部 D. lnczj	西部对东部 D. lnczj
$\ln dva_h$	-0.011 ***	0.002	0.018 ***	0.021 ***	-0.002	0.005
	(0.003)	(0.003)	(0.005)	(0.003)	(0.004)	(0.003)

续表

	东部对中部 D. lnczj	东部对西部 D. lnczj	中部对西部 D. lnczj	中部对东部 D. lnczj	西部对中部 D. lnczj	西部对东部 D. lnczj
$dvar_h$	− 0.038 (0.032)	− 0.061 (0.040)	0.039 (0.038)	− 0.039 (0.025)	− 0.033 (0.039)	− 0.022 (0.031)
控制变量	是	是	是	是	是	是
N	30678	27563	20856	30559	20911	27426

注：＊、＊＊、＊＊＊分别表示在10%、5%、1%的统计水平上显著，括号内数值为标准误。

　　从地区行业数据的检验中，我们发现地区行业出口增加值的上升和出口中国内附加值率的上升对该地区该行业就业都具有显著正向作用。某地区行业出口增加值的上升对其他省市同一行业就业具有显著正向效应，这种正向效应主要是东部和西部区域内部和中部省市自治区对东部和西部省市自治区对外贸易发展的就业溢出效应引起的。某地区行业出口中国内附加值率上升则对其他地区同行业就业产生抑制作用，这种抑制作用主要在东部地区内部显著。这主要是因为东部地区各省市自治区参与全球价值链分工程度较深而且要素禀赋接近，产业比较趋同，同一行业对外贸易升级的方向一致，对劳动力技能和素质的需求一致，在劳动力流动背景下形成相互竞争状态。

　　本节主要对地区对外贸易转型升级对其他地区就业的影响进行分析，总体来看不论是以出口增加值还是以出口中国内附加值率衡量的对外贸易转型升级都会对其他地区就业产生显著挤出效应。这种挤出效应发生在东部省市之间和东部省市对中部省份和西部省市自治区。基于地区－行业层面检验则发现地区行业层面出口增加值上升会对其他省市自治区同行业就业产生正向作用，这种正向作用主要是由东部和西部区域内部省市自治区之间的溢出效应和中部省份对东部和西部省市自治区的溢出效应引起的。地区－行业层面出口中国内附加值率上升对其他地区同一行业就业具有显著挤出效应，这种效应在东部地区内部之间最为突出和显著。

　　通过本节的检验我们发现东部地区对外贸易转型升级对中部和西部省市自治区就业都会产生显著负向影响，即使是在同一个行业内，东部该行业外贸转型升级也会对中西部地区就业产生挤出效应。这说明我国想通过东部升级带动产业向中部地区和西部地区进行梯度转移，进而形成国内生产产业链并未发挥应有的效应。这可能是因为地区之间市场分割和巨大的交易成本，再加上各地区政府之间在产业和对外贸易以及吸收对外投资上不断竞争，导致这种产业梯度转移无法短期内完成。随着各地区政府之间的合作，东部升级对中西部地区的就业溢出效应是可以实现的，我们通过对长江经济带地区的检验证实了这一点。

第八章　对外贸易转型升级的就业变动效应：技能结构

第三章的理论机制分析表明不论是哪种类型的转型升级都会提高技能劳动力的相对需求。本章在描述我国就业技能结构变动的基础上，采用行业和地区数据对第三章的结论进行检验，结果发现从以研发人员为主的高技能劳动力来看，高技术制造业在东部地区和中部地区对外贸易转型升级中显著促进了研发人员相对需求；从以劳动力生产效率分类的技能劳动力来看，我国对外贸易转型升级主要是提高了中技能劳动力的相对需求。

第一节　我国就业劳动力技能结构的变动

学者往往把高技能劳动力认定为高中以上学历毕业的劳动力或者从事管理的劳动力。但在中国的统计数据中，并未将劳动力的学历或者是否为管理人员区分清楚，中国工业企业数据库中只给出了企业总体的从业人员数；《中国统计年鉴》《中国工业统计年鉴》和《中国劳动统计年鉴》以及其他统计年鉴中也没有给出各个行业或者地区的从业人员的学历或者从事工作的性质。我国学者在研究劳动力技能结构问题时，大部分采用《中国科技统计年鉴》或《中国统计年鉴》中统计的各行业或地区科技从业人员或工程技术人员作为技能劳动力代表，如唐宜红和马风涛（2009）、程盈莹和逯建（2016）等。另外，WIOD 2013 年版本数据库给出了 1995 年到 2009 年 40 个国家包括中国的 35 个行业中高技能劳动力、中技能劳动力和低技能劳动力平均劳动力报酬，各种技能劳动力工作时间等信息。杨飞等（2019）学者在检验垂直专业化分工对我国各技能劳动力就业影响时都采用 WIOD2013 年版本数据。本节主要基于 WIOD2013 数据中各种技能劳动力信息和我国统计的科技从业人员信息,分析我国就业劳动力技能结构的变动趋势。

一、我国行业层面就业技能结构变动

WIOD2013 年版数据库并未提供 35 个行业高技能、中技能和低技能劳动力的就业总数,但它提供了各种技能劳动力的工作小时数占所有就业总小时数的数据和各种技能劳动力报酬占总劳动力就业报酬的比重,同时提供了所有劳动力总的就业小时数和所有劳动力的总报酬。这些就业相关的数据是根据 2010 年、2011 年和 2012 年《中国统计年鉴》中各行业劳动力生产率的数据进行推算获得的。我们这里对就业技能结构变动的分析主要基于就业中高技能劳动力和中技能劳动力的工作时间占比和劳动力报酬占比的变化来看的。

相比于发达国家不论是从高技能劳动力工作时间比重还是从高技能劳动力报酬比重来看,我国高技能劳动力所占比重还是相对比较低的,不过总体增长还是比较快的。1995 年我国高技能劳动力就业所占比重不到 5%,而同期日本的这个数值是 18.13%,美国的数据是 21.9%。2000 年中国高技能劳动力就业比重为 6.32%,同期日本为 21.2%,美国为 22.9%;2009 年中国的比重上升为 10.7%,日本为 23.7%,美国为 26.43%,详见表 8 - 1。平均来看,1995—2009 年我国高技能劳动力工作小时占比增长率为 5.8%,而日本的增长率只有 1.95%,美国为 1.37%。从高技能劳动力报酬占比来看,1995—2009 年我国的平均增长率为 6.8%,日本为 1.71%,美国为 1.33%。

从变动趋势来看,2001 年中国加入 WTO 之前,高技能劳动力就业比重基本按照 5% 的增长率在增加,高技能劳动力报酬比重按照 6% 到 7% 的增长率增长;但加入 WTO 之后,这一增长率明显加快,从就业时间比重看 2003 年相对于 2002 年增长 10.34%,2005 年和 2006 年的增长率也高于 10% 以上,从劳动力报酬比重来看,2003 年、2005 年和 2006 年的增长率都超过 15%,这一增长速度显著快于日本和美国,2003 年之后日美两国的高技能就业增长率基本都在 0% 左右徘徊。

表 8 - 1　行业高技能和中技能劳动力所占比重平均变化

年份	工作时间占比（％）				劳动力报酬比（％）			
	高技能	中技能	高技能（日）	高技能（美）	高技能	中技能	高技能（日）	高技能（美）
1995	4.91	46.75	18.13	21.90	5.96	47.07	23.75	31.62
1996	5.17	47.38	18.70	21.91	6.38	47.95	24.53	31.50
1997	5.44	48.01	19.19	22.07	6.81	48.81	24.82	31.41
1998	5.72	48.62	20.05	22.63	7.26	49.65	25.88	32.42
1999	6.02	49.23	20.73	22.70	7.73	50.46	26.39	32.57
2000	6.32	49.82	21.20	22.99	8.22	51.24	26.85	33.87
2001	6.64	50.39	22.11	23.45	8.72	51.99	27.91	34.77
2002	6.97	50.96	23.02	23.60	9.25	52.71	29.37	34.90
2003	7.70	50.04	23.38	23.23	10.31	51.46	29.54	34.10
2004	8.02	48.92	23.64	24.43	10.89	50.08	29.94	35.96
2005	9.20	47.79	23.70	24.66	12.62	48.68	30.06	36.11
2006	10.33	46.66	23.70	25.04	14.29	47.24	30.06	36.92
2007	9.98	46.21	23.70	25.18	13.91	46.67	30.06	36.41
2008	10.70	45.81	23.70	25.59	14.91	46.24	30.06	37.50
2009	10.70	45.81	23.70	26.43	14.91	46.24	30.06	37.92

资料来源：WIOD 国民经济账户数据库。

表 8 - 1 还给出了我国中技能劳动力的工作时间占比和劳动力报酬占比。从趋势来看，2002 年之前我国中技能劳动力比重都按照 1％ 左右的增长率增长，但随后不论是中技能劳动力工作时间比还是劳动力报酬比其增长率都是负的，在 - 2％ 左右。

从服务业和制造业的情况来看，我国服务业行业的高技能劳动力占比明显高于制造业行业，而且增长速度也快于制造业。我国制造业行业高技能劳动力工作时间占比的年均数值从 1995 年的 1.79％ 平稳上升到 2006 年的 4.27％，2007 年显著下降到 3.75％，2008 年和 2009 年又上升到 4.13％；服务业的高技能劳动力工作时间占比从 1995 年的 8％ 持续上升到 2009 年的 17.15％，详见图 8 - 1 中左图。从高技能劳动力报酬比重来看，1995 年服务业的比重为9.53%，到2009年上升到23.60%；制造业的比重1995年是2.18%，到2006年上升到最高为5.80%，金融危机期间有所下降，详见图8-1中的右图。

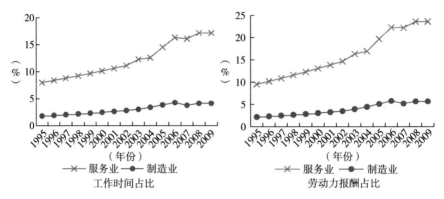

图8-1 1995—2009年制造业和服务业高技能劳动力占比

资料来源：WIOD2013年国民经济账户数据库。

从服务业各行业工作时间占比来看，教育服务业的高技能劳动力占比最高，2009年已经上升到39.2%，其次是邮政与通讯业、航空运输业的其他配套和辅助业务，2009年数值分别为34.23%和33.17%。金融服务业、租赁和商务服务业中高技能劳动力占比也是相对比较高的，2009年数值分别为24.18%和24.11%。其他服务业行业的高技能劳动力占比基本都在20%以下，尤其是一些传统服务业行业或者消费性服务业的高技能劳动力占比都比较低，比如住宿和餐饮业、内陆运输、水路运输、房地产行业等。从增长趋势来看，零售行业、电力、煤气及水的供应服务业等，从1995年到2009年年均增长率都在8%以上；金融业的年均增长率为7.3%；房地产业的年均增长率最低，为2.7%。教育服务业、邮政与通讯业、航空运输业的其他配套和辅助业务行业的年均增长率在5%到6%左右，这三个行业虽然年均增长率不是最高的，但是所有服务业中从1996年到2009年一直保持正增长率的行业；其他大部分服务业行业都是在2002年之前增长率比较平稳，之后波动比较大。

从制造业行业来看，资本密集型行业高技能劳动力占比普遍较高，如电气及电子机械器材制造业2009年的高技能劳动力占比最高，为8.37%，其次是石油炼焦及核燃料加工业，为7.49%，紧接着为化学原料及制品制造业和交通运输设备制造业，分别为7.36%和7.35%。劳动力密集型行业如纺织服装制造业、皮革毛皮及鞋类制造业、木材加工及软木制品业等高技能劳动力就业占比相对比较低，2009年分别为1.38%、1.05%和1.58%。从趋势来看，各制造业行业除2007年高技能劳动力就业比有所下降外，其他时间基本都是保持增长趋势，详见图8-2各制造业行业高技能劳动力就业比变动趋势图。

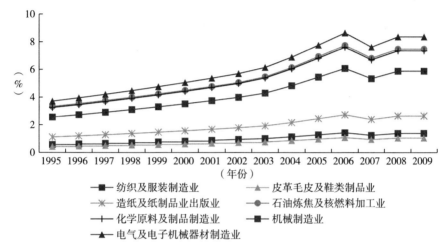

图8-2　1999—2009年制造业代表性行业高技能就业占比变动趋势

资料来源：WIOD2013年国民经济账户数据库。

不过从年均增长率来看，劳动力密集型制造业高技能劳动力工作时间占比增长率相对比较快，皮革毛皮及鞋类制品业从1995年到2009年的年均增长率最高为6.79%，纺织及服装制造业和木材加工及软木制品业年均增长率为6.72%。石油炼焦及核燃料加工业、电气及电子机械器材制造业、交通运输设备制造业、化学原料及制品制造业基本是最低的，年均增长率分别为6.13%、6.14%、6.17%和6.19%，是所有制造业中最低的四个行业。其他行业基本都在6.4%左右，参见图8-3 WIOD制造业各行业高技能劳动力1999—2009年年均增长率。

从中技能劳动力就业比重来看，1995—2002年所有制造业行业都呈现平稳增长，2002年之后呈现下降趋势，年均增长率差异也不大；从总量上来看，资本密集型行业中技能劳动力比重相对比较高，例如石油炼焦及核燃料加工业和交通运输设备制造业超过50%；劳动力密集型制造业的中技能劳动力占比相对比较低，像皮革毛皮及鞋类制品业只有 26% 左右，而纺织及服装制造业和木材加工及软木制品业在 30% 左右。

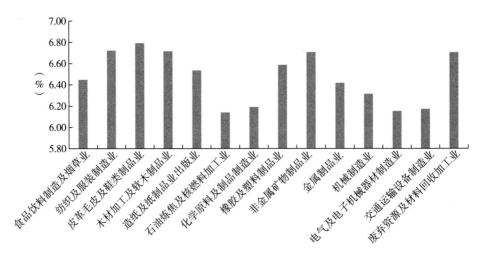

图 8 - 3　1999—2009 年 WIOD 制造业各行业高技能劳动力年均增长率

资料来源：WIOD2013 年国民经济账户数据库。

考虑到我国对外贸易主要还是发生在制造业行业，而金融危机之后我国产业升级的速度明显加快，为此我们以《中国科技统计年鉴》分行业统计的规模以上企业研发人员（R&D 人员）作为技能劳动力，进一步分析金融危机之后我国就业技能结构的变动趋势。从总量上来看，通信设备、计算机及其他电子设备制造业的研发人员数量是所有制造业中最高的，其次是交通运输设备制造业、电气机械及器材制造业、通用设备制造业等，这些行业都是资本和技术相对密集型行业。以通信设备、计算机及其他电子设备制造业为例，2000 年规模以上企业的研发人员总数为 116871 人，2010年上升到 313912 人，2017 年为 628592 人；而家具制品业研发人员 2000 年只有 1011 人，纺织业为 53006 人，到 2010 年家具制品业上升到 3405 人，纺织业研发人员下降为 48117 人，2017 年纺织业研发人员上升为 99136 人，家具制品业为 30357 人。

从研发人员占所有人员的比例来看，2008 年之前大部分制造业行业与WIOD 数据库中各制造业高技能劳动力工作时间比的分布和趋势基本相似。一般来讲资本和技术密集型行业的研发人员比重比较高，劳动力密集型行业的研发人员比重比较低。2000 年通信设备、计算机及其他电子设备制造业的比例最高为 8.35%，其次是交通运输设备制造业为 7.47%，随后是电气机械及器材制造业，有色金属冶炼及压延加工业，仪器仪表及文化、办公用机械和化学纤维制造业等比重也在 5% 以上；而劳动力密集型的服装、鞋、帽制造业，皮革、毛皮、羽毛（绒）及其制品，家具制造业等行业研发人员的比重都低于 1%，纺织业的研发人员比为 1.61。2017 年通用设备制造业、仪器仪表及文化、办公用机械、专用设备制造业、交通运输设备制造业、化学原料及化学制品制造业、医药制造业、化学纤维制造业等资本密集型行业的研发人员比重都上升到 10%；通信设备、计算机及其他电子设备制造业 2017 年的数据仅为 8.01%；服装、鞋、帽制造业，皮革、毛皮、羽毛（绒）及其制品等劳动力密集型行业的研发人员比重都上升到 2% 以上，部分行业如家具制造业，纺织业，木材加工及木、竹、藤、棕、草制造业等研发人员比重都上升到 5% 以上，详见表 8－2。

表 8－2　制造业规模以上企业研发人员占比变动　　　　单位：%

行业	2000 年	2005 年	2010 年	2015 年	2017 年	2010—2017 年年均增长率
13 农副食品加工业	0.90	1.45	1.56	3.62	4.89	13.42
14 食品制造业	1.51	2.44	2.02	3.77	4.53	8.69
15 饮料制造业	2.21	2.83	2.44	3.32	4.28	6.13
16 烟草制品业	2.26	3.76	2.57	3.65	3.53	4.68
17 纺织业	1.61	2.40	2.09	4.46	5.80	13.25
18 服装、鞋、帽制造业	0.47	0.71	0.50	1.99	2.69	26.75
19 皮革、毛皮、羽毛（绒）及其制品	0.43	0.80	0.65	1.38	2.22	16.70
20 木材加工及木、竹、藤、棕、草	1.07	0.00	0.79	4.23	6.59	32.58
21 家具制造业	0.61	0.81	0.94	2.96	5.54	25.31
22 造纸及纸制品业	2.08	2.67	2.41	4.91	6.28	11.78
23 印刷业和记录媒介的复制	0.56	1.13	1.80	3.21	5.00	15.81
24 文教体育用品制造业	0.91	1.52	1.05	2.96	4.29	17.43

行业	2000 年	2005 年	2010 年	2015 年	2017 年	2010—2017 年 年均增长率
25 石油加工、炼焦及核燃料加工业	3.78	4.31	2.50	3.18	3.42	3.94
26 化学原料及化学制品制造业	3.89	5.24	4.53	9.37	10.31	8.69
27 医药制造业	4.47	5.78	7.22	11.16	11.40	3.62
28 化学纤维制造业	5.30	6.77	7.05	11.06	11.22	7.36
29 + 30 橡胶和塑料制品业	2.41	2.60	3.53	5.25	7.37	11.94
31 非金属矿物制品业	1.97	2.20	2.25	4.66	6.61	12.58
32 黑色金属冶炼及压延加工业	4.82	6.91	4.88	6.05	7.62	6.47
33 有色金属冶炼及压延加工业	5.68	6.04	4.16	7.22	8.44	8.28
34 金属制品业	1.58	2.64	3.18	6.97	9.01	12.58
35 通用设备制造业	4.98	6.68	5.87	10.50	11.90	7.38
36 专用设备制造业	4.96	5.86	6.06	11.62	13.45	9.03
37 交通运输设备制造业	7.47	8.78	6.63	9.54	10.58	6.22
39 电气机械及器材制造业	5.90	6.64	7.67	9.86	11.64	4.42
40 通信设备、计算机及其他电子设备制造业	8.35	10.04	8.97	6.35	8.01	0.49
41 仪器仪表及文化、办公用机械	5.33	7.58	8.17	12.10	13.22	10.71
42 工艺品及其他制造业	0.24	2.53	2.21	6.98	6.48	26.96

资料来源:《中国科技统计年鉴》各年计算得到。

从行业研发人员比重的增长率来看,2010—2017 年劳动力密集型行业比如服装、鞋帽制造业、木材加工制造业、加具制造业等行业的年均增长率还是远高于资本或技术密集型行业,这与 WIOD 数据库中 1995 年到 2009 年高技术人员就业比的年均增长率变动特点一致。纺织业,服装、鞋、帽制造业,皮革、毛皮、羽毛(绒)及其制品,木材加工及木、竹、藤、棕、草,家具制造业,造纸及纸制品业,印刷业和记录媒介的复制,文教体育用品制造业等大部分劳动力密集型行业研发人员占比 2010 年到 2017 年年均增长率基本都在 10% 以上,有些行业甚至超过了 20%,相比于 2000 年到 2009 年的 6%

左右的年均增长率要高得多。这也从侧面说明劳动力密集型行业在金融危机之后升级的力度大大增强了。资本密集型行业如仪器仪表及文化、办公用机械，专用设备制造业，化学原料及化学制品制造业等行业研发人员的年均增长率在8%以上；通用设备制造业，化学纤维制造业等行业年均增长率在7%以上，其他行业基本在6%左右；医药制造业，电气机械及器材制造业年均增长率基本在3%~5%，而研发人员总量最高的通信设备、计算机及其他电子设备制造业2010年到2017年研发人员的年均增长率是所有行业中最低的，只有0.49%，见表8-2中各行业2010—2017年年均增长率列。资本密集型行业研发人员比重增长率低可能有两个原因：①资本密集型行业研发人员的培育相对比较困难，专业性比较强，所以占比增量相对比较慢；②金融危机之后我国嵌入资本密集型行业全球价值链分工中的加工环节和零部件生产大大增加，非研发人员需求更大，虽然研发人员总数不断增加，但研发人员占比并未发生太大变化。

本节主要对我国劳动力就业的技能结构变动趋势进行分析，发现总体来看我国高技能劳动力就业数量是不断增加的，而且占总就业的比重也呈现上升趋势。从行业层面分析可以看出，劳动力密集程度比较高的行业其总体高技能劳动力或研发人员总量和占比都比较低，但是增长速度比较快，尤其是金融危机之后更加明显；资本或技术密集型相对比较高的行业其高技能劳动力或研发人员总量和占比相对比较高，但其增长的速度要慢于劳动力密集型行业。地区层面数据发现东部各省市的研发人员总量远远高于中部地区和西部地区；但研发人员占比三个区域在2008年之前没有太大差异，2008年之后东部地区总体的比重高于中部和西部地区；研发人员总量高的省份其研发人员占所有就业的比重并不是最高的，而且只具有中位数的增长率。

二、地区层面就业技能结构变动现状

因我国并未对就业的性质和学历进行统计，地区层面能反映就业技能结构变化的就只有各地区研发从业人员数。所以这部分我们主要采用各省市、自治区规模以上工业企业的研发从业人员数及其占工业就业总量的比重变动分析地区就业技能结构变动。从大区域来看，东部地区规模以上工业企业研发从业人员最多，增长也比较快。2000 年东部地区总的研发从业人员为 69.8 万人，2008 年上升到 195.7 万人；受金融危机的影响，2009 年到 2010 年东部地区的研发人员数量大幅度下降，2009 年为 130.9 万人，2010 年进一步下降为 117.8 万人；2011 年之后东部研发人员的数量逐年上升，2015 年为 250.7 万人，2018 年上升到 296.7 万人。中部地区和西部地区规模以上工业企业研发人员的变动趋势基本一致，都呈现先上升后下降再上升的趋势，不过变动幅度远小于东部地区。从 2000 年到 2008 年中部和西部地区的研发人员数逐年增加，2008 年到 2009 年有所下降，从 2010 年之后持续增长。2000 年中部地区研发人员数量为 41.07 万人，西部地区为 27.78 万人，2008 年分别上升到 73.9 万人和 39.6 万人，到 2010 年下降为 39.4 万人和 18.25 万人；2017 年中部地区总研发人员分别增长为 87.45 万人和 41.84 万人。2000 年到 2017 年东部年均研发人员增长率为 10.2%，而中部地区和西部地区分别为 5.9% 和 4.1%。这主要是因为 2008 年之前东部研发人员的高速增长率引起的，2000 年到 2008 年东部地区年均研发人员增长率为 15%，而中部地区和西部地区分别为 8.3% 和 5.1%；2010 年之后中部和西部研发人员增长率明显加快，中部地区年均为 10.96%，西部地区为 11.25%，同期东部地区下降为 13.1%，详见图 8 - 4 中东、中、西研发人员总量变动图。

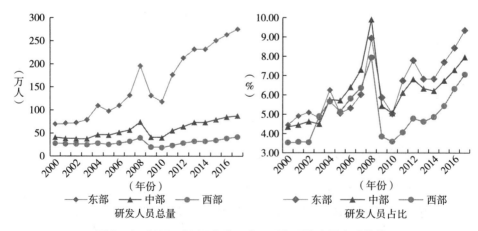

图 8 - 4　2000—2017 年东、中、西部研发人员变动趋势

资料来源：《中国科技统计年鉴》各年计算得到。

东部和中部地区研发人员占所有就业人数的比重在 2000 年到 2010 年基本没有太大区别，但是 2010 年之后东部研发人员占比显著高于中部和西部地区。2000 年东部研发人员占比为 4.45%，中部地区为 4.34%，西部地区是 3.54%；2008 年东部研发人员占比上升到 8.94%，中部为 9.9%，西部 7.94%，2010 年东部和中部的比重下降为 5% 左右，西部为 3.59%。2017 年东部研发人员占比从 2010 年的 5% 上升到 9.35%，中部上升到 7.96%，西部为 7.06%，参见图 8－4 中三大区域研发人员占比图。从研发人员比重来看，金融危机之前东部地区并未表现出明显的研发优势，但金融危机之后东部研发的投入明显快于中部和西部地区。

从各省份来看，2017 年广东省的研发人员数最多，为 69.64 万人，其次是江苏省，58.94 万人，浙江省 44.43 万人，山东省 38.58 万人；中部地区的河南省，安徽省研发人员在 15 万人以上；东部的福建省、河北省、上海市，中部的湖北省和湖南省都在 10 万人以上，西部地区的四川省研发人员最多，为 12.37 万人；其他的省份 2017 年研发人员都低于 10 万人；除了西藏自治区外，青海省和海南省是所有省市自治区中规模以上工业企业研发人员最低的省份，2017 年人数分别为 0.38 万人和 0.39 万人。

从 2000 年到 2017 年增长的绝对数额来看，广东省研发人员增长最多，增长了 61.2 万人，随后是江苏省增长 44.23 万人，浙江省增长 40.86 万人，山东省增长 23.24 万人，福建省增长 12.82 万人；中部的安徽省，河南省净增长超过 10 万人；河北省、天津市、湖北省、重庆市研发人员增长数额超过 6 万人不足 8 万人；上海市、四川省和北京市净增长人数在 4 万人左右；其他省市自治区增长人数基本都在 3 万人以下；青海省、吉林省、黑龙江省和甘肃省的净增长是负数，这说明这些省份的研发人员有大量流出。

从研发人员所占比重来看，2017 年占比最高的是浙江省，为 14.1%；其次是安徽省 13.96%，湖南省、河北省和天津市的比重在 12% 左右，江苏省、重庆市和山东省的比重在 10% 以上；贵州省、四川省、宁夏回族自治区和内蒙古自治区以及北京市的占比在 8% 到 9% 左右；研发人员数最高的广东省其比例为 7.49%，基本处于中间位置；比例最低是青海省和新疆维吾尔自治区，分别为 3.79% 和 3.14%。

各省市自治区研发人员所占比的增长差异非常的大。2000—2017 年增长最快的是浙江省、安徽省、河北省、天津市、湖南省，分别增长 11.02、8.85、8.81、8.43 和 8.27 个点；重庆市、内蒙古自治区、北京市、福建省、江苏省和宁夏回族自治区增长在 5 个点以上，对外贸易发展比较快的广东省和山东省增长了 4 个点左右；而陕西省、甘肃省和青海省基本没有增长或增长为负值。详情如表 8-3 所示。

表 8-3　各省（自治区、直辖市）研发人员和研发人员比重

	研发人员总量（万人）					研发人员所占比重（%）			
	2000 年	2005 年	2008 年	2010 年	2017 年	2000 年	2005 年	2010 年	2017 年
北京	3.2	3.82	9.33	3.87	7.34	3.39	3.73	3.84	8.91
天津	2.45	3.22	7.42	3.88	8.95	3.01	4.14	5.15	11.44
河北	5.22	6.67	9.18	5.11	12.45	3.33	5.54	4.27	12.14
辽宁	7.58	9.97	12.18	6.33	7.94	3.75	6.63	4.37	6.74
上海	7.46	5.82	10.48	6.64	12.02	5.57	4.90	4.70	6.99
江苏	14.71	20.25	39.49	23.94	58.94	5.71	8.05	7.14	10.85
浙江	3.57	11.35	31.19	13.82	44.43	3.08	5.58	3.93	14.10
福建	1.73	3.72	8.49	5.41	14.55	1.34	1.86	2.24	6.83
山东	15.34	16.49	27.31	17.29	38.58	5.42	4.90	4.99	10.07
广东	8.44	16.03	40.22	31.42	69.64	3.33	4.45	6.59	7.49
海南	0.11	0.17	0.41	0.1	0.39	1.30	2.36	1.29	4.94
山西	3.37	6.15	8.05	4.10	4.28	3.67	9.25	5.49	7.65
内蒙古	1.36	1.88	2.43	1.66	3.84	2.86	4.90	4.40	8.73
吉林	3.41	2.04	3.52	1.82	3.39	3.20	4.41	3.65	5.39
黑龙江	4.61	5.38	6.45	3.64	4.51	4.06	5.90	6.25	7.70
安徽	4.16	5.02	6.65	5.40	15.49	5.11	6.45	6.32	13.96
江西	3.51	3.92	3.84	2.96	6.65	4.81	5.37	3.61	5.26
河南	8.09	9.52	12.14	9.35	18.78	3.78	5.71	5.69	5.48
湖北	8.51	6.78	7.35	6.92	14.96	4.46	4.17	4.64	9.18
湖南	5.18	5.80	6.12	5.20	13.03	4.21	6.17	4.66	12.48

	研发人员总量（万人）					研发人员所占比重（%）			
	2000 年	2005 年	2008 年	2010 年	2017 年	2000 年	2005 年	2010 年	2017 年
广西	2.15	1.89	3.14	1.61	2.83	3.19	3.33	2.58	4.23
重庆	2.79	3.36	5.52	3.10	8.71	4.49	6.21	4.96	10.40
四川	8.15	7.25	12.31	5.05	12.37	5.85	6.15	4.07	8.40
贵州	1.96	1.61	2.48	1.13	3.26	4.18	3.86	3.06	8.34
云南	1.36	1.22	2.73	1.13	3.32	2.46	2.73	1.93	5.14
陕西	6.61	5.79	7.18	3.67	7.02	6.99	6.71	4.53	7.00
甘肃	3.06	2.10	3.09	1.25	1.74	5.57	4.76	3.55	5.53
青海	0.39	0.39	0.54	0.26	0.38	4.63	5.80	2.61	3.79
宁夏	0.51	0.48	0.92	0.37	1.06	3.49	4.22	3.48	8.50
新疆	0.81	1.01	1.67	0.68	1.12	2.44	4.09	2.63	3.14

资料来源：《中国科技统计年鉴》各年。

　　不论从行业层面还是从地区层面的数据来看，我国高技能劳动力或研发人员的相对比重正在随时间不断增加，但具体数值和增长速度在各行业之间和各地区之间存在较为显著的差异。从行业层面来看，资本、技术含量比较高的行业其高技能劳动力和研发人员比重往往比较高，但增长速度低于劳动力密集型行业。而东部地区研发人员的总量远超过中部和西部地区，从研发人员占比的增长速度来看，东部地区和中部地区远高于西部地区。

第二节　对外贸易转型升级对劳动力技能结构的影响

　　本节主要基于行业和地区层面数据检验我国出口中国内附加值增加和出口国内附加值率上升是否对各技能劳动力的相对需求产生影响。

一、检验模型

　　本部分检验对外贸易转型升级对技能劳动力结构的影响采用国际贸易界

普遍使用的转换成本函数法（Translog Cost Model）。该方法是 Berman 等（1994）、Feenstra 和 Hanson（1996）在检验对外贸易发展对美国就业结构和技能溢价的影响时采用的方法。此后许多学者也用该方法对其他国家的对外贸易与技能结构及技能溢价关系进行检验，如 Egger，Gugler 和 Pfaffermayr（2000）对澳大利亚；Hijzen，Gorg 和 Hine（2003），Anderton 和 Brenton（1998）对英国；Heand 和 Ries（2002）对日本；喻美辞（2008）、王中华等（2009），臧旭恒和赵明亮（2011）等对中国数据的检验都采用这种方法。

假定生产中使用三种要素：技能劳动力、非技能劳动力和资本，在短期中资本可以看作是固定的，这样其生产成本函数是：

$$C_n(w_s, w_u, r, K_n, Y_n, p/p_n) = \min(w_s L_s + w_u L_u + r K_n) \qquad (8-1)$$
$$\text{s. t. } Y_n = G_n(L_s, L_u, K_n, 1, p/p_n)$$

这里的 Y_n 代表 n 部门的生产总数量，G_n 是生产函数，该函数对劳动力和资本单调递增的凹函数。C_n 表示 n 部门的短期总成本，w_s、w_u、r 分别是技能劳动力、非技能劳动力和资本的回报率，L_s、L_u 表示技能劳动力和非技能劳动力的就业总量。K 是短期总资本量，p 是总价格指数，p_n 是 n 部门的价格。对上式进行对数型的泰尔二次展开则得到一般的转换成本函数的通常记法：

$$\ln C = \alpha_0 + \sum_{i=1}^{M} \alpha_i \ln w_i + \sum_{k=1}^{N} \beta_k \ln x_k + \frac{1}{2} \sum_{j=1}^{M} \sum_{i=1}^{M} \gamma_{ij} \ln w_j \ln w_i +$$
$$\frac{1}{2} \sum_{k=1}^{N} \sum_{l=1}^{N} \delta_{kl} \ln x_k \ln x_l + \sum_{i=1}^{M} \sum_{k=1}^{N} \varphi_{ik} \ln x_k \ln w_i \qquad (8-2)$$

这里 w_i、w_j 代表第 i、j 种要素的报酬，$i, j = 1, 2, 3 \cdots\cdots, $ M；x_k、x_l 代表固定的投入量或者产出量，其中 $k, l = 1, 2 \cdots\cdots, N$。$a_0$、$a_i$、$\beta_k$、$\gamma_{ij}$、$\delta_{kl}$、$\varphi_{ki}$ 代表参数，为保证转换成本函数是工资的线性齐次函数，这里假定 $\sum_{i=1}^{M} a_i = 1$，$\sum_{i=1}^{M} \gamma_{ij} = \sum_{i=1}^{M} \varphi_{ki} = 0$，且 $\gamma_{ij} = \gamma_{ji}$。在短期来看，资本和产出都是固定的，因此唯一可变要素就是劳动力。对（2）转换成本函数求工资的导数 $\partial \ln C / \partial \ln w_i = (\partial C / \partial w_i)(w_i / C)$，因 $\partial C / \partial w_i$ 代表对 i 要素的需求，因此 $\partial \ln C / \partial \ln w_i$ 就是 i 要素的报酬占总成本的比重，这里用成本比重 s_{ni} 来表示。如果对（8-2）式中的技能劳动力工资求导，则得到：

$$s_{ns} = \alpha_s + \sum_{j=1}^{M} \gamma_{sj} w_j + \sum_{k=1}^{N} \varphi_{sk} \ln x_k \qquad (8-3)$$

这里 $s_{ns} = \dfrac{w_s L_s}{w_s L_s + w_u L_u}$，代表技能劳动力工资占总工资的比重，表示对技能劳动力的相对需求。式（8-3）中的第二项是其他各要素的报酬率，一般认为同一要素在部门之间的价格是不同的，反映了各部门之间所得要素在质量上的差异，在回归中可以包含在固定作用的常数项中。x_k 代表部门的固定投入量和产出量以及其他影响要素相对需求的其他因素，n 表示部门，这里是行业或地区。Feenstra 和 Hanson 指出参与全球价值链分工和进行垂直专业化贸易是影响技能劳动力相对需求的重要因素，因此根据公式（3）我们构建了本章的回归模型：

$$s_{ns} = \beta_0 + \beta_1 ln\, K_n + \beta_2 ln\, Y_n + \beta_3\, trade_n + H_n + T + \varepsilon \qquad (8-4)$$

式（8-4）称为工资份额等式（Wage Bill Share Equations）。这里 s_{ns} 用技能劳动力总工资占所有劳动力工资的比重表示。s_{ns} 上升意味着 n 部门对技能劳动力的相对需求上升，说明部门生产成本中技能劳动力的成本所占比重上升；如果 s_{ns} 下降，则说明部门生产更多的是采用了非技能劳动力，对非技能劳动力就业和工资有利。$ln\, K_n$ 为 n 部门短期资本投入的对数，$ln\, Y_n$ 代表部门总产出的对数。$trade_n$ 是核心关键解释变量，这里采用 n 部门出口中国内附加值比率（DVARn）和以国内附加值计算的出口额对数表示（$ln\, DVA_n$）。H_n 是部门 n 的固定效应，反映部门 n 不随时间变化的因素；T 是时间固定效应。

此外，为了更直观反映在全球价值链分工下对外贸易转型升级对部门技能劳动力结构的影响，本章还借鉴 Machin 等（1996）、Anderton 和 Brenton（1998）的做法，对就业份额等式（Employment Share Equation）进行检验，其回归方程如下：

$$sh = \beta_0 + \beta_1 ln\, K_n + \beta_2 ln\, Y_n + \beta_3\, trade_n + \beta_4 ln\, w_n + H_n + T + \varepsilon \quad (8-5)$$

这里 $sh = \dfrac{L_s}{L_s + L_u}$，表示技能劳动力就业占总就业的比重，$sh$ 的变化仅反映技能劳动力的就业情况。$ln\, w_n = ln\, \dfrac{w_s}{w_u}$，表示技能劳动力与非技能劳动力工资比对数值。

二、基于 WIOD 行业层面数据的检验

1. 数据说明与统计描述

本部分基于行业层面的检验采用 WIOD2013 年版本数据库，虽然该版本数

据库只提供了 40 个经济体和剩余其他所有国家总体（Rest of World）的 35 个部门从 1995 年至 2011 年的世界投入产出表（WIOT）和国民经济账户（Socio Economic Accounts）数据。这 35 个部门中涵盖了一个农林牧渔业，一个采矿业还有 14 个制造业部门和 19 个服务业部门。但这个版本的国民经济账户除了提供了 35 个部门总产出、中间投入、产出增加值、职工报酬、劳动力总报酬、资本总报酬、固定资本存量、从业人员数、职工人数、从业人员工作小时数、职工工作小时数等总量数据外，还包含各部门中高技能劳动力、中技能劳动力和低技能劳动力报酬所占总劳动力报酬的比重以及高技能劳动力、中技能劳动力、低技能劳动力总工作时间占所有劳动力总工作时间的比重数据，这为我们研究在全球价值链分工下对外贸易转型升级对劳动力技能结构变动的影响提供了基础。

　　WIOD 数据库中提供了高技能、中技能和低技能劳动力报酬和工作时间的信息，因此这里我们采用高技能劳动力工资报酬占总劳动力工资报酬的比重表示式（8-4）中的 s_{ns} 行业对高技能劳动力的相对需求；用高技能劳动力工作时间占劳动时间的比重反映式（8-5）中的 sh。同时稳健性期间，本部分还考察了对外贸易转型升级对中技能劳动力相对需求的影响，分别用中技能劳动力工资占总劳动力工资的比重和中技能劳动力工作时间占总劳动力工作时间的比重表示。式中的投入（$ln K_n$）和产出（$ln Y_n$）分别采用按照总固定资产指数 1995 = 100 平减后的实际行业固定资产的对数和按照总产出价格指数 1995 = 100 平减后的行业工业总产出增加值对数表示。本部分所使用变量的统计描述如表 8-4 所示。

表 8-4　变量描述①

变量	变量说明	观测值	均值	标准差	最小值	最大值
DVAR	出口中国内附加值率	552	0.86	0.07	0.57	0.97
ln DVA	出口国内附加值对数	552	8.16	2.94	-7.70	13.15
year	年份	586	2003	4.90	1995	2011
s_{nhs}	高技能劳动力工资占比	487	0.10	0.10	0.00	0.49
s_{nms}	中技能劳动力工资占比	487	0.49	0.14	0.04	0.87

---

　　① 数据中中国的国民经济账户缺失 2010 年和 2011 年的数据，同时部分服务业行业各技能劳动力就业信息也有缺失。

续表

变量	变量说明	观测值	均值	标准差	最小值	最大值
shh	高技能劳动力工作时间占比	487	0.08	0.08	0.00	0.39
shm	中技能劳动力工作时间占比	487	0.48	0.15	0.04	0.88
$\ln w_h$	高技能劳动力工资比低技能劳动力工资对数	487	0.44	0.11	0.08	0.73
$\ln w_{mh}$	中高技能劳动力工资比低技能劳动力工资对数	487	0.15	0.07	-0.12	0.38
lnY	行业增加值对数	487	10.36	0.95	7.55	12.62
lnK	行业固定资产对数	487	9.12	1.12	6.01	12.33

2. 检验结果

根据式（8-4）和（8-5）基于全部行业的检验结果见表8-5。根据式（8-4）工资份额检验的结果见表8-2的左半部分，根据（8-5）就业份额检验的结果见表8-5的右半部分。从回归结果看，行业增加值产出的变动对高技能和中高技能相对需求影响并不显著，这可能是因为我国的行业产出增加更多的是由于低技能劳动力投入和资本投入引起的。资本投入对高技能劳动力相对需求具有显著负效应，这说明资本投入越高，对高技能劳动力需求越低，资本和高技能劳动力之间存在替代关系。但资本投入增加显著提升中高技能劳动力相对需求，这说明资本投入增加会提升行业对中技能劳动力的需求。在就业份额等式回归结果中，行业高技能劳动力相对于低技能劳动力工资提高显著提升行业对高技能劳动力需求，这一结果与就业和工资的相关理论的结论有所出入，这可能是因为在中国高技能劳动力相对比较缺乏，行业对高技能劳动力需求高但供给有限，因此越高的相对工资高技能劳动力需求越高。

不论从工资份额还是从就业份额的回归结果来看，出口中国内增加值对行业高技能劳动力相对需求影响的回归系数虽然为正，但并未通过显著性检验，这说明我国以附加值测算的出口增加并未对高技能劳动力的相对需求并未产生显著影响；不过增加值出口对行业中技能的相对需求在10%统计水平下显著，以增加值计算的出口上升1%，中技能劳动力工资份额上升0.002个点；中技能劳动力工作时间相对需求上升0.001个点。这一结果产生的原因可能是我国行业中以国内附加值计算的出口额虽然高，但更多还是相对低端附加值出口总额上升引起的，因此对国内高技能劳动力相对需求影响不大，不过对中技能劳动力的相对需求扩大。

从工资份额和就业份额回归结果来看，出口中国内附加值率的上升对高技能劳动力的相对需求未产生显著影响，结果见表8-5中的高技能列。出口中国内附加值率上升对中技能劳动力工资份额有负效应，尤其是对中技能劳动力的工资份额作用更大。

表8-5　基于全行业的检验结果

| | 工资份额 | | | | 就业份额 | | | |
	高技能		中技能		高技能		中技能	
lnDVA	0.001		0.002 *		0.000		0.001 *	
	(0.001)		(0.001)		(0.000)		(0.001)	
DVAR		0.074		-0.139 **		-0.030		0.074
		(0.059)		(0.067)		(0.035)		(0.055)
lnY	0.047 ***	0.048 ***	-0.035 ***	-0.035 ***	0.015 ***	0.015 ***	-0.025 ***	-0.025 ***
	(0.007)	(0.007)	(0.008)	(0.008)	(0.004)	(0.004)	(0.006)	(0.006)
lnK	-0.086 ***	-0.084 ***	0.109 ***	0.107 ***	-0.053 ***	-0.054 ***	0.085 ***	0.084 ***
	(0.008)	(0.008)	(0.009)	(0.009)	(0.005)	(0.005)	(0.007)	(0.008)
lnw					0.188 ***	0.186 ***	-0.067 **	-0.055 *
					(0.013)	(0.013)	(0.029)	(0.029)
_cons	0.314 ***	0.241 **	-0.110	0.027	0.304 ***	0.329 ***	-0.010	0.063
	(0.083)	(0.102)	(0.094)	(0.116)	(0.050)	(0.062)	(0.077)	(0.097)
行业固定	是	是	是	是	是	是	是	是
时间固定	是	是	是	是	是	是	是	是
N	487	495	487	495	487	495	487	495
R^2	0.671	0.669	0.479	0.483	0.748	0.742	0.463	0.459

注：这里 lnw 表示相对工资的对数；*、**、***分别表示在10%、5%、1%的统计水平上显著，括号内数值为标准误差。

　　由于我国制造业和服务业参与全球价值链的程度和对外贸易总额差异比较大，而且不同制造业和不同服务业对技能劳动力需求的强度也不同，鉴于总体行业样本分析无法反映这种差异性，我们对样本进行分类回归。基于制造业行业的回归结果见表 8-6。

　　在服务业回归过程中，从典型事实的分析可以看出，不同服务业行业的高技能劳动力变动差异非常大，不同服务业对外贸易转型升级的力度也不同，因此部分服务业在回归时候加入对外贸易与是否是生产性服务业的交乘项有关。从工资份额的回归结果来看，增加值出口的上升对高技能劳动力相对需求总体不显著，这主要是消费性服务业行业引起的。对外贸易转型升级对消费性服务业高技能劳动力相对工资的作用回归系数基本为 0，而且不显著，不过对外贸易转型升级对高技能劳动力相对工资的需求上升在 5% 统计显著性水平下为正，见表 8-6 中第（2）列。

表 8-6　服务业对外贸易发展对劳动力技能结构的影响

	工资份额				就业份额			
	出口增加值							
	高技能		中技能		高技能		中技能	
	（1）	（2）	（3）	（4）	（5）	（6）	（7）	（8）
lnDVA	0.001	0.000	0.003 *	0.003 **	-0.001	-0.001	0.001	0.002
	(0.001)	(0.001)	(0.002)	(0.002)	(0.001)	(0.001)	(0.001)	(0.001)
lnDVA *生产性		0.011 **		-0.009		0.005		-0.005
		(0.005)		(0.006)		(0.003)		(0.005)
	出口增加值率							
	（9）	（10）	（11）	（12）	（13）	（14）	（15）	（16）
DVAR	-0.382 ***	-0.152	0.086	-0.250	-0.15 **	-0.044	0.066	-0.177
	(0.102)	(0.133)	(0.140)	(0.182)	(0.069)	(0.089)	(0.112)	(0.145)
DVAR *生产性		-0.48 ***		0.699 ***		-0.226 *		0.506 **
		(0.181)		(0.247)		(0.121)		(0.196)
控制变量	是	是	是	是	是	是	是	是
N	255	255	255	255	255	255	255	255

　　注：*、**、***分别表示在 10%、5%、1% 的统计水平上显著，括号内数值为标准误差。

出口中国内增加值率的上升对服务业行业高技能劳动力相对工资的上升具有显著负向作用，这种负向作用主要体现在生产性服务业行业，见表8－6第（10）列。相较于消费性服务业行业的不显著，生产性服务业出口中国内增加值率的上升会在1%统计显著性水平下导致高技能劳动力工资份额下降0.48。对中技能劳动力相对工资份额的回归结果显示，服务业行业增加值出口对中技能劳动力相对工资具有促进作用，结果在10%统计显著性下显著，这一结果主要在消费性行业比较显著。出口中国内增加值率的上升对中技能劳动力相对工资总体未产生显著影响，不过出口增加值率与是否生产性服务业虚拟变量的交乘项显著为正，这说明出口中国内增加值率的上升对生产性服务业行业中技能劳动力相对工资份额相比于消费性服务业具有显著正效应，见表8－6中的第（12）列。相对于消费性服务业行业，生产性服务业行业出口中国内附加值率上升1个点导致中技能劳动力相对工资比上升0.699个点，并且在1%统计水平下显著。

从就业份额来看，服务业行业增加值出口的上升对高技能劳动力和中技能劳动力相对就业时间的比重都未产生显著影响，这一结论不论在生产性服务业还是在消费性服务业都没有差异，见表8－6中（5）—（8）列。服务业行业出口中国内附加值率的上升对高技能劳动力的相对就业时间份额具有抑制作用，这种抑制作用主要在生产性服务业行业起作用，见表8－6中（14）列。从所有服务业行业来看，出口中国内附加值率的上升对中技能劳动力就业时间的比重未产生显著作用。但对比生产性服务业和消费性服务业，出口中国内附加值率上升对生产性服务业行业中技能劳动力工作时间占比具有显著正向作用，详见表8－6中的（16）。

从综合服务业行业就业份额和工资份额的回归结果来看，增加值出口额上升对中、高技能劳动力相对需求的作用并不显著，对行业的中技能工资和生产性服务业高技能工资有溢价效应。出口中国内附加值率的上升对高技能劳动力相对需求有显著负效应，这种负效应在生产性服务业更加明显，这可能是因为生产性服务业出口中国内附加值率上升对中技能劳动力需求加大引起的。

分制造业行业回归的结果见表8－7。鉴于制造业行业中很多技术密集型程度不同对高技能劳动力的需求差异较大，因此在回归中我们还加入行业是否是高技术行业与对外贸易转型升级的交互项。从制造业的回归结果来看，制造业增加值出口的上升对高技能劳动力工资份额和就业份额具有显著正向作用；对比是否高技术行业来看，非高技术行业增加值出口对高技能劳动力需求具有较显著的抑制效应，高技术行业增加值出口对高技能劳动力相对需求具有显著的正效应，详见表8-7中（2）和（6）列。非高技术行业增加值出口上升1%，高技能劳动力相对工资和就业份额分别下降0.003个点和0.004个点，但高技术行业增加值出口上升1%，对高技能劳动力的相对工资份额比非高技术行业净高0.11个点，就业份额净高0.006个点，这种差异在1%统计水平下显著。从中技术劳动力的相对份额来看，制造业增加值出口上升对中技能劳动力相对需求具有显著抑制效应，这种抑制效应在是否高技术行业并未表现出显著差别，详见表8-7中（4）和（8）列。

　　从制造业行业出口增加值率的回归结果来看，出口国内附加值率的上升对高技能劳动力相对需求具有显著负效应，这种负效应在高技术行业体现的更为显著。出口中国内增加值率上升1%，非高技术行业的高技能劳动力工资份额下降0.096个点，而高技术行业的份额在此基础上进一步下降0.018个点；出口国内增加值率上升1%，高技能劳动力工作时间占比下降0.055个点，高技术行业进一步下降0.057个点，所有系数都通过1%统计水平显著性检验，详见表8-7中（10）和（14）列。从中技能劳动力相对需求看，出口国内附加值率上升对中技能劳动力相对需求具有显著正向效应。总体来看出口中国内增加值率上升1%，中技能劳动力相对工资份额上升0.078个点，在10%统计水平下显著，就业份额上升0.156点，在1%统计水平下显著。不过出口中国内附加值率上升对中技能劳动力相对需求拉动作用主要在高技术行业显著，详见表8-7中（12）列和（16）列。

表8-7　制造业行业对外贸易转型升级对劳动力技能结构的影响

工资份额				就业份额			
出口增加值							
高技能		中技能		高技能		中技能	
（1）	（2）	（3）	（4）	（5）	（6）	（7）	（8）
lnDVA							
0.011 ***	-0.003 *	-0.022 ***	-0.018 ***	0.006 ***	-0.004 ***	-0.026 ***	-0.021 ***
(0.002)	(0.002)	(0.005)	(0.006)	(0.001)	(0.001)	(0.004)	(0.005)
lnDVA* 高技术							
	0.014 ***		-0.004		0.010 ***		-0.005
	(0.001)		(0.004)		(0.001)		(0.003)

续表

	工资份额				就业份额			
	出口增加值率							
	(9)	(10)	(11)	(12)	(13)	(14)	(15)	(16)
DVAR	-0.156***	-0.096***	0.078*	-0.042	-0.098***	-0.055***	0.156***	0.077
	(0.012)	(0.020)	(0.041)	(0.068)	(0.008)	(0.013)	(0.034)	(0.055)
DVAR* 高技术		-0.081***		0.161**		-0.057***		0.106*
		(0.021)		(0.074)		(0.014)		(0.058)
控制变量	是	是	是	是	是	是	是	是
N	240	240	240	240	240	240	240	240

注：*、**、***分别表示在10%、5%、1%的统计水平上显著，括号内数值为标准误差。

从制造业行业对外贸易转型升级对行业高技能和中技能劳动力相对需求的回归结果来看，我国参与全球价值链中以国内增加值测算的出口额上升对高技能劳动力相对需求有促进作用，这种作用主要在高技术行业；对中技能劳动力相对需求具有显著负向作用。但参与全球价值链分工中出口国内附加值率的上升对中技能劳动力相对需求显著增大，尤其是在高技术行业，对高技术劳动力的相对需求具有显著抑制作用。从这一回归结果来看，我国从低附加值的加工环节向高附加值的上游或者下游中间产品升级的过程更多的是对中技术劳动力需求上升，但随着出口额的增加行业对高技能劳动力的相对需求也会上升，因此更便利后面生产阶段向更高附加值环节升级。

三、基于中国制造业研发人员数据的检验

1. 数据说明

考虑到 WIOD 数据主要通过劳动生产效率区分高技能、中技能和低技能劳动力，而在全球价值链分工下我国所处地位的升级主要是从低附加值向高附加值环节转移，更多需要的是本土的研究和开发，因此本部分还基于 2000—2013 年制造业 29 个行业和 30 个省市自治区的研究和开发人员数据对 (7−4) 和 (7−5) 进行检验。地区和制造业 29 个行业的增加值出口和出口中国内附加值率都是根据工业企业数据库和海关数据库通过企业层面计算并加权加总获得。控制变量 lnK_n 和 lnY_n 主要来自《中国工业统计年鉴》各年中

规模以上工业企业固定资产和总产出计算获得。规模以上企业行业研发人员数量和劳务费用数据来自于《中国科技统计年鉴》相关各年，$\ln w_n$ 采用研发人员总劳务费除以研发人员人数后与行业或地区平均工资比，然后取对数，反映的是研发人员工资的溢价。

2. 基于行业层面的检验结果

因高技术行业对研发人员需求与中低技术行业差异比较大，因此这里回归的时候加入了对外贸易转型升级与是否高技术行业的交互项，结果见表8-8。从研发人员的回归结果看，对比高技术行业和中低技术行业，对外贸易转型升级对高技术按行业研发人员的相对需求具有正效应。行业增加值出口上升1%，高技术行业研发人员的工资份额和就业份额相对于非高技术行业都显著高0.003个点，结合回归系数来看，具体增加0.02个点左右，具体见表8-8中的增加值出口列。

表8-8　制造业行业对外贸易转型升级对我国研发人员相对需求的影响

	出口增加值		出口中国内附加值率	
	工资份额	就业份额	工资份额	就业份额
Trade	-0.001	0.000	0.004	-0.014
	(0.002)	(0.001)	(0.023)	(0.015)
Trade * 高技术	0.003 ***	0.003 ***	0.067 ***	0.059 ***
	(0.001)	(0.001)	(0.019)	(0.013)
lnY	0.022 ***	0.018 ***	0.020 ***	0.020 ***
	(0.004)	(0.003)	(0.005)	(0.003)
lnK	-0.022 ***	-0.019 ***	-0.021 ***	-0.021 ***
	(0.006)	(0.004)	(0.006)	(0.004)
lnw		-0.010 ***		-0.010 ***
		(0.003)		(0.003)
_cons	0.042		0.032	0.043 *
	(0.040)		(0.027)	(0.026)
N	316	316	312	312

注：*、**、***分别表示在10%、5%、1%的统计水平上显著，括号内数值为标准误差。

出口中国内附加值率的上升对高技术行业研发人员的相对工资需求比中低技术行业高出 0.067 个点，相对就业份额高出 0.059 个点，这种差异在 1% 统计水平下显著，详见表 8 − 8 中出口中国内增加值率列。

其他控制变量显示行业产出的增加显著的促进研发人员的相对需求，而固定资产的增加对研发人员相对需求具有负向作用，说明研发人员与资本之间存在一定的替代性。研发人员相对工资的上升对研发人员的需求具有显著抑制效应。

3. 基于地区层面的检验结果

东部、中部和西部在对外开放中参与全球价值链分工的程度以及对外贸易额变化趋势存在很大差异。东部首先开放，参与全球价值链分工最深，吸引了大量的劳动力从中部和西部向东部转移。随着东部经济的起飞，东部生产成本不断上升，因此对外贸易转型升级的压力最大也最快。考虑到这种差异，这里在检验对外贸易转型升级对地区研发人员相对需求的时候加入了对外贸易转型升级与是否东部，是否中部地区的交乘项，回归结果见表 8 − 9。

表 8 − 9 地区对外贸易转型升级对研发人员相对需求的影响

	出口增加值		出口中国内附加值率	
	工资份额	就业份额	工资份额	就业份额
Trade	− 0.007 *	− 0.005 *	− 0.078 **	− 0.076 ***
	(0.004)	(0.003)	(0.032)	(0.024)
Trade * 东部 。	0.012 ***	0.011 ***	0.126 ***	0.094 ***
	(0.004)	(0.003)	(0.038)	(0.028)
Trade * 中部	0.015 ***	0.012 ***	0.122 ***	0.097 ***
	(0.004)	(0.003)	(0.041)	(0.031)
lnY	0.004	0.013 *	0.006	0.018 ***
	(0.009)	(0.007)	(0.009)	(0.007)
lnK	− 0.001	− 0.006	− 0.001	− 0.007
	(0.006)	(0.005)	(0.006)	(0.005)
lnw		− 0.010 ***		− 0.010 **
		(0.004)		(0.004)

续表

	出口增加值		出口中国内附加值率	
	工资份额	就业份额	工资份额	就业份额
_cons	0.003	−0.056**	0.018	−0.035
	(0.037)	(0.028)	(0.029)	(0.023)
N	416	416	416	416

注：*、**、***分别表示在10%、5%、1%的统计水平上显著，括号内数值为标准误差。

从控制变量来看，地区产出增加对研发人员的相对需求具有正向作用，不过仅对研发人员的就业份额显著；地区资本上升对研发人员的相对需求未产生显著作用，而研发人员工资上升对相对就业具有显著负效应。

增加值出口对研发人员的相对工资份额在西部地区呈现负相关关系，但对东部地区和西部地区则有促进作用。增加值出口上升1%，西部地区研发人员的工资份额下降0.007个百分点，就业份额下降0.005个百分点。增加值出口对数与是否东部地区的交乘项系数都是显著为正的，工资份额系数为0.012，就业份额系数为0.011。这说明相对于西部地区，东部地区增加值出口的上升作用比西部地区在研发人员工资份额上高0.012个百分点，在就业份额上高0.011个百分点，对比西部地区的作用系数，东部地区增加值出口上升1%，其研发人员工资份额提升0.005个百分点，就业份额提升0.006个百分点。中部地区增加值出口对研发人员的相对需求作用更高，增加值出口上升1%，其研发人员工资份额提升0.008个百分点，就业份额提升0.007个百分点。

从出口中国内增加值率的回归结果来看，西部地区出口中国内附加值率上升1%，其西部地区研发人员工资份额下降0.078个百分点，就业份额下降0.076个百分点。而出口中国内附加值率与东部和中部的交乘项都显著为正，从净作用来看出口中国内附加值率1%，东部地区研发人员相对工资份额上升0.048个百分点，就业相对份额上升0.018个百分点，中部地区研发人员相对工资份额上升0.046个百分点，就业相对份额上升0.021个百分点，见表8−9中出口国内附加值率列。

从行业来看，包含服务业和制造业总体样本检验发现对外贸易转型升级并未对行业高技能和中技能劳动力相对需求造成显著影响，不过分具体行业来看，对外贸易转型升级对高技能劳动和研发人员就业相对需求存在显著差异。具体来讲，从以劳动力生产效率区分的高技能劳动力、中技能劳动力和低技能劳动力来看，相对于消费性服务业、生产性服务业出口中国内附加值率上升对高技能劳动力相对需求有抑制作用，对中技能劳动力相对需求有正向作用。相对于中低技术行业，高技术制造业出口中国内附加值率上升显著抑制高技能劳动力相对需求，增加中技能劳动力相对需求。这主要是因为改革开放初期我国以低劳动力成本嵌入全球价值链分工的加工环节，对低端劳动力需求较高，在全球价值链地位攀升的过程中还是占据中低端环节，对中技能劳动力相对需求更高一些，未来可能对高技能劳动力相对需求更高，这是动态比较优势演化的过程。从以研发人员表示的高技能劳动力来看，高技术制造业在东部地区和中部地区对外贸易转型升级中显著促进研发人员相对需求。

第九章 结论与政策建议

本章在总结实证研究结论的基础上，从提升出口增加值、推进国内价值链与全球价值链融合、加强劳动力技能培训以及加快发展服务贸易等方面提出稳定和促进就业的针对性政策。

第一节 对外贸易转型升级对就业
结构变动效应研究结论

在全球价值链分工下对外贸易发展主要是产品内贸易，表现为各种零部件、中间产品的交易而非最终产品贸易。一国出口额不等同一国所创造的价值额，出口中包含来自国外的中间产品和零部件以及原料价值，因此需要从出口额中剥离出本国所创造的价值增值，也即出口增加值。改革开放以来我国主要参与全球价值链分工中的加工组装环节、低附加值环节，出口国内增加值低。随着我国劳动力成本上升，对外贸易转型升级趋势越来越明显。在全球价值链分工下，发展中国家转型升级主要体现为从参与低附加值生产环节向参与高附加值生产环节升级，从低附加值分工链条向高附加值分工链条转移。转型升级的路径虽然具有多样性，但其结果最终表现为出口中国内增加值总量提升，同时单位产品出口增加值占总出口比率也即出口中国内附加值率的上升。

测算出口增加值的方法，我们借助王直等（2015）基于世界投入产出表对出口总额进行分解，采用 WIOD 数据对我国制造业和服务业共 56 个行业出口增加值进行测算。同时采用 Kee 和 Tang（2016）对微观企业测算出口增加值的方法，利用工业企业和海关匹配的数据测算了我国企业层面的出口增加值和出口中国内附加值率，并加权获得工业行业和地区层面出口中国内附加值率。从两个维度测算的我国出口增加值和出口中国内附加值率都显示，除金融危机影响的 2009 年和 2010 年外，总体来看 2003 年之后我国对外贸易转型升级趋势非常明显。从行业来看，资本密集型行业如计算机、电子光学产品制造业行业出口增加值总量较高而且增速较高，但出口中国内附加值率普遍低于劳动力密集型行业如纺织品、服装制造业等。不过近年来不论是劳动力密集型行业还是资本密集型行业出口中国内附加值率都呈现不断增长趋势。从地区来看，我国东部地区出口国内附加值率低于中西部地区，但出口增加值总量远高于中西部地区。从变动趋势来看，东部地区各省市出口中国内附加值率上升比较快，而西部地区不论在出口增加值总量还是在出口中国内附加值率上增速都显著快于中部地区。

在对文献梳理的基础上，借助 Feenstra（2013）分析垂直专业分工对技能劳动力需求模型基础上，提出对外贸易转型升级对就业及其结构调整影响的六个理论假说，并对这些假说分别用中国的数据进行了检验。根据理论假说和我们的实证研究，我们得到如下结论：

第一，在其他条件不变时，当一国参与全球价值链分工从低附加值环节向高附加值环节转移时或从低附加值链条向高附加值链条转移时，该国的出口增加值上升会提高就业。第五章从企业层面数据，第六章从行业层面数据，第七章从地区层面数据的检验都证明了我国出口国内增加值上升对企业就业、行业就业和地区就业都有显著促进作用。不过这一促进作用在企业性质、地区特性、行业特性上存在异质性。从企业性质来看，民营经济出口中国内增加值提升对就业拉动作用高于国有企业。而外商投资企业出口国内增加值上升对就业拉动作用大于民营企业，这跟外商投资企业的规模有关。从行业来看，我国制造业出口增加值上升对就业拉动作用高于服务业行业。高技术制造业出口增加值上升对就业劳动力作用高于低技术行业，可能是因为高技术行业规模经济更大引起的。生产性服务业行业出口增加值上升对就业劳动作用高于消费性服务业。行业出口增加值上升对就业拉动作用主要通过提高就业创造率，主要是现有企业规模扩张带来的就业创造率，抑制就业破坏率尤其是企业退出带来的破坏率实现的。从地区来看，东部地区出口增加值上升对就业拉动作用大于中部地区和西部地区。地区层面出口增加值上升对就业拉动作用主要通过促进现有企业就业创造率实现。

第二，一个行业出口增加值上升对其他行业就业存在挤出效应，这种挤出效应主要体现在制造业行业。一个制造业行业出口增加值上升和出口中国内附加值率提升不仅对其他制造业行业就业具有显著抑制作用，而且对服务业行业就业也存在抑制作用。不过服务业行业出口增加值上升对制造业行业就业并未产生显著影响，对其他服务业行业就业则在10%水平下显著。服务业出口中国内附加值率上升不论对制造业行业还是对其他服务业行业就业都具有显著正向作用。

第三，在劳动力可以地区间自由流动情况下，一个地区出口增加值上升会对其他地区就业产生负向效应；但如果地区间产业存在梯度转移效应，地区出口增加值上升对其他地区就业则具有显著正效应。采用我国地区层面数据的检验发现，不论是以出口增加值还是以出口中国内附加值率衡量的某地区对外贸易转型升级都会对其他地区就业产生显著挤出效应。这主要表现为东部地区出口增加值上升对中西部地区就业存在挤出效应，东部地区省市自治区内部也存在对就业的竞争作用。中部地区和西部地区省市自治区对外贸易转型升级对东部地区以及中西部区域内部其他省市自治区就业未产生显著影响。从地区－行业数据检验来看，即使是在同一个行业内，东部该行业外贸转型升级也会对中西部地区就业产生挤出效应，这说明我国地区之间的产业梯度以及国内价值链分工还未形成。

第四，如果一国参与全球价值链分工从低附加值环节升级到高附加值生产环节，淘汰低附加值生产环节，这种升级导致的出口中国内附加值率上升对就业具有显著冲击，加大就业波动风险。从微观企业层面数据检验发现，出口中国内附加值率上升对就业具有显著抑制作用，从需求弹性角度的检验发现出口中国内附加值率上升加大就业波动。东部地区企业、民营和外资企业出口中国内附加值率上升对就业的抑制作用非常显著，国有企业和中西部企业出口中国内附加值率较高上升对就业并产生显著效应。

第五，在全球价值链分工背景下对外贸易转型升级会扩大对技能工人的相对需求，提高技能溢价，这种溢价效应存在行业和地区异质性。通过行业层面数据检验我们发现相对于消费性服务业，生产性服务业出口中国内附加值率上升对高技能劳动力相对需求有抑制作用，对中技能劳动力相对需求有正向作用。相对于中低技术行业，高技术制造业出口中国内附加值率上升显著抑制高技能劳动力相对需求，增加中技能劳动力相对需求；高技术制造业出口增加值总量上升对高技能劳动力相对需求增加。如果以研发人员数量作为技能劳动力人员代表，通过我国地区层面和行业层面的数据检验，我们发现对外贸易转型升级提高了研发人员的相对需求，并提高研发人员的工资溢价，这一作用效应在高技术制造业、东部地区和中部地区最为显著。

第二节　提高出口增加值规模促进就业

一、出口增加值规模能够改善就业情况

1. 从行业和企业层面出发

本文阐述的相关研究表明，通过提高出口增加值贸易可以有效增加就业规模和改善就业结构。首先，从行业层面来看，对外贸易转型升级对行业内部就业有一定的促进作用，而且这种效应在中长期贸易中更加凸显。从各行业就业变动和各行业以国内增加值测算的出口额及出口中国内增加值率变动的趋势来看，行业出口中国内附加值率越高和增加值出口额越多的行业往往就业人数越多。其次，就业人数和各行业出口中国内附加值率和增加值出口额之间的散点图也显示，增加值出口额和行业从业人数以及出口国内附加值率与行业从业人数之间存在正相关关系。一个行业如果从低附加值的加工环节向高附加值的生产环节转移，可能会导致低附加值加工环节大量劳动力的释放，促使这些劳动力向其他行业进行转移。同时如果这个行业在保持低附加值加工环节向高附加值环节攀升，该行业的对外贸易发展对劳动力需求扩大，会导致其他行业从业人员向该行业转移，从而产生良性的就业影响，提高就业规模和改善就业结构。微观企业层面的研究也验证了出口增加值对就业具有明显促进作用，尤其是出口国内增加值规模上的增加。虽然企业层面出口国内增加值率的提高对就业有一定的抑制作用，但是综合行业层面来看，出口国内增加值率对于就业仍然是正向的促进作用。

2. 从地区层面出发

从地区层面出发，我们发现地区行业出口增加值的上升和出口中国内附加值率的上升对该地区该行业就业都具有显著正向作用。某地区行业出口增加值的上升对其他省市同一个行业就业具有显著正向效应，这种正向效应主要是东部和西部区域内部和中部省市对东部和西部省市自治区对外贸易发展的就业溢出效应引起的。某地区行业出口中国内附加值率上升则对其他地区同行业就业产生抑制作用，这种抑制作用主要在东部地区内部显著。这主要是因为东部地区各省市参与全球价值链分工程度较深而且要素禀赋接近，产业比较趋同，同一个行业对外贸易升级的方向一致，对劳动力技能和素质的需求一致，在劳动力流动背景下形成相互竞争状态。

3. 从劳动力技能结构层面出发

从劳动力技能结构层面出发，包含对服务业和制造业总体样本的检验发现，对外贸易转型升级并未对行业中的高技能及中技能劳动力相对需求造成显著影响，但是下沉到具体行业来看，对外贸易转型升级对高技能劳动和研发人员就业相对需求存在显著差异。具体来讲，以劳动力生产效率区分的高技能劳动力、中技能劳动力和低技能劳动力来看，相对于消费性服务业、生产性服务业出口中国内附加值率上升对高技能劳动力相对需求有抑制作用，对中技能劳动力相对需求有正向作用。相对于中低技术行业，高技术制造业出口中国内附加值率上升显著抑制高技能劳动力相对需求，增加中技能劳动力相对需求。这主要是因为改革开放初期我国以低劳动力成本嵌入全球价值链分工的加工环节，对低端劳动力需求较高，在全球价值链地位攀升的过程还是占据中低端环节，对中技能劳动力相对需求更高一些，未来可能对高技能劳动力相对需求更高，这是动态比较优势演化的过程。从以研发人员为代表的高技能劳动力来看，高技术制造业、东部地区和中部地区对外贸易转型升级显著促进研发人员相对需求。

4. 小结

总而言之，从多角度出发的研究结果，都发现提高出口增加值贸易能够显著提高劳动力就业规模以及改善劳动力就业结构，尽管某些部分可能对于就业存在抑制作用，但是从全局来看，仍然拉升了就业。尽管当前我国劳动力就业情况良好，但是也面临着很多困难，尤其是经济转型中劳动力的调节问题。所以如何提高出口增加值贸易，从而稳定就业规模、改善就业结构成为一个重要问题。

二、出口增加值贸易的提高

相关研究结论表明，通过提高出口增加值贸易可以有效增加就业规模和改善就业结构，所以如何提高出口增加值贸易便成为一个关键问题。目前来看，我们可以从两方面入手：一方面是规模上的提升，即在现有对外贸易条件不变的情况下，通过扩大出口贸易总量，从而获得出口增加值贸易在数量规模上的提升，从而对就业情况产生良性影响；另一方面则是质量上的提升，即通过提升本企业或行业在全球价值链中的地位，改进出口国内增加值率，向价值链优势地位攀升，从而实现出口增加值贸易的提升。

1. 出口增加值规模提升

当前全球经济发展相对缓慢，贸易保护主义频频抬头，当下又面临极为严重的新冠肺炎疫情的冲击，想要实现出口规模的大幅度提升是比较困难的。但是仍然可以采取一些促进措施，实现出口增加值规模上的稳步增长。首先，我们可以充分利用互联网技术，形成新型商业化模式，将内外资源充分合理的发挥最大效用，激发创新活力，跟上时代的脚步，推进产业升级，从而实现出口增加值规模上的提升。其次，可以利用大数据信息，促进服务模式的创新，通过大数据合理准确的获取并分析当前市场需求，并通过信息技术进行分类整理，依据市场的不同需求，合理的实现资源配置，进行生产活动。

与此同时，继续推进自主产品研发以及品牌建设，实现从制造业"大国"向制造业"强国"的转变。行业层面加强统筹，促进产品的差异化生产，避免行业内企业陷入恶性竞争。跨国公司越来越成为当前国际贸易竞争中的中坚力量，所以要推动我国企业走出去，积极参与国际竞争，提升对外贸易出口额，从而为出口增加值贸易规模的提升做出贡献。从国家层面统筹地区间的发展，东部地区在对外贸易中占据优势地位，但是对中、西部地区会产生一个抑制作用，所以需要合理调节。而中部地区出口增加值贸易的提升能够对东部及西部地区有一个正向的促进作用，所以应当重视中部地区在对外贸易中的巨大潜力，给予相应的政策及资金支持，中部地区的崛起必然能够促进出口增加值贸易规模上的巨大提升。

2. 出口增加值质量提升

要想提高出口增加值质量，即在全球价值链体系中占据优势地位，获取更多的利益，必然需要和占据全球价值链上游以及关键环节的发达国家进行激烈的国际竞争。虽然由于当前世界经济格局处于一个大变革时期，使得全球价值链进入重构阶段，为向全球价值链上游攀升提供了一个很好的历史机遇，但是要想成功实现出口增加值质量的提升，仍然需要加强自身建设。

首先，加强技术创新及人才队伍建设。提高价值链上游度的关键在于加强核心技术创新。技术创新带来的生产能力的提高将使中国有能力承接更多、更有价值的国际分工，不断提高增加值和企业创造能力，拉动就业需求。尤其要鼓励基础科学的建设，引导专利发明有效转化为产品及服务，同时建立科学的研究评价机制。这样既能提高中国在全球价值链中的位置，又能为高技能劳动力提供更多的就业岗位。

人才对于全球价值链地位的提升具有显著的推进作用，是一国提升产业国际竞争力，向价值链上端攀升的关键因素。人才队伍的建设至关重要，一方面，需要政府加大对创新型、复合型人才的引进力度，大力支持和鼓励具有关键岗位和特色人才政策的扶持措施，积极推进人才培养的新型模式，提供专项资金及设立相关培训机构，着重培养研发型、技术型人才。另一方面，要继续深化企业改革机制，健全完善人才培养机制，例如建立完备的福利薪酬制度和激励机制，提高薪酬水平，稳定原有的高新技术人才以及管理人才，同时吸引更多研发创新型人才加入，实现二者的协同发展，造成一个良性的人才成长环境。

其次，倡导合理的对外投资。在推进中国企业"走出去"的同时，也应鼓励中国资本"走出去"，投资一些中高端产业。目前，中国的对外投资主要集中在批发、零售等资本劳动密集型产业上。这是因为这些产业的成本低、风险小、回利快，且技术要求较低。但是从整个产业结构来看，这些产业的出口国内附加值较低，不利于产业升级。显然，中高端产业更能促进价值链地位的显著上升，因此中国应增加对中高端前沿产业的投资，实现价值链由低端向高端的逐步过渡转移，实现投资的最大化效应。在经营战略上，要有全球定位和眼光，在国际资源的依托下，在全球范围内设置各项工作程序的中心，如管理中心、服务中心、营销中心、研究设计中心、制造组装中心、物资采购中心等，利用企业并购或工作外包等方式、方法形成全球价值链。

此外还要鼓励并加大对实体制造业的投资，实现我国制造业在全球价值链中的升级；进一步扩大服务业对外开放程度，增强服务业对制造业转型升级的支撑作用；大力培育一大批互联网高端设施和高端企业，提升在国际互联网中的地位，占领产业链的全球高端环节，掌握发展的主动权；鼓励下游制造企业积极进行研发与创新，高效承接上游服务业开放带来的效应与技术；鼓励工业以及农业企业向价值链高端发展，重点围绕市场营销和品牌服务，发展现代销售体系，增强产业链上下游企业协同能力，等等。在经济新常态的趋势下，顺应国际贸易格局的变化，响应"一带一路"倡议，深化国际投资，进一步完善中国对外投资模式，促进产业结构的转型升级。

第三节 推进国内价值链和全球价值链深度融合促进就业

在我国当前经济发展格局下，东部地区经济发展水平较快，但要素成本逐渐提高；而中西部地区的经济发展水平虽然相对滞后，但在劳动力、土地等生产要素方面具有一定比较优势。而且根据本节相关研究发现东部地区对外贸易转型发展对中部和西部地区就业都会产生显著负向影响，即使是在同一个行业内，也会对中西部地区就业产生挤出效应。这说明我国想通过东部升级带动产业向中部地区和西部地区进行梯度转移，形成国内生产产业链并未发挥应有的效应。所以我们需要结合当前实际情况，改进国内价值链，合理安排产业布局，努力推进中部崛起。同时，提升中、西部地区的全球价值链参与度，努力促成国内价值链和全球价值链的"双循环"。

一、东部地区继续向全球价值链高端环节跃进

东部地区的经济处于我国经济发展最前沿，也是参与对外贸易规模最大、程度最深的地区，深度融入了全球价值链体系中。但是东部地区大部分企业均是出口附加值较低，处于全球价值链下游环节的劳动密集型企业，现在正面临劳动力成本上升的风险。所以必须加快推进东部地区企业向全球价值链

中高端环节跃进，将原先粗放式的、落后的劳动密集型产业，转型为以高新科技及高端服务业等高出口附加值为主的全球价值链优势产业。加大科技研发力度是提高我国企业在全球价值链中竞争力的必由之路，要加强科技创新能力，利用科技创新向全球价值链上游攀升，努力掌握核心技术。例如，在汽车、飞机发动机、手机智能系统等方面，中国制造业可以进行零部件、元器件等方面的技术升级。在一些新兴产业领域，我国实际上已经研发出许多高端技术，拥有一批位居世界前沿的高科技产品和产业，应加大相关科研成果转化为市场所需要的产品，并增强对相关企业的扶持，倡导相关企业走出去，通过国际竞争在全球产业链中占据一席之地，以获取更大的全球化收益。

二、开发中、西部地区的外贸潜力

尽管中、西部地区在当前中国对外贸易格局中处于相对边缘化的位置，远不如东部地区对外贸易的活跃程度及全球价值链参与深度。但是中部地区拥有极为丰裕的劳动力资源和辽阔的土地资源，西部地区更是有着种类繁多、储量巨大的自然资源。如果能够合理利用中、西部地区的禀赋，使其在国内价值链中找到合适的定位，通过完善市场机制，引导区域间要素自由流动和优化配置，在此基础上促进区域间开展专业化分工与合作，促进东中西部地区的产业梯度转移，实现区域间的优势互补，以此促进国内价值链的提升。同时，提高全球价值链参与程度，必然能极大开发出中、西部地区的贸易潜力，发挥对外贸易对劳动力就业的拉动作用，提升中、西部地区广大人民群众的生活水平。

1. 依托地区优势参与国内价值链分工

从本书第七章关于就业地区结构变动可以看出，我国东部省市是对外贸易发展的主力军，但是成本优势越来越弱，贸易增速不断下滑，而受益于西部大开发战略和"一带一路"的不断推进，西部省市自治区对外贸易增速加快。而中部地区拥有身处"中心地带"的区位优势，是沟通东部地区和西部地区的纽带，而且在当前经济格局下，中部地区平均发展水平不但落后于东部地区，也落后于西部地区，形成了一个经济"洼地"。根据我们的实证检验发现中部地区出口增加值和出口中国内附加值率上升对就业具有显著促进作用。但因中部地区发展相对落后，未起到链接东部和西部经济的桥梁作用，所以导致东部地区和西部地区内部各省市之间产业不断趋同，内部竞争加剧，各省市对外贸易转型升级对所在区域的其他省市自治区经济发展存在显著挤出效应，所以推动中部地区崛起迫在眉睫。一方面，可以大力承接来自东部区域的资源、劳动力密集型产业。另一方面，利用西部地区提供的资源和初级产品进行生产，努力将中部地区打造成为我国未来的"制造工厂"。这首先要求中部地区要优化自身承接环境，完善基础建设，如水、电、气等，使转移企业具备高效率生产的外部环境。同时加强中部地区对外交通建设，发达的交通可以促进产业向更广阔的空间伸展，使不同地区能够更有效地连接，降低生产成本。此外，中部地区各地方政府要加大人才吸引力度，优化对外来人才的社会保障措施，如户籍、子女入学等方面，营造出广纳贤才的优良氛围。中部地区农村人口存量较多，人口城镇化落后于土地城镇化。急需改革城乡分割的户籍制度，着力于推进城乡基本公共服务均等化，使农村务工人员也享有市民待遇，加快人口城镇化的进程。

西部地区地广人稀，不太适合发展劳动密集型产业，但是依托于丰富的自然资源，在国内价值链中将会占有重要地位。所以西部地区应继续发展本地优势特色产业，以关键原材料、战略能源等上游供给优势来整合国内要素资源。同时西部地区有着非常独特的自然风光和人文风情，具备非常富裕的旅游资源，可以通过发展服务业，促进西部地区的经济发展，解决就业问题。

2. 依托"一带一路"倡议参与全球价值链

中、西部地区在"一带一路"倡议中占据了非常重要的地位，可以以此为契机，在部分产业领域寻求全球价值链合作和重新布局。"一带一路"沿线国家和地区目前正处于不同的发展阶段，有着不同的需求和承载能力，且各个国家的要素禀赋各有差异，而与广大中、西部地区接壤的国家，多处于全球价值链的更下游，中、西部地区完全可以凭借自身优势，借助"一带一路"倡议搭建的各类平台，促进对外贸易的迅速发展。中、西部地区优势产业的核心企业可以根据本地区的资源优势，向"一带一路"沿线国际区域拓展生产链，延长价值链，获取更大的分工利益。中、西部地区的企业应该积极完善生产服务网络，向"一带一路"沿线国家进行服务业转移和资源优化配置，推进完善沿线基础设施建设，不断降低沿线各国间的贸易成本，巩固"一带一路"经贸合作根基，促进各国产业的合作共赢。同时，在延伸产业链时，应该对各个国家政策服务、产出效率、劳动力技能、市场需求、投资环境等要素做出综合评价，然后再进行产业服务供给，这样不仅可以提高资源利用效率，而且可以促进规范"一带一路"沿线国家的整体市场环境。中、西部地区的各级政府机关要起积极引导作用，促成本地区企业与沿线国家的合作，注重对国内企业利益的保护，鼓励企业在对外直接投资时与当地企业共同开发资源和项目。与此同时，政府要谨慎处理与沿线国家间经济利益关系，秉持共赢原则，建立长期稳定的合作关系。

3. 构建跨地区政府间的交流机制

我国内部各地区幅员辽阔，相互之间地理距离遥远，所以存在着沟通上的困难，需要各地区政府部门加强沟通，建立一个长效的交流和合作机制。

首先，可以优化区域互助机制，深入实施东西部扶贫协作，深入开展对口支援，并创新开展对口协作；在资源输出与输入方面健全区际利益补偿机制，完善基本公共服务均等化机制，特别是区域间基本公共服务衔接；实行差别化的区域政策，建立区域均衡的财政转移支付制度，建立健全区域政策与其他宏观调控政策联动机制，创新区域政策调控机制。

其次，促进生态环保一体化。生态环境问题会降低产业承接地的积极性且很难依靠某地区单独的力量解决。因此，产业转出地与承接地应统一规划，建立收益共享，成本共担的合作机制。同时两地可以成立专项基金实行生态补偿，从而更体现公平。

三、着力打造长江经济带

东、中、西部地区各有优势，如果能够互联互动，一定能够建立一个完善的国内价值链体系，并且在全球价值链中实现地位上的提升，实现国内国外双循环，促进我国对外贸易的进一步发展，并且可以实现就业情况的进一步改善。我们必须依托一些重要的经济走廊连接不同地区，尤其是长江经济带横跨东、中、西部，且串联了上海、南京、武汉和重庆等区域中心城市，充分发挥联动作用，必然能够提升各地区的经济发展水平和对外贸易规模。而且东、中、西各个区域所处的发展阶段、产业布局乃至交通基建都存在较大的差异，其内部发展不平衡的现象较为明显，急需一个平台串联起来，实现经济上的统筹发展。党的十九大报告将"实施区域协调发展战略"作为建设现代化经济体系的重要内容，提出"建立更加有效的区域协调发展新机制"的理念和要求，同时提出"促进我国产业迈向全球价值的中高端，培育若干世界级先进制造业集群"。因此，构建长江经济带协调发展的国内价值链尤为重要，推动长江经济带的发展也是新时代优化我国发展空间格局，实现区域协调发展的重大战略部署。

第四节　优化劳动力技能结构促进就业

根据第三章的理论机制以及第八章的检验结论，可知对外贸易转型升级的过程往往伴随着资本深化，以及对技能劳动力需求的不断扩大。对外贸易转型升级是否能够快速实现也是取决于技能劳动力的数量。改革开放 40 多年来，我国主要依赖于非技能劳动力参与全球价值链分工，在这个过程中大量的劳动力从农村转移到城市，基本不需要进行培训就可以从事简单的加工制造劳动。但在转型升级过程中，对外贸易对于中高技能劳动力需求越来越大，如果想要实现未来就业的提升，需要对劳动力技能进行相应培训，从而改善劳动力技能结构。劳动力技能培训不仅能在经济转型升级中培育相应的人才，同时也可以让劳动力能在短期内迅速进行调整转行转业。

经济转型发展过程中对技能人才的需求是多样性的，既需要从事大量基础学科的基础研究的人才，也需要与行业相匹配甚至是与企业相匹配的专门化人才，因此需要从多层面开展技能劳动力的培育，这方面可以借鉴发达国家的一些人才培养经验，如美国、德国、英国、日本、韩国等。

一、优化院校高技能人才培养模式，推进校企合作

基础科学发展是一个国家科技实力的真正体现，为各行业技术突破提供基础。但是，基础科学的研究在企业和行业层面很难进行培育，这部分人才培养只能通过国家与高校合作完成。但一直以来高校人才培育都有趋同性，因此需要对高校的发展进行分层发展。将高校分成研究型高校和应用型高校，分别培育不同的人才。研究型高校主要以培养基础学科的各类型研究型人才为主，而应用型高校主要以培养各领域生产型高技能人才为主。

生产型高技能人才是指生产、运输和服务等领域的一线从业者，具备精湛的操作技能，能在关键环节发挥重要作用，并能够解决生产难题的人员，生产效率远高于普通劳动者。应用型高校应该成为生产型高技能人才培养的职前阶段的主要力量，长期以来，我国在职前阶段投入了大量人力、财力、物力。然而中高技能人才的培养是一个渐进的过程，需要长期的职业教育与培训，包括职业前期的技能知识的获得及职业后的实践经验积累阶段。因此，高技能人才的培养应贯彻"前后分段、合作培养"的理念，进一步推动校企深度合作。

加强校企协同意识，促进劳动力供需对接，职业培训应根据市场就业需求有针对性地展开。如果院校的培训方式，课程设置没有与当地市场需要有效对接，就会出现供需脱节的问题，造成劳动力过剩与人才短缺并存的现象。一方面，校企双方应共同制定培养方案，充分发挥企业的市场信息优势，提高劳动力市场需求的透明度，明确人才培养的各阶段目标。企业应协助院校将有限的资源投入到重点方面上来，以企业的工作过程和工作任务为导向构建知识体系，提高院校培养高技能人才的有效性与针对性。另一方面，院校和企业可以合作共建实训条件。不仅能够为人才提供实训条件，而且能够促进资源共享，更好地促进学校向企业的人才输送。学校和企业应共同制订实习计划和实习方案。校企双方可以在实训基地中加强对人才的考核，筛选出可以进入企业实习的学生及应该继续学习的学生，对处于不同阶段的学生制订不同计划，保证全体学生的技能都能学有所成。

提高企业在校企合作中的积极性。目前很多校企合作仅限于形式，企业缺乏积极性，没有对实习学生悉心指导，使得学生难以在实践操作中提高自身的专业水平，实践的真正价值没有真正体现。所以必须通过多种渠道提高企业参与校企合作的积极性和规范性。首先，院校和企业可以签订合作协议①，以签订合作协议的方式来规范校企合作，加强诚信就业，使得学生既是院校学生，又是企业成员，这样企业就会更具有积极性，从培养学徒的角度，投入更多精力与资源去培养人才，使得学生在学习院校教授的普通技术之外，

---

① 郝天聪，石伟平. 职前阶段我国高技能人才培养的误区及路径新探——基于高技能人才成长的视角 [J] 河北师范大学学报（教育科学版），2017（6）：71 - 72.

还可以通过实践获得更高级的技术，促进学生在理论学习与实践的反复中得到提高，更快的成长为高技能人才。其次，院校应提高学生的培养质量，才能更好的满足企业对人才的预期，提高企业参与合作的积极性。在校企共同制定方案后，学校应出台配套教学方针与规定，保证教学工作能有条不紊地依据方案执行，将培养计划落到实处。企业也应在人才检验中不断给予院校反馈，及时依据现实情况对培养方案进行完善。最后，企业更希望吸纳综合素质高的人才，院校在注重学生技能培养的同时，不应忽略学生"软实力"即"非技术技能"或"非认知技能"的培养。例如加强学生的道德素质培养、提高人才职业道德素质、加强学生交流沟通能力、保证学生心理健康、提高学生抗压能力，等等。

二、提高企业对员工职后培训的重视

高技能人才的培养不仅要依托于职前教育，更需要职后的继续教育使得劳动力适应不断变化的就业市场需求。高技能人才在后期如果没有继续学习，也会随着技术转型升级和生产形式的变化而退化为低技能劳动力，所以提高企业对于员工的职后培训非常重要。

首先，企业应完善内部培训体系。目前企业员工培训以短期为主①，主要目的是适应工作岗位，掌握基本的专业技能，培训要求和培训标准都比较低，但短期培训方式效率较低，不利于员工和企业长期的发展。因此，企业应在更加长远的角度考虑劳动力需求，重视员工的长期培训，实现劳动力素质的不断提升。同时，应加强对普通员工的技能培训，而非把培训重心放在管理者培训。提高企业劳动者的总体水平，才能促进企业的平稳发展，如果管理层与普通员工的差距较大，会造成员工的积极性下降，创新能力降低，进而降低企业劳动者的总体水平。此外，企业内部各部门对员工的技能要求不同，因此要按照岗位职责有针对性地进行培训，强化重点岗位要求的知识与技能，这样不仅能够减少资源的浪费，更有利于建立更完善的人才储备和使用机制。

其次，政府应给予企业更多的激励补贴。企业人才培训的积极性受到培

---

① 张红. 员工继续教育培训体系的开发与改进策略 [J]. 企业改革与管理，2018（23）：81 – 82.

训经费的限制，尤其是中小企业的资金规模较小，难以对其员工进行长期、高频的技能培训。因此，为调动企业的员工技能培训，政府应加大政策激励与扶持力度，给予企业资金扶持，并加强资金监管，保证补贴能落到实处，真正促进企业的内部培训。对于能够充分利用资金且取得显著培训效果的企业，应对其进行奖励，不断增加对该企业的补贴力度。同时，政府应架起企业与培训机构的桥梁，推进企业与培训机构的长期稳定合作，有效增加培训效率，扩大培训规模。

最后，企业应加强对员工的激励机制，完善奖惩体系，充分调动企业员工接受继续教育的积极性。对于在职后培训中表现优秀的员工授予表彰及奖金。积极营造全员学习、全员进步的良性企业氛围，加强企业内部人才队伍的建设。在加强培训力度的同时应提倡员工间进行良性竞争，使得员工在竞争中相互合作、学习，综合提高全体员工的技能，加速高技能人才养成。

三、发挥行业协会在职业教育中的参与度

行业协会在积极地履行自身职责，优化自身内部体系，提升在行业中的威信的同时，还应充分发挥单个企业所不具备的资源和信息优势，应积极参与到职业教育中，在高技能人才培养中发挥作用。

首先，行业协会可以为校企合作提供更精准的指导，发挥桥梁作用，促进校企融合。行业协会可以成立专门机构指导校企合作，如校企合作管委会，发挥其组织力量，对企业结构、需求、标准等进行更加精确地调研，协助院校制定更加适合劳动力市场的培养规划。同时，单个企业会较多地衡量校企合作中的成本和收益，当企业认为合作对自身价值不高时，积极性会降低。此时需要行业协会的组织与指导，对校企合作进行合理规划、健全运行机制、有效整合资源、降低成本、提高资源利用率。行业协会还应发挥监督作用，对校企合作的绩效进行评估，及时发现合作机制中存在的问题并改正，确保校企合作的质量。

其次，行业协会可以在行业内进行职业教育，设立行业培训基地，定期举办行业内培训，并通过创办行业内职业技能大赛增加劳动力的积极性。一方面，可以邀请职业院校内的优秀师资举行讲座，强化职业人员的基础理论知识。另一方面，聘请行业带头人及各企业内的高级技师进行实训，分享技

能经验，全面提高劳动力的职业技能①。这种"双师"机制的优势在于理论知识和实践培训相互配合，使得劳动力的技能在从理论到实践，再从实践到理论的循环过程中得到螺旋式上升。

最后，行业协会可以通过创办职业技能大赛增加对劳动者的激励，吸引院校学生参加比赛，不仅可以促使其认真学习理论知识和技能，而且可以丰富其入职前经历，从而进入更好的企业；入职后的员工则往往缺乏提升自我技能的动力，参加技能大赛能增加与高技能人才交流的机会，从而发现自己的不足，才能更好的自我督促。而且大赛中的竞争能够激发劳动者的创新动力，逐渐提升整个行业的技能水平。

四、政府应加大培养高技能人才资金支持和政策激励

人才的培养是一个长期的过程，需要长期的投入。而高技能人才是各行业发展的核心资源，是推动现代科技成果转化与产业转型升级的中坚力量，各级政府必须重视推进高技能人才培养模式的优化与创新。就人才培养而言，地方政府需要承担起服务者与引导者的角色。要想促进高技能人才培养模式的创新与优化，就必须充分发挥地方政府的主导作用，尽快克服和解决相关问题，依靠地方政府的职能作用来尽可能凝聚全社会的优势资源，推动高技能人才培养工作科学高效的开展，为地方经济的健康发展带来更大助力。政府一方面需要加大对基础学科教育投入，鼓励基础学科发展，为专门人才培养提供基础，这是社会和企业以及行业协会无法完成的；另一方面应该积极出台各种鼓励企业和行业参与人才培育的各种政策甚至是直接或部分参与某些社会急需人才的培育。此处可以借鉴日本、中国台湾地区在经济转型升级过程中对人才培育和促进就业的政策。日本促进就业创新的措施着眼于提高就业能力，相关措施有：发放教育培训补贴、实施中老年白领失业者综合就业能力开发计划、提供就业补助金、利用就业保险制度以及向个体户提供生活资金援助贷款。为了缓解就业问题，提高劳动力素质，实现经济增长新突破，中国台湾地区采取了一系列促进就业和人才培养措施。早在 2009 年《振

---

① 邓志新，万守付. 行业协会参与职业教育校企合作的模式创新——以深圳信息职业技术学院为例 [J]. 职业技术教育，2015（27）：68 – 72.

兴经济促进就业政策措施》中就提出"积极劳动市场政策"体系，主要包括以下四个方面的内容：①通过爱心企业、稳定就业辅导团、充电加值计划等措施减少裁员；②通过 2009—2012 年促进就业方案、立即上工计划、培育优质人力促进就业计划等措施增加就业；③通过扩大公共建设投资计划、减税、消费券措施扩大内需；④通过工作所得补助方案、失业救助、就学安全网照顾弱势群体；等等。

此外，政府应该充分发挥用人单位在人才培养、吸引和使用中的主体作用，克服人才管理中存在的行政化、"官本位"倾向，建立面向国际、面向市场、面向现代化的人才开发和使用制度。加强平台载体建设，完善人才权益保障，建立公开透明的市场监管机制。通过加强法制建设、完善行政许可，加大政府采购等宏观管理和间接调控手段推动人才工作，重点解决和弥补市场失灵问题。

第五节　发展服务贸易促进就业提升

基于 WIOD 行业数据检验发现，服务业对外贸易转型升级不仅能够显著促进本行业就业的增加，而且对于制造业行业就业具有显著的溢出效应。这是因为服务业处于价值链的下游环节，通过高端服务的发展，能够带动上游制造业附加值的上升和整个产业链价值增值的上升，从而促进就业提升。大量的研究，比如戴翔、李洲、张雨（2019），刘斌、赵晓斐（2020）等的研究都显示制造业服务化有利于提升我国制造业在全球价值链分工中的地位。通过比对我国服务贸易和商品贸易，我们发现我国服务贸易所占比重过低，还有很大的开拓空间。服务业对就业的吸纳能力远大于制造业行业，所以大力发展服务业和服务贸易，对保障和扩大我国未来就业具有十分重要的意义。

一、积极引导服务业对外开放，扩大服务贸易规模

在当前世界贸易格局下，货物贸易的增长越来越有限，服务贸易成为全球贸易和经济增长的新动力。全球服务贸易出口的总体增速已经领先于 GDP 增速，成为当前全球贸易和世界经济增长的新动力。并且全球服务贸易的增

速要高于货物贸易，其在全球贸易中的占比和地位稳步上升，服务贸易在全球贸易中的占比已达25%。据世界贸易组织预计，2040年该比例将提高到50%。并且随着制造服务化的推进以及贸易服务的进一步拓展，可预期的未来服务贸易在全球贸易中的地位和作用将进一步提升。

近年来我国服务贸易的发展非常迅速，尤其是党的十八大以来，我国积极主动扩大服务业和服务贸易对外开放，建立了负面清单管理体制。以"服务业扩大开放综合试点"和"服务贸易创新发展试点"等试点方案，先行先试探索服务贸易管理体制改革与开放路径，实现服务贸易的较快发展。改革开放四十多年以来，我国服务业占GDP的比重由24.6%上升至2019年的53.9%。联合国贸易和发展会议（UNCTAD）的跨境服务数据（BOP口径）显示，我国服务贸易规模持续扩大，2019年服务贸易进出口总额为5.41万亿元（7434亿美元），已连续五年保持服务贸易总量全球第二，分别为第二大进口国和第五大出口国。不过我国服务贸易一直处于逆差地位，我国始终保持服务贸易逆差，仅在2019年逆差规模有所缩小。而其他国家，例如服务贸易排名前几位的美国、英国、法国的服务贸易都是顺差。

虽然服务贸易在当今全球对外贸易中的地位越来越重要，但是我国服务贸易占总贸易的比重与其他国家相比仍存在较大差距。由于制造业的竞争力比服务业提升更为迅速，从出口的角度看，我国服务贸易的占比大大低于全球平均水平的23.5%，仅为9.3%，相比以前不仅没有提升反而有所下降；从进口的角度看，我国服务进口在商品与服务合计的外贸进口总额中占比在2017年达到了21.2%，能够保持一个持续上升态势并且与全球23.3%的平均水平相近。虽然2018年，我国服务贸易占总贸易的比重提升至14.04%，但仍低于全球平均水平约10个百分点①。这与我国服务贸易开放程度和竞争力低有关系。

未来需要逐步提升服务贸易的自由化程度，提升我国有关服务业的对外开放程度，引入国外竞争机制，促进我国市场环境和要素配置现状的改善。一方面，在国际上能够提供高效、优质服务的跨国企业帮助下，促进我国制

---

① 资料参见：国务院发展研究中心对外经济研究部课题组，促进我国服务贸易开放发展与竞争力提升，中国经济报告，2020年第5期。

造业国际竞争力的提升和发展。另一方面，则能打通进入国际市场的渠道，推动我国服务资源"走出去"，积极参与全球价值链，整合优势资源，在国际服务贸易中获得发展和提升。同时合理利用外资，引导服务业外资流向高附加值的新兴产业，以此全面提升我国服务业发展的质量。

以显性比较优势指数作为标准，在国际竞争中我国服务贸易处于较为明显的弱势地位，长期处于 0.3 的水平，较低且变化幅度小。以服贸增加值出口的国际竞争力（VA-RCA）测算的结果，其高于 RCA 所在区间，处于 0.6-0.7 的范围，其竞争力仍不高但呈上升趋势，2011 年后更为明显。从此趋势来看我国与美、英、法等服务贸易大国及日、德等制造业强国的差距正逐步缩小，但仍远低于这些国家，且无明显改善。不过如果按照我国 VA-RCA 比贸易总值测算的竞争力（RCA）更高。虽然与发达国家相比，我国服务贸易还是处于相对弱势，但与部分国家相比，我国在发展服务贸易上还是存在比较大优势的。未来需要多方位鼓励服务贸易发展，尤其是我国数字贸易发展的优势。借助"一带一路"倡议大力发展我国与"一带一路"沿线国家的服务贸易，通过规模形成竞争优势。2018 年我国与"一带一路"沿线国家和地区服务贸易总额达到了 1217 亿美元，占我国服务贸易总额的 15.4%。除此之外，我国对沿线国家和地区的投资和承包工程发展迅猛。2019 年对"一带一路"沿线国家和地区承包工程完成营业额 979.8 亿美元，同比增长 9.7%；承接"一带一路"沿线国家和地区服务外包合同执行额达到人民币 1249.5 亿元（约 184.7 亿美元），占比 19.1%。专业服务与管理咨询服务出口快速扩大，成为我国新兴的服务贸易顺差领域。

二、提升服务业的全球价值链参与度

当今服务贸易水平的提升，其与制造业逐渐融合发展的趋势，正在推动服务贸易的快速发展，乃至当前全球价值链的重塑。而且在传统贸易统计模式下，服务贸易的规模被长期低估了，考虑到这一因素服务贸易对全球价值链重塑便具有更加重要的意义。

越来越多的研究表明，全球价值链中的制造环节和服务环节的联系变得愈加紧密。当前全球制造业越来越多的开始向服务化、绿色化及高端化等方向发展，导致服务环节在制造业价值链中的地位日益凸显。世界银行在《制造导向发展的未来》报告中提及，在发达国家产品的最终价格中，制造环节的增值占比不足40%，而服务环节增值达到了惊人的60%。一方面来看，服务环节对产业发展的促进作用更为显著。以当前风头正盛的ICT产业来讲，其表现的"产业结构软化"已成为当今世界不少产业的通病；而另一方面，服务环节也已成为制造业企业维护其竞争优势的关键环节，产品的服务水平已成为企业销售收入和营业利润的重要来源，商品中的服务要素成为提升产品竞争力的重要因素，研发、销售、物流、售后及金融等相关的生产性服务的快速发展，也逐渐成为价值链增值的重要环节，伴随着价值链形态发生变化，微笑曲线的弧度也开始有所加深。

从世界范围内来看，以增加值计算的服务贸易比重在全球贸易中显著提升。UNCTAD的数据显示，在传统贸易总额计算方法下，服务贸易在全球出口总额中的比重约为24%。但是，以增加值核算方法计算的服务贸易出口占全球贸易出口的比重为46%，部分发达国家服务贸易比重甚至高达70%。麦肯锡全球研究院的一份报告显示，货物贸易中大约有1/3的价值要归功于服务业；几乎所有产业链中都存在以进口服务替代国内服务的趋势；跨国公司向遍及全球的子公司所提供的各项资产中也蕴含着品牌、设计和运营流程等无形资产。如果将这些包括在内，服务贸易的规模将大幅提升，在全球价值链增加值中的占比将远超50%，而WTO《2019服务贸易发展报告》中的分析也证实了这一点。

我们从WIOD数据库测算的我国服务业行业出口增加值和出口附加值率来看，我国服务业行业出口增加值规模相对比较小，但是出口中国内附加值率非常高，远高于制造业行业。这主要是因为我国服务业行业参与全球价值链分工的程度不高引起的。而且当前中国服务业的前向与后向GVC参与度均处于较低水平，存在着极大的上升空间。未来需要不断提升我国参与全球价值链分工的比率。

在当前制造业转型升级过程中，可以同步进行服务业配套升级改革，进一步推进制造业服务化进程。而且可以结合服务业的生产特征，着力提高服务业前向参与度及前向生产长度，充分发挥并提升服务业GVC参与度，从而进一步拉动就业的潜力。通过先加快技术密集型服务业的发展，大力支持高新技术水平产品的研发工作，同时加快技术研发成果高效转化为市场产品，努力扩大服务贸易中技术产品的出口份额，缩小服务贸易逆差，以此提高我国相关企业在服务贸易中的国际竞争力。

三、调整和优化产业结构、改善配套政策和营商环境

改革开放四十多年来，我国的服务贸易在传统的劳动及资源密集型行业中具有比较优势，因此这些行业有较强的国际竞争力。但是这些行业存在GVC 参与度不高、产品附加值低等缺点，所以应当加大对现代服务业的重视程度，大力发展资本、知识密集型服务业，尤其是一些传统高水平服务行业，例如信息、法律、保险等行业，增强我国服务业在国际市场中的竞争力，以提升我国服务贸易出口规模。同时积极发展新兴的服务业，依靠新兴服务行业实现我国服务业的弯道超车，进而优化我国的贸易结构，均衡传统服务贸易行业与新兴行业的占比，以提升我国整体服务贸易的国际竞争力。

在调整服务业结构的同时，可以合理利用制造业的带动作用，建立制造业与服务业一体化发展的政策体系，顺应制造业服务化的新趋势，充分发挥货物贸易和跨境投资对服务贸易发展的带动作用。注重发展生产性服务业，整合管理体制和支持政策，合力推进制造企业与生产性服务企业协同发展。

从政府层面出发，鼓励外包企业大力承接服务贸易离岸外包，从政策和资金上予以相应支持。服务贸易涉及的领域多、行业广、业态新，需依据现实需求和服务贸易企业轻资产等特点，提供有针对性的金融服务和政策支持。同时也应完善服务外包相关法律法规的制定，切实保障服务贸易企业的合法权益，进一步加强相关制度建设，使得服务贸易的相关政策能够长期高效运行。此外推进服务外包信息平台的建立，注重营商环境的改善，以此为突破点来提高服务贸易出口质量，进而促进对外贸易增长方式转变及服务贸易规模扩大。

政府应持续改善服务贸易的营商环境，致力于营造统一、透明、公平竞争的市场环境；建立服务贸易人才的引进与培养机制，培养各种创新型人才；同时建立创新发展服务平台，加强知识产权保护，以预防及应对各种知识产权引发的矛盾；加强综合贸易服务促进，提升企业海外经营能力，加强在海外的竞争力；同时搜集服务贸易领域的专家信息，加强服务贸易领域持续发展的战略和提升竞争力的政策研究。

四、培养与引进服务贸易高端人才

服务产业想要发展，必须拥有充足的相关中、高技能劳动力。虽然我国拥有庞大的人口基础，但在高素质劳动力方面依然相对匮乏。由于缺乏服务贸易方面的人才，我国服务贸易的国际市场上的竞争力受到了严重限制。要解决这个问题，可以从内部和外部两个方面进行改善：一方面，可以从优化配置教育体系、转变应试教育的导向模式、培育适合服务贸易发展的结构性人才以及加大对现有服务贸易从业人员的业务素质与技能培训等方面加以着手，加强对企业现有人员的培训力度。另一方面，可以通过各种途径引进高素质人才，强化服务贸易高端人才的引进力度。政府、企业及高校等部门应担任起培养服务贸易人才的重任，通过各种渠道培养服务贸易所需的各种人才，同时防止各类高素质人才的流失。从而为我国服务贸易发展注入正能量，为我国服务贸易的持续发展奠定坚实的人力资本基础。

五、加快建立适应服务贸易发展的管理体制和监管模式

为了提升我国服务贸易的国际竞争力，需要进一步加强跨部门沟通协作，通过合作共同创造便利高效的管理体制。同时改革创新监管模式，使得服务贸易的发展更具针对性、便利性和有效性。加快完善服务贸易统计体系，建立健全相关部门的信息统计职能，探索建立各部门信息共享、协同执法的服务贸易统计和监管体系，逐步形成常态化的信息发布机制。同时应继续深化市场化改革，营造公平公正的竞争环境和统一透明的市场环境。一方面，进一步激发服务市场活力，加快市场化改革，降低市场准入门槛，增强社会资本进入公共服务领域的动力。另一方面，着力提升监管能力和水平，减少准入环节的审批管理，增强信用体系建设和事中事后管理环节。

在不断完善国内制度环境基础上，我国还应该积极参与各种国际经贸规定。我国应积极在区域和多边贸易投资协定中加大服务贸易领域的开放力度，积极参与国际服务贸易协定（TISA）等诸边或多边服务贸易谈判，适时加入全面与进步跨太平洋伙伴关系协定（CPTPP）等高水平区域自贸安排等。积极参与 WTO 有关新议题的多边规则谈判，如数字贸易规则制定等，共促全球服务贸易健康持续发展，为我国服务贸易的发展营造良好的国际竞争环境。

　　总体来看，我国对外贸易转型升级趋势非常明显，这种转型升级必然对劳动力市场产生冲击。因数据可得性限制，本书研究样本期内，对外贸易转型升级的速度还不是很快，但对就业在行业间、地区间和技能间的配置作用已经比较明显。随着我国产业结构转型升级速度的加快，对外贸易转型升级对劳动力就业再配置的效应会更大。未来的研究可以借助更新后的数据继续跟踪我国对外贸易转型升级的趋势和特征，并检验其对就业规模和就业结构变动的效应。

参考文献

［1］ Acemoglu, D. Labor and Capital Augmenting Technical Change ［J］. Journal of the European Economic Association, 2003, 1 (1): 1 – 37.

［2］ Acemoglu, D. Patterns of Skill Premia ［J］. Review of Economic Studies, 2003 (70): 199—230.

［3］ Alarco' na, D. , E. Zepedab. Employment Trends in the Mexican Manufacturing Sector ［J］. North American Journal of Economics and Finance, 1998 (9): 125 –145.

［4］ Ana L. Revenga. Exporting Jobs? The Impact of Import Competition on Employment And Wages In U. S. Manufacturing ［J］. The Quarterly Journal of Economics, 1992, 107 (1): 255 –284.

［5］ Andreas Maurer, Christophe Degain. Globalization and Trade Flows: What You See is Not What You Get. WTO staff working paper ERSD – 2010 – 12, June, 2010.

［6］ Andrew B. Bernard, Jonathan Eaton, J. Bradford Jensen, Samuel Kortum. Plants and Productivity in International Trade ［J］. American Economic Review, 2003, 93 (4): 1268 –1290.

［7］ Ann Harrison. Openness And Growth: A Time – series, Cross – country Analysis For Developing Countries ［J］. Journal of Development Economics. 1996, 48 (2): 419 –447.

［8］ Antonio Rodriguez – Lopez, Miaojie Yu. All – Around Trade Liberalization And Firm – Level Employment: Theory And Evidence From China ［R］. CESifo Working Paper Series 6710, CESifo. 2017.

[9] Ariel Burstein, Jonathan Vogel. Globalization, Technology, and The Skill Premium: A Quantitative Analysis [R] . NBER Working Paper No. 164 59 . 2010.

[10] Barrientos S, Gereffi G, Rossi A. Economic and Social Upgrading In Global Production Networks: Developing a Framework for Analysis [R] . Brooks World Poverty Institute Working Paper. 2012.

[11] Bela Balassa. Trade Liberalization And Revealed Comparative Advantage [J] . Manchester School, 1965, 33 (2): 99 – 123.

[12] Bergin R P. , Feenstra C R, Hanson H G. Volatility Due to Offshoring: Theory and Evidence [J] . Journal of International Economics, 2011, 85 (2) : 163 – 173

[13] Bernard A. B. , Jensen J. B. Exceptional Exporter Performance: Cause, Effect, Or Both? [J] . Journal of International Economics, 1999, 47 (1): 1 – 25.

[14] Bernard A. B. , Jensen J. B. Exporters, Jobs, And Wages In U. S. Manufacturing, 1976—1987, Bookings Papers On Economic Activity, Microeconomics. 1995.

[15] Bernard A. B. , Jensen J. B, and Peter K. Schott. Survival of the Best Fit: Exposure to Low – Wage Countries and the (Uneven) Growth of U. S. Manufacturing Plants [J] . Journal of International Economics, 2006, 68 (1): 219 – 237.

[16] Borjas G. J. , Ramey V. A. Time – Series Evidence on the Source of Trends in wage in – equality [J] . America Economic Review, 1994, 84 (2): 10 – 16.

[17] Campa J. Goldberg L. S. The Eevolving External Orientation of Manufacturing Industries: Evidence from Four Countries [J] . Economic Policy Review, 1997 (3): 53 – 81.

[18] Chen X, Cheng L K, Fung K C, et al. Domestic Value Added And Employment Generated By Chinese Exports: A Quantitative Estimation [J] . China Economic Review, 2012, 23 (4): 850 – 864.

[19] Chris Milner, Peter Wright. Modelling Labour Market Adjustment to Trade Liberalisation in an Industrialising Economy, "The Economic Journal", 1998, 108 (447): 509 – 28.

[20] Colantone, I. Trade Openness, Real Exchange Rates And Job Realloca-tion: Evidence From Belgium [J]. Review of World Economics, 2012 (148): 669 – 706.

[21] Dani Rodrik. What's So Special About China's Exports? [J]. China & World Economy, 2006 (5): 1 – 19.

[22] David Greenaway, Robert C. Hine and Peter Wright. An Empirical As-sessment of The Impact of Trade on Employment in The United Kingdom. [J] Euro-pean Journal of Political Economy, 1999, 15 (3): 485 – 500.

[23] David, H. Autor. The "Task Approach" To Labor Markets: an Overview [J]. Journal forLabour Market Research, 2013 (46): 185 – 199.

[24] Davis, S., J. Haltiwanger. Gross Job Creation, Gross Job Destruction, and Employment Reallocation [J]. The Quarterly Journal of Economics, 1992, 107 (3): 819 – 863.

[25] Dix – Carneiro, R. and Kovak, B. K. Margins of Labor Market Adjust-ment to Trade [J]. Journal of International Economics, 2019 (117): 125 – 142.

[26] Dix – Carneiro, R. and Kovak, B. K. Trade Liberalization and the Skill Premium: A Local Labor Markets Approach [J]. The American EconomicReview, 2015, 105 (5): 551 – 557.

[27] Dix – Carneiro, R. and Kovak, B. K. Trade Liberalization and Regional Dynamics [J]. The American EconomicReview, 2017, 107 (10): 2908 – 2946.

[28] Fajnzylber P, Maloney F W. Labor Demand And Trade Reform In Latin America [J]. Journal Of International Economics, 2005 (66): 423 – 446.

[29] Falk M, Koebel B. A Dynamic Heterogeneous Labour Demand Model For German Manufacturing [J]. Applied Economics, 2001, 33 (3): 339 – 348.

[30] Farole T. Do Global Value Chains Create Jobs? [R]. IZA World Of La-bor, 2016.

[31] Feenstra R C, Hanson G H. Globalization, Outsourcing, and Wage In-

equality [J] . American Economic Review, 1996, 86 (2): 240 –245.

[32] Feenstra, R. C. , Hanson, G. H. Global Production Sharing And Rising Inequality: A Survey of Trade And Wages. In: Choi, K. And Harrigan, J. , Eds. , Handbook Of International Trade, Basil Blackwell, London. 2003.

[33] Feenstra, Robert C. , Chang Hong. China' s Export and Employment [R] . NBER Working Paper No. 13552. 2007.

[34] Foster –Mcgregor N. , Poeschl J. , Stehrer R. Offshoring and The Elasticity of LabourDemand [J] . Open Economies Review, 2016, 27 (3): 515 –540.

[35] Fuentes, Olga M. , Simon Gilchrist. Skill – biased Technology Adoption: Evidence for the Chilean Manufacturing Sector [R] . http: people. bu. edusgilchri research skillbias – 1105. Pdf

[36] Daudin G. , Rifiart C. and Schweisguth D. Who Produces for whom in the World Economy? [J] . Canadian Journal of Economics, 2011, 44 (4): 1403 – 1437.

[37] Gaston N. , Trefler D. Union Wage Sensitivity To Trade And Protection: Theory and Evidence [J] . Journal of International Economics, 1995, 39 (1 – 2): 1 –25.

[38] Gereffi G . International Trade And Industrial Upgrading in The Apparel Commodity Chain [J] . Journal of International Economics, 1999, 48 (1): 37 –70.

[39] Goldberg P. K. , Pavcnik N. Distributional Effects of Globalization In Developing Countries [R] . NBER Working Paper 12885. 2007.

[40] Gourinchas, P. – O. Exchange Rates Do Matter: French Job Reallocation and Exchange Rate Turbulence, 1984 – 1992 [J] . European Economic Review, 1999, 43 (7): 1279 –1316.

[41] Greenaway D, Hine R C, Wright P. An Empirical Assessment Of The Impact Of Trade On Employment In The United Kingdom [J] . European Journal Of Political Economy, 1999, 15 (3): 485 –500.

[42] Haltiwanger J. , R. S. Jarmin, J. Miranda. Who Creates Jobs? Small vs. Large vs. Young [R] . NBER working paper No. 16300, 2010.

[43] Hamermesh D. S. Labor Demand [M] . Princeton University Press, 1996.

［44］ Haouas I. , Yagoubi, M. Trade Liberalization and Labor Demand Elasticities: Evidence From Tunisia ［J］. Applied Economics Letters, 2008, 15 (4): 277 - 286

［45］ HarriganJ. , Reshef A. Skill - biased Heterogeneous Firms, Trade Liberalization And The Skill Premium ［J］. Canadian Journal of Economics, 2015, 48 (3): 1024 - 1066.

［46］ Hasan, Rana, Devashish Mitra and K. V. Ramaswamy. Trade Reforms, Labor Regulations, and Labour - Demand Elasticities: Empirical Evidence From India ［J］. The Review of Economics And Statistics, 2007, 89 (3): 466 - 481.

［47］ Haskel, Jonathan E. and Matthew J. Slaughter. Trade Technology and U. K. WageInequality ［J］. The Economic Journal, 2001, 111 (468): 163 - 187.

［48］ Hausmann R, Hwang J, Rodrik D . What You Export Matters ［J］. Journal Of Economic Growth, 2007, 12 (1): 1 - 25.

［49］ Helpman Elhanan, Oleg Itskhoki, Marc - Andreas Muendler, and Stephen Redding. Trade And Inequality: From Theory to Estimation ［J］. Review of Economic Studies, 2017, 84 (1): 357 - 405.

［50］ Henrich J. , Boyd R. , Bowles S. , CamererC. , Fehr E. , Gintis H. and McElreath R. In Search of Homo Economicus: Behavioral Experiments In 15 Small - Scale Societies ［J］. American Economic Review, 2001, 91 (2): 73 - 78.

［51］ Hiau Looi Kee Y, Heiwai Tang Z. . Domestic Value Added in Chinese Exports: Firm - level Evidence ［R］. Working paper of IMF and USITC, November. 2013.

［52］ Hicks J. R. The Theory of Wages ［M］. London: Macmillan, 1963.

［53］ Hijzen A, Gorg R. International Outsourcing and The Skill Structure of Labor Demand in the United Kingdom ［J］. Economic Journal, 2005, 115 (4): 861 - 879.

［54］ Hong Ma, Zhi Wang, Kunfu Zhu. , Domestic Content in China's Exports and its Distribution by Firm Ownership. Working paper of United Nations Friends of the Chair Meeting on the Measurement of International Trade and Economic Globalization Aguascalientes, 2014.

［55］ Hummels D, Ishii J and Yi K. The Nature and Growth of Vertical Specialization in World Trade. Journal of International Economics, 2001 (54): 75 – 96.

［56］ Humphrey J, Schmitz H. How Does Insertion In Global Value Chains Affect Upgrading In Industrial Clusters ［J］. Regional Studies, 2002, 9 (36): 1017 – 1027.

［57］ Ingo Geishecker, Holger Görg. Services Offshoring and Wages: Evidence from Micro Data ［R］. CEPR Discussion Papers No. 8628. 2011.

［58］ John B. Benedetto. Implications and Interpretations of Value – Added Trade Balances ［J］. Journal of International Commerce and Economics, USITC, Webversion, July. 2012.

［59］ Jose L. Groizard. Trade Costs And Job Flows: Evidence From Establishment – Level Data ［J］. Economic Inquiry, 2015, 53 (1): 173 – 204.

［60］ Judith M. Dean, K. C. Fung and Zhi Wang. Measuring Vertical Specialization: The Case of China ［J］. Review of International Economics, 2011, 19 (4): 609 – 625.

［61］ Jun Zhang, Dongbo Tang, Yubo Zhan. Foreign Value - Added in China's Manufactured Exports: Implications for China's Trade Imbalance. China & World Economy, 2012, 20 (1): 27 – 48.

［62］ Kaplinsky R, Morris M. A Handbook for Value Chain Research ［M］. Prepared for the IDRC, 2002

［63］ Katz L., Margo R. Technical Change and the Relative Demand for Skilled Labor: The United States in Historical Perspective ［R］. NBER Working Paper No. 18752, 2013.

［64］ Kogut B. Designing Global Strategies: Comparative And Competitive Value – Added Chains ［J］. Sloan Management Review, 1985, 26 (4): 15 – 28.

［65］ Koopman R., Wang Z., and Wei S. J. Tracing Value – added and Double Counting in Gross Exports ［J］. American Economic Review, 2014, 104 (2): 459 – 494.

［66］ Krishna B. Kumar, Raghuram G. Rajan, Luigi Zingales. What Determines Firms Size? ［R］. NBER Working Paper No. 7208, 2001.

［67］ Lall S. , Weiss J. A. , Zhang J. The "Sophistication" of Exports: A New Trade Measure ［J］. World Development, 2006, 34 (2): 222 – 237.

［68］ Lawrence, R. Z. Single World, Divided Nations?: International Trade and the OECD Labor Markets Paperback ［M］. Brookings Institution Press, 1996.

［69］ Leamer, E. E. WageInequalityform International Competition and Techno – logical Change ［J］. American Economic Review, 1996, 86 (2): 309 – 341.

［70］ Loren Brandt, EricThun. Constructing a Ladder for Growth: Policy, Markets, and Industrial Upgrading in China ［J］. World Development, 2016 (80): 78 – 95

［71］ Manuel Arellano, Stephen Bond. Some Tests of Specification for Panel Data: Monte Carlo Evidence and an Application to Employment Equations ［J］. Review of Economic Studies, 1991, 58 (2): 277 – 297.

［72］ Marcela Eslava, John Haltiwanger, Adriana Kugler and Maurice Ku- gler. Factor Adjustments after Deregulation: Panel Evidence from Colombian Plants ［J］. Review of Economics and Statistics, 2010, 92 (2): 378 – 391.

［73］ Marcel Timmer, Abdul A. Erumban, Reitze Gouma, Bart Los, Umed Temurshoev, Gaaitzen J. de Vries, I – aki Arto, Valeria Andreoni AurŽlien Genty, Frederik Neuwahl, JosŽ M. RuedaCantuche. The World Input – Output Database (WIOD): Contents, Sources and Methods ［R］. IIDE Discussion Papers 2012 0401, 2012.

［74］ Matthew J. Slaughter. International Trade and Labor – demand Elasticities ［J］. Journal of International Economics, 2001, 54 (1): 27 – 56.

［75］ Melitz M. J. The Impact Of Trade On Intra – Industry Reallocations And Aggregate Industry Productivity ［J］. Econometrics, 2003, 71 (6): 1695 – 1725.

［76］ Meng Bo. , N. Yamano and C. Webb. Application of Factor Decomposi- tion Techniques to Vertical Specialization Measurements ［J］. Journal of Applied In- put – Output Analysis, 2011 (16): 1 – 20.

［77］ Messerlin P. A. The Impact of Trade and Capital Movements on Labor: Evidence on The French Case ［R］. OECD Economic Studies No. 24. 1995.

［78］ Mine Zeynep Senses. The Effects of Offshoring on The Elasticity of Labor

Demand〔J〕. Journal of International Economics, 2010, 81 (1): 89 – 98.

〔79〕 Mitra D., Shin J. Import Protection, Exports and Labor – demand Elasticities: Evidence From Korea〔J〕. International Review of Economics&Finance, 2012 (23): 91 – 109.

〔80〕 Mouelhia R. B. A., Ghazalib M. Impact Of Trade Reforms In Tunisia On The Elasticity of LabourDemand〔J〕. International Economics, 2013 (134): 78 – 96.

〔81〕 Nadim Ahamad. Measuring Trade in Value – Added and Beyond. In book: Measuring Globalization: Better Trade Statistics for Better Policy, 2015: 165 – 204.

〔82〕 Pol Antràs, Davin Chor. Organizing the Global Value Chain〔J〕. Econometrica, 2013, 81 (6): 2127 – 2204.

〔83〕 Poon Teresa Shuk Ching. Beyond The Global Production Network: A Case of Further Upgrading of Tianwan Information Technology Industry〔J〕. International Journal Of Technology and Globalisation, 2004, 1 (1): 130 – 144.

〔84〕 Porter M. E. Competitive Advantage of Nations〔M〕. New York: Free Press, 1990.

〔85〕 Rees Lucy, Rod Tyers. On The Robustness Of Short Run Gains From Trade Reform〔R〕. Cepr Discussion Papers, 2004.

〔86〕 Revenga A. Exporting Jobs: The Impact Of Import Competition On Employment And Wages In U. S. Manufacturing〔J〕. Quarterly Journal Of Economics, 1992, (109): 255 – 284.

〔87〕 Robbins D. J. HOS Hits Facts: FactsWin: Evidence on Trade And Wages In The Developing World〔R〕. Harvard Institute for International Development-Papers, No. 557. 1996.

〔88〕 Robert C. Feenstra, Gordon H. Hanson. Foreign Direct Investment And Relative Wages: Evidence From Mexico' s Maquiladoras〔J〕. Journal of International Economics . 1997, 42 (3 – 4): 371 – 393.

〔89〕 Robert C. Feenstra, Hiau Looi Kee. Trade Liberalization and Export Variety: AComparision of Mexico and China〔J〕. The World Economy, 2007, 30 (1): 5 – 21.

〔90〕 Robert C. Feenstra and Gordon H. Hanson. The Impact of Outsourcing and High – Technology Capital on Wages: Estimates for the United States, 1979 – 1990 [J]. The Quarterly Journal of Economics, 1999, 114 (3): 907 – 940.

[91] Robert C. Johnson and Guillermo Noguera. Accounting for Intermediates: Production Sharing and Trade in Value – added [J]. Journal of International Economics, 2012 (86): 224 – 236.

[92] Robert C. Johnson. Five Facts about Value – Added Exports and Implications for Macroeconomics and Trade Research [J]. Journal of Economic Perspectives, 2014, 28 (2): 119 – 142.

[93] Robert Koopman, William Powers, Zhi Wang, Shang – JinWei. Give Credit Where Credit Is Due: Tracing Value Added in Global Production Chains [R]. NBER Working Papers No. 16426. 2010.

[94] Robert Koopman, Zhi Wang, Shangjin Wei. Estimating Domestic Content in Exports When Processing Ttrade is Pervasive [J]. Journal of Development Economics, 2012, 99 (1): 178 – 189..

[95] Sachs Jeffrey D., Howard J. Shatz, Alan Deardorff and Robert E. Hall. Trade and Jobs in U. S. Manufacturing [J]. Brookings Papers on Economic Activity 1994, 1994 (1): 1 – 84.

[96] Stolper, W. F. and P. A. Samuelson. Protection and Real Wages [J]. Review of Economic Studies, 1941, 9 (1): 53 – 78.

[97] Thoenig M. and Verdier, T. A Theory of Defensive Skill – based Innovation and Globalization [J]. American Economic Review, 2003, 93 (3): 709 – 728.

[98] Topalova Petia. Factor Immobility and Regional Impacts of Trade Liberalization Evidence On Poverty From India [J]. American Economic Journal: Applied Economics, 2010, 2 (4): 1 – 41.

[99] United Nations Conference on Trade and Development. Global Value Chains: Investment and Trade for Development [R]. World Investment Report, Geneva. 2013.

[100] Upward Richard, Wang Zheng, Zheng Jinghai. Weighing China's Export Basket: The Domestic Content and Technology Intensity of Chinese E xports [J]. Journal of Comparative Economics Elsevier, 2013, 41 (2): 527 – 543.

［101］ Victoria Castillo, Lucas Figal Garone, Alessandro Maffioli, Lina-Salazar. The Causal Effects of Regional Industrial Policies on Employment: A Synthetic Control Approach ［J］. Regional Science and Urban Economics, 2017（8）: 25 – 41

［102］ Wang Z. , Wei S. J. , Zhu K. F. Quantifying International Production Sharing at the Bilateral and Sector Levels ［R］. NBER Working Paper No. 19677. 2014.

［103］ Wang Z. , Wei S. J. , Yu X. Measures of Participation in Global Value Chains and Global Business Cycles ［R］. NBER Working Papers No 23222, 2017.

［104］ Wood A. How Trade Hurt Unskilled Workers ［J］. Journal of EconomicPerspectives, 1995, 9（3）: 57 – 80.

［105］ Wood A. The Factor Content of North – South Trade in Manufactures Reconsidered. ［J］ Review of World Economics, 1991（127）: 4, 719 – 743.

［106］ Xu Bin, Wei Li. Trade, Technology, and China's Rising Skill Demand ［J］. Economics of Transition, 2008, 16（1）: 59 – 68.

［107］ Yeats A J. Just how big is global production sharing? ［R］. World Bank Policy Research Working Paper No 1871. 2013.

［108］ Yuqing Xing, Neal Detert. How the iPhone Widens the United States Trade Deficit with the People's Republic of China ［R］. ADBI Working Paper Series No 257, December. 2010.

［109］ 白柠瑞, 闫强明, 郝超鹏, 曲扶摇. 长江经济带高质量发展问题探究 ［J］. 宏观经济管理, 2020（1）: 67 – 74.

［110］ 陈恺宇. 基于协同理论的浙江高技能人才培养模式研究 ［J］. 经济研究导刊, 2020（24）: 101 – 106.

［111］ 陈朔, 冯素杰. 产业结构优化升级中几个问题的国际经验和启示——以日本、韩国和我国台湾地区为例 ［J］. 经济问题探索, 2008（3）: 20 – 24.

［112］ 陈怡. 国际贸易对我国行业间收入分配的影响——基于制造业面板数据的实证分析 ［J］. 国际贸易问题, 2009（4）: 3 – 10.

［113］ 程盈莹, 赵素萍. 垂直专业化分工对中国劳动力就业结构的影响——基于全球价值链的视角 ［J］. 经济经纬, 2016（2）: 131 – 136.

[114] 邓光耀，张忠杰．全球价值链视角下中国和世界主要国家（地区）分工地位的比较研究——基于行业上游度的分析［J］．经济问题探索，2018（8）：125－132.

[115] 邓婷．韩国就业保障制度［J］．重庆工学院学报（社会科学版），2009（4）：37－39.

[116] 杜传忠，张丽．中国工业制成品出口的国内技术复杂度测算及其动态变迁——基于国际垂直专业化分工的视角［J］．中国工业经济，2013（12）：52－64.

[117] 范爱军，刘伟华．出口贸易对我国三次产业劳动力流向的影响分析［J］．世界经济研究，2008（5）：20－24.

[118] 冯其云，朱彤．中国对外贸易对就业影响的区域差异分析——基于省级面板数据的经验研究［J］．经济问题探索．2012（12）：67－72.

[119] 耿晔强，白力芳．人力资本结构高级化，研发强度与制造业全球价值链升级［J］．世界经济研究，2019，No.306（8）：90－104＋138.

[120] 国家发展改革委赴韩研讨团．韩国的就业和社会保障政策［J］．宏观经济管理，2004（3）：51－55.

[121] 国务院发展研究中心课题组．我国加工贸易就业规模及变动特征［J］．发展研究，2014（11）：71－74.

[122] 何冰，周申．贸易自由化与就业调整空间差异：中国地级市的经验证据［J］，世界经济，2019（6）：119－142.

[123] 何元锋．新时代社会主要矛盾的区域性特征及其平衡重构［J］．行政管理改革，2017（12）：14－19.

[124] 胡海洋，姚晨，胡淑婷．新时代区域协调发展战略的效果评价研究——基于中部崛起战略下的实证研究［J］．工业技术经济，2019，38（4）：154－160.

[125] 胡浩，袭讯，张月月．国内产业汇聚驱动制造业价值链攀升吗——双环流视阈下的探讨［J］．国际经贸探索，2020，36（4）：55－70.

[126] 胡军．珠三角OEM企业持续成长的路径选择—基于全球价值链外包体系的视角［J］．中国工业经济，2005（8）：42－49.

[127] 胡晓鹏，李庆科．生产性服务业与制造业共生关系研究——对苏，

浙，沪投入产出表的动态比较 [J] . 数量经济技术经济研究，2009，026 (2)：33 – 46.

[128] 胡昭玲，刘旭 . 中国工业品贸易的就业效应——基于32 个行业面板数据的实证分析 [J] . 财贸经济，2007 (8)：88 – 93.

[129] 胡昭玲，宋佳 . 基于出口价格的中国国际分工地位研究 [J] . 国际贸易问题，2013 (3)：15 – 25.

[130] 黄灿 . 垂直专业化贸易对我国就业结构的影响——基于省际面板数据的分析 [J] . 南开经济研究，2014 (4)：64 – 77.

[131] 黄娅娜 . 韩国促进产业转型升级的经验及其启示 [J] . 经济研究参考，2015 (20)：83 – 87 + 92.

[132] 江小涓 . 我国出口商品结构的决定因素和变化趋势 [J]，经济研究，2007 (5)：4 – 16.

[133] 江小娟 . 中国对外开放进入新阶段：更均衡合理地融入全球经济 [J] . 经济前沿，2007，(6)：2 – 9.

[134] 孔高文，刘莎莎，孔东民 . 机器人与就业——基于行业与地区异质性的探索性分析 [J] . 中国工业经济，2020 (8)：80 – 98.

[135] 黎峰 . 双重价值链嵌入下的中国省级区域角色——一个综合理论分析框架 [J] . 中国工业经济，2020 (1)：136 – 154.

[136] 黎锋 . 国内专业化分工是否促进了区域协调发展？ [J] . 数量经济技术经济研究，2018，35 (12)：81 – 99.

[137] 黎锋 . 增加值视角下的中国国家价值链分工——基于改进的区域投入产出模型 [J] . 中国工业经济，2016 (3)：52 – 67.

[138] 李宏，陈圳 . 中国优势制造业全球价值链竞争力分析 [J] . 审计与经济研究，2018 (2)：93 – 105.

[139] 李金昌，刘波，徐蔼婷 . 中国贸易开放的非正规就业效应研究 [J] . 中国人口科学 . 2014 (4)：35 – 45，126 – 127.

[140] 李静 . 初始人力资本匹配、垂直专业化与产业全球价值链跃迁 [J] . 世界经济研究，2015 (1)：65 – 73 + 128.

[141] 李磊，白道欢，冼国明 . 对外直接投资如何影响了母国就业？——基于中国微观企业数据的研究 [J] . 经济研究，2016，51 (8)：144 – 158.

［142］李磊，盛斌，刘斌．全球价值链参与对劳动力就业及其结构的影响［J］．国际贸易问题，2017（7）：27-37.

［143］李磊，韦晓珂，郑妍妍．全球价值链参与增加了劳动力就业风险吗?：基于中国工业企业的经验分析［J］．世界经济研究，2019（6）：71-81，135.

［144］李楠．中国国内价值链空间重构：基于价值链长度、合作度与地位指数的考察［J］．国际经贸探索，2020，36（8）：55-67.

［145］李强．企业嵌入全球价值链的就业效应研究：中国的经验分析［J］．中南财经政法大学学报．2014（1）：28-35.

［146］李善同，何建武，刘云中．全球价值链视角下中国国内价值链分工测算研究［J］．管理评论，2018，v.30（5）：11-20.

［147］李婷．OFDI对中国制造业全球价值链地位的影响［D］．东北财经大学，2019.

［148］李未无．我国转变外贸增长方式的就业效应研究——基于27个制造业面板数据的经验分析［J］．广东外语外贸大学学报．2010（6）：23-29.

［149］李小萌，陈建先，师磊．进出口贸易对中国就业结构的影响［J］．国际商务（对外经济贸易大学学报），2016（3）：36-43.

［150］李杨，黄艳希，谷玮．全球价值链视角下的中国产业供需匹配与升级研究［J］．数量经济技术经济研究，2017，34（4）：39-56.

［151］李子伦，马君．新比较经济学视角下产业结构升级中的政府职能选择——基于美国、日本、拉美地区的历史数据研究［J］．当代经济科学，2017（3）：86-94，127.

［152］罗伯特·C·芬斯特拉，唐宜红译．高级国际贸易：理论与实证［M］．中国人民大学出版社，2013.

［153］梁军．我国加工贸易转型升级路径探析［J］．统计与决策（理论版），2007（5）：119-121.

［154］梁平，梁彭勇，黄金．我国对外贸易就业效应的区域差异分析——基于省级面板数据的检验［J］．世界经济研究，2008（1）：48-52.

［155］梁中华，余淼杰．贸易自由化与中国劳动需求弹性：基于制造业企业数据的实证分析［J］．南方经济，2014（10）：1-12.

［156］林国. 加强企业员工教育培训，服务经济社会协调发展［J］. 中国成人教育，2020（7）：81－83.

［157］林霓裳. 加工贸易出口对我国工业行业就业影响的实证分析［J］. 管理学家，2009（3）：54－59.

［158］刘德学. 全球生产网络与加工贸易升级［M］. 经济科学出版社，2006.

［159］刘海云，廖庆梅. 中国制造业参与全球价值链对母国就业结构的影响分析［J］. 经济问题探索，2016（11）：82－90.

［160］刘洪铎，吴庆源，李文宇. 市场化转型与出口技术复杂度：基于区域市场一体化的研究视角［J］. 国际贸易问题，2013（5）：32－44.

［161］刘会政，丁媛. 基于MRIO模型的中国参与全球价值链就业效应研究［J］. 国际商务——对外经济贸易大学学报，2017（6）：30－42.

［162］刘琳. 中国参与全球价值链的测度与分析——基于附加值贸易的考察［J］. 世界经济研究，2015（6）：71－83.

［163］刘晴，徐蕾. 对加工贸易福利效应和转型升级的反思——基于异质性企业贸易理论的视角［J］. 经济研究，2013（9）：137－148.

［164］刘睿雯，徐舒，张川川. 贸易开放、就业结构变迁与生产率增长［J］. 中国工业经济，2020（6）：24－42.

［165］刘维林. 产品架构与功能架构的双重嵌入——本土制造业突破GVC低端锁定的攀升途径［J］. 中国工业经济，2012，（1）：152－160.

［166］刘玉海，张默涵. 贸易技术含量、偏向型技术进步与中国就业结构［J］. 国际贸易问题，2017（7）：74－84.

［167］刘志彪. 中国沿海地区制造业发展：国际代工模式与创新［J］. 南开经济研究，，2005（5）：58－41.

［168］刘志成，刘斌. 外资进入与出口溢出——基于企业异质性角度的分析［J］. 山西财经大学学报，2014，36（3）：1－10.

［169］刘遵义，陈锡康，杨翠红，Leonard K. Cheng，K. C. Fung，Yun-WingSung，祝坤福，裴建锁，唐志鹏. 非竞争型投入占用产出模型及其应用——中美贸易顺差透视［J］. 中国社会科学，2007（5）：91－103，206－207.

［170］隆国强．加工贸易：工业化的新道路［J］．新经济导刊，2003，(5)：74-76.

［171］隆国强．加工贸易转型升级之探讨［J］．国际贸易，2008（12）：8-14.

［172］卢仁祥．中国企业参与全球价值链分工的就业效应分析［J］．商业时代，2014（21）：42-44.

［173］鲁昕．政府在高技能人才工作中的角色定位［J］．职业技术教育，2006（12）：27-29.

［174］陆铭，向宽虎．破解效率与平衡的冲突——论中国的区域发展战略［J］．经济社会体制比较，2014（4）：1-16.

［175］陆铭．地区分割影响中国未来的竞争力［J］．领导科学，2010（12）：18-19.

［176］陆文聪，李元龙．中国出口增长的就业效应：基于CGE模型的分析［J］．国际贸易问，2011（9）：14-24.

［177］罗富政，罗能生．政府竞争、市场集聚与区域经济协调发展［J］．中国软科学，2019（9）：93-107.

［178］罗军，陈建国．中间产品贸易、技术进步与制造业劳动力就业［J］．亚太经济，2014（6）：49-58.

［179］罗军．生产性服务进口与制造业全球价值链升级模式——影响机制与调节效应［J］．国际贸易问题，2019（8）：65-79.

［180］罗良文．中国贸易深化的就业效应分析［J］．中南财经政法大学学报，2003（5）：75-80.

［181］罗明津，靳玉英．企业出口行为的就业波动效应研究：基于中国工业企业的经验［J］．世界经济研究，2019（5）：27-40+134.

［182］吕延方，王冬．参与不同形式外包对中国劳动力就业动态效应的经验研究［J］．数量经济技术经济研究，2011，28（9）：103-117.

［183］吕延方．比较优势理论能否有效解释承接外包的产生机理——基于中国工业的经验研究［J］．经济管理，2011，33（10）：145-158.

［184］吕越，黄艳希，陈勇兵．全球价值链嵌入的生产率效应：影响与机制分析［J］．世界经济，2017（7）：28-51.

［185］吕越，罗伟，刘斌．异质性企业与全球价值链嵌入：基于效率和融资的视角［J］．世界经济，2015（8）：29－55.

［186］吕越，吕云龙，莫伟达．中国企业嵌入全球价值链的就业效应——基于 PSM－DID 和 GPS 方法的经验证据［J］．财经研究，2018，44（2）：4－16.

［187］马风涛，段治平．全球价值链、国外增加值与熟练劳动力相对就业——基于世界投入产出表的研究［J］．经济与管理评论，2015（5）：72－80.

［188］马光明，刘春生．中国贸易方式转型与制造业就业结构关联性研究［J］．财经研究，2016，42（3）：109－121.

［189］马弘，乔雪，徐嫄．中国制造业的就业创造与就业消失［J］．经济研究，2013（12）：68－80.

［190］毛其淋，许家云．中间品贸易自由化与制造业就业变动——来自中国加入 WTO 的证据［J］．经济研究，2016（1）：69－83.

［191］毛日昇．出口、外商直接投资与中国制造业就业［J］．经济研究，2009（11）：105－117.

［192］明娟，刑孝兵，张建武．国际贸易对制造业行业就业的影响效应研究——基于动态面板数据模型的实证分析［J］．财贸研究，2010（6）：62－69.

［193］倪红福．中国出口技术含量动态变迁及国际比较［J］，经济研究，2017（1）：44－57.

［194］潘杰．基于职业技能培训促进就业与产业发展的探讨［J］．现代商业，2020（19）：90－91.

［195］潘秋晨．全球价值链嵌入对中国装备制造业转型升级的影响研究［J］．世界经济研究，2019（9）：78－96，135－136.

［196］潘珊．对外直接投资与全球价值链升级研究［D］．浙江工业大学，2019.

［197］潘士远．贸易自由化、有偏的学习与发展中国家的工资差异［J］．经济研究，2007（6）：98－105.

［198］潘文卿，李跟强．中国制造业国家价值链存在"微笑曲线"

吗？——基于供给与需求双重视角［J］.管理评论，2018，30（5）：21－30.

［199］裴长洪.中国贸易政策调整与出口结构变化分析：2006—2008［J］.经济研究，2009（4）：4－16.

［200］邱斌，刘修岩，吴飞飞."新常态背景下中国对外贸易转型升级的理论创新与政策研究"会议综述［J］.经济研究，2015（7）：190－194.

［201］茹玉，肖庆文，都静.全球价值链助推农业产业升级的创新路径研究——基于湄潭县茶产业扶贫项目的案例分析［J］.农业经济问题，2019（4）：51－59.

［202］沈玉良等.中国国际加工贸易模式研究［M］.北京人民出版社，2007.

［203］盛斌，陈落实各方责任帅.全球价值链如何改变了贸易政策：对产业升级的影响和启示［J］.国际经济评论，2015（1）：85－97＋6.

［204］盛斌，景光正.金融结构、契约环境与全球价值链地位［J］.世界经济，2019，42（4）：29－52.

［205］盛斌，马涛.中间产品贸易对中国劳动力需求变化的影响：基于工业部门动态面板数据的分析［J］.世界经济2008（3）：12－20.

［206］盛斌，牛蕊.国际贸易，贸易自由化与劳动力就业：对中国工业部门的经验研究［J］.当代财经，2009，（12）：88－94.

［207］盛斌，牛蕊.贸易、劳动力需求弹性与就业风险：中国工业的经验研究［J］.世界经济，2009（6）：3－15.

［208］盛斌.中国对外贸易政策的政治经济分析［M］.上海人民出版社，2020：480－494.

［209］施炳展.中国出口增长的三元边际［J］.经济学，2010，9（3）：1311－1330.

［210］史青，李平，宗庆庆.企业出口对劳动力就业风险影响的研究［J］.中国工业经济，2014（7）：71－83.

［211］史青，李平.再议中国企业出口的就业效应［J］.财贸经济，2014（10）：83－93.

［212］史青，张莉.中国制造业外包对劳动力需求弹性及就业的影响［J］.数量经济技术经济研究，2017，34（9）：128－144.

［213］史青，赵跃叶．中国嵌入全球价值链的就业效应［J］．国际贸易问题，2020（1）：94－109.

［214］宋锦，李曦晨．产业转型与就业结构调整的趋势分析［J］．数量经济技术经济研究，2019，36（10）：38－57.

［215］苏庆义．中国省级出口的增加值分解及其应用［J］．经济研究，2016（1）：84－98.

［216］孙国辉．我国加工贸易转型升级机制的研究［J］．经济管理，2007（8）：76－79.

［217］汤碧，陈莉莉．全球价值链视角下的中国加工贸易转型升级研究［J］．国际经贸探索，2012（10）：44－55.

［218］唐东波．垂直专业化贸易如何影响了中国的就业结构［J］．经济研究，2012（8）：128－131.

［219］唐东波．贸易开放、垂直专业化分工与产业升级［J］．世界经济，2013（4）：47－68.

［220］唐宜红，马风涛．国际垂直专业化对中国劳动力就业结构的影响［J］．财贸经济．2009（4）：94－98

［221］唐宜红，张鹏杨．FDI、全球价值链嵌入与出口国内附加值［J］．统计研究，2017，34（4）：36－49.

［222］王崇桃，唐少清，李剑玲．台湾产业结构演变对京津冀产业结构调整及就业的启示［J］．中国软科学，2017（1）：171－176.

［223］王海杰，李延朋．全球价值链分工中产业升级的微观机理：一个产权经济学的观点［J］．中国工业经济，2013（4）：82－93.

［224］王怀民．加工贸易、劳动力成本与农民工就业——兼论新劳动法和次贷危机对我国加工贸易出口的影响［J］．世界经济研究，2009（1）：15－18＋46.

［225］王岚，李宏艳．中国制造业融入全球价值链路径研究——嵌入位置和增值能力的视角［J］．中国工业经济，2015（2）：76－88.

［226］王岚．融入全球价值链对中国制造业国际分工地位的影响［J］．统计研究，2014（5）：17－23.

［227］王磊，魏龙．"低端锁定"还是"挤出效应"——来自中国制造

业 GVCs 就业、工资方面的证据 ［J］. 国际贸易问题, 2017 (8): 62 - 72.

［228］王孝莹. 中国制造业全球价值链地位提升策略研究 ［J］. 河南社会科学, 2018 (3): 51 - 56.

［229］王直, 魏尚进, 祝坤福. 总贸易核算法: 官方贸易统计与全球价值链的度量 ［J］. 中国社会科学, 2015 (9): 108 - 127.

［230］王中华, 赵曙东. 中国工业参与国际垂直专业化分工的实证分析 ［J］. 山西财经大学学报, 2009, 31 (7): 37 - 43.

［231］王子先, 杨正位, 宋刚. 促进落地生根—我国加工贸易转型升级的方向 ［J］. 国际贸易, 2004 (2): 10 - 13.

［232］卫瑞, 张少军. 中间品出口对中国就业结构的影响——基于技能、来源地和部门视角的分析 ［J］. 财经研究, 2014 (11): 133 - 144.

［233］卫瑞, 庄宗明. 生产国际化与中国就业波动: 基于贸易自由化和外包视角 ［J］. 世界经济, 2015 (1): 53 - 80.

［234］魏浩, 程玎. 中国出口商品结构、劳动力市场结构与高端人才战略 ［J］. 财贸经济, 2010 (10): 93 - 99.

［235］魏浩, 郭也. 中国制造业单位劳动力成本及其国际比较研究 ［J］. 统计研究, 2013 (8): 104 - 112.

［236］魏浩, 金晓祺, 项松林. 对外贸易与我国的劳动力需求弹性 ［J］. 国际贸易问题, 2013 (9): 3 - 14.

［237］魏浩, 李晓庆. 进口投入品与中国企业的就业变动 ［J］. 统计研究, 2018, 35 (1): 43 - 52.

［238］魏浩, 王浙鑫, 惠巧玲. 中国工业部门进出口贸易的就业效应及其差异性研究 ［J］. 国际商务 (对外经济贸易大学学报), 2013 (2): 5 - 14.

［239］魏浩. 我国纺织品对外贸易出口的就业效应研究: 1980 - 2007 年 ［J］. 国际贸易问题, 2011 (1): 29 - 42.

［240］魏龙, 王磊. 全球价值链体系下中国制造业转型升级分析 ［J］. 数量经济技术经济研究, 2017, 34 (6): 71 - 86.

［241］温怀德, 谭晶荣. 中国对外贸易、FDI 对就业影响的实证研究——基于加入世贸组织前后东、中、西部数据的比较 ［J］. 国际贸易问题, 2010

（8）：102 – 109.

［242］文东伟，冼国明．中国制造业的垂直专业化与出口增长［J］．经济学（季刊），2010，9（2）：467 – 494.

［243］文东伟．增加值贸易与中国比较优势的动态演变［J］．数量经济技术经济研究，2017（1）：58 – 75.

［244］邬关荣．加工贸易转型升级研究—以服装产业为例［M］．北京经济科学出版社，2006（9）．

［245］吴倩，王莹．校企合作中提高企业积极性的策略——基于 CCSI 模型的 PLS 路径分析［J］．沈阳大学学报，2017（3）：268 – 271.

［246］吴小松，范金，胡汉辉．我国就业增长与结构变迁的影响因素：基于 SDA 的分析［J］．经济科学，2007，（1）：5 – 14.

［247］夏杰长，倪红福．中国经济增长的主导产业：服务业还是工业？［J］．南京大学学报（哲学·人文科学·社会科学），2016（3）：43 – 52.

［248］邢斐，王书颖，何欢浪．从出口扩张到对外贸易“换挡”：基于贸易结构转型的贸易与研发政策选择［J］．经济研究，2016（4）：89 – 101.

［249］徐向峰，王健林，侯强．世界经济危机与我国产业结构升级［J］．长春工业大学学报（社会科版），2008（6）：30 – 32.

［250］徐毅，张二震．外包与生产率：基于工业行业数据的经验研究［J］．经济研究，2008（1）：103 – 113.

［251］许南，李建军．产品内分工、产业转移与中国产业结构升级［J］．管理世界，2012（1）：182 – 183.

［252］许统生，涂远芬．贸易开放度的就业贡献率比较——基于 1995 – 2006 年省际面板数据的实证分析［J］．当代财经，2009（5）：87 – 92.

［253］阳立高，韩峰，杨华峰，刘建江．国外高技能人才培养经验及启示［J］．中国科技论坛，2014（7）：121 – 126.

［254］杨飞，孙文远，余泳泽．资本偏向性技术进步、全球价值链地位与技能劳动就业变动——基于全球价值链分解的视角［J］．当代财经，2019（11）：95 – 106.

［255］杨桂菊．本土代工企业竞争力构成要素及提升路径［J］．中国工业经济，2006（8）：25 – 26.

[256] 杨继军，袁敏，张为付. 全球价值链融入与中国制造业就业：基于非竞争型投入产出模型的分析 [J]. 国际经贸探索，2017（11）：19-31.

[257] 杨汝岱，姚洋. 有限赶超与经济增长 [J]. 经济研究，2008（8）：29-41.

[258] 杨永忠. "赶超型"产业政策与市场绩效：基于东亚地区国际竞争力的比较视角 [J]. 国际贸易问题，2006（7）：53-59.

[259] 姚洋，张晔. 中国出口品国内技术含量升级的动态研究——来自全国及江苏省、广东省的证据 [J]. 中国社会科学，2008（2）：67-82，205-206.

[260] 殷德生，唐海燕. 技能型技术进步、南北贸易与工资不平衡 [J]. 经济研究，2006（5）：106-114.

[261] 尹伟华. 中、美两国服务业国际竞争力比较分析——基于全球价值链视角的研究 [J]. 上海经济研究，2015（12）：41-51.

[262] 于津平，邓娟. 垂直专业化、出口技术含量与全球价值链分工地位 [J]. 世界经济与政治论坛，2014（2）：44-62.

[263] 余泳泽，刘大勇. 我国区域创新效率的空间外溢效应与价值链外溢效应——创新价值链视角下的多维空间面板模型研究 [J]. 管理世界，2013（7）：6-20+70+187.

[264] 俞会新，薛敬孝. 中国贸易自由化对工业就业的影响 [J] 世界经济，2002（10）：10-13.

[265] 喻美辞. 工业品贸易对中国工业行业人口就业的影响——基于34个工业行业面板数据的实证分析 [J]. 中国人口科学，2008（4）：22-29.

[266] 喻美辞. 国际贸易、技术进步对相对工资差距的影响—基于我国制造业数据的实证分析 [J]. 国际贸易问题，2008（4）：9-15.

[267] 喻美辞. 中间产品贸易、技术溢出与发展中国家的工资差距：一个理论框架 [J]. 国际贸易问题，2012（8）：14-21.

[268] 臧旭恒，赵明亮. 垂直专业化分工与劳动力市场就业结构—基于中国工业行业面板数据的分析 [J]. 中国工业经济，2011（6）：47-57.

[269] 曾贵. 加工贸易转型升级的机制探讨 [J]. 财经科学，2011（2）：84-90.

［270］曾卫锋．中国加工贸易发展机制的实证研究［J］．财贸经济，2006（3）：87－90．

［271］张车伟，蔡昉．就业弹性的变化趋势研究［J］．中国工业经济，2002（5）：22－30．

［272］张川川．"中等教育陷阱"？——出口扩张、就业增长与个体教育决策［J］．经济研究，2015（12）：115－127＋157．

［273］张川川．出口对就业、工资和收入不平等的影响——基于微观数据的证据［J］．经济学（季刊），2015（4）：1611－1630．

［274］张川川．地区就业乘数：制造业就业对服务业就业的影响［J］．世界经济，2015（6）：70－87．

［275］张红．员工继续教育培训体系的开发与改进策略［J］．企业改革与管理，2018（23）：81－82．

［276］张红梅，祝灵秀，李善同，何建武．高出口省内增加值率能否作为政策目标——基于中国省级数据的研究［J］．经济学家，2020（3）：34－44．

［277］张洪胜，贸易自由化、融资约束与中国外贸转型升级［D］．浙江大学博士论文，2017．

［278］张健，鲁晓东．产业政策是否促进了中国企业出口转型升级［J］．国际贸易问题，2018（5）：43－57．

［279］张杰，刘元春，郑文平．为什么出口会抑制中国企业增加值率？——基于政府行为的考察［J］．管理世界，2013（6）：12－27．

［280］张杰，郑文平．全球价值链下中国本土企业的创新效应［J］．经济研究，2017（3）：151－165．

［281］张明志、刘杜若、邓明．地区贸易自由化进程对个体工资变动的影响——基于CHNS2000－2011年个体微观数据的实证研究［J］．国际贸易问题，2014（9）：36－46．

［282］张少军，刘志彪．产业升级与区域协调发展：从全球价值链走向国内价值链［J］．经济管理，2013（8）：30－40．

［283］张为付，戴翔．中国全球价值链分工地位改善了吗？——基于改进后出口上游度的再评估［J］．中南财经政法大学学报，2017，（4）：

90 – 99.

[284] 张文玺. 中日韩产业结构升级和产业政策演变比较及启示 [J]. 现代日本经济, 2012 (4): 41 – 50.

[285] 张延吉, 张磊, 吴凌燕. 非正规就业视角下的制造业空间重构——基于 2000、2010 年地级及以上城市的实证研究 [J]. 人文地理, 2016 (3): 102 – 108.

[286] 张燕生. 我国加工贸易未来转型升级的方向 [J]. 宏观经济研究, 2004 (2): 16 – 17.

[287] 张志明, 代鹏, 崔日明. 中国增加值出口的就业效应及其影响因素研究 [J]. 数量经济技术经济研究, 2016 (5): 103 – 121.

[288] 赵建军. 论产业升级的就业效应 [D]. 中共中央党校, 2005.

[289] 赵瑾. 贸易与就业: 国际研究的最新进展与政策导向—兼论化解中美贸易冲突对我国就业影响的政策选择 [J]. 财贸经济, 2019 (3): 5 – 18.

[290] 赵立祥, 赵蓉. 国内价值链构建、产品密度深化与制造业升级 [J]. 软科学: 2020 (10): 1 – 11.

[291] 赵晓晨. 加工贸易转型升级效果评价 [J]. 当代财经, 2011 (9): 85 – 93.

[292] 赵玉焕, 史巧玲, 尹斯祺, 姚海棠. 中国参与全球价值链分工的测度及对就业的影响研究 [J], 经济与管理研究, 2019 (2): 13 – 26.

[293] 赵玉焕, 史巧玲, 尹斯祺, 姚海棠. 中国参与全球价值链分工的测度及对就业的影响研究 [J]. 经济与管理研究, 2019, 40 (2): 13 – 26.

[294] 郑妍妍, 牛蕊. 国内需求贸易与就业——基于国民经济核算角度的分析 [J]. 未来与发展, 2010 (2): 43 – 46 + 55.

[295] 周华, 李飞飞, 赵轩等. 非等间距产业上游度及贸易上游度测算方法的设计及应用 [J]. 数量经济技术经济研究, 2016 (6): 128 – 143.

[296] 周申, 春梅, 谢娟娟. 国际贸易与劳动力市场: 研究述评 [J]. 南开经济研究, 2007 (3): 107 – 123.

[297] 周申, 李春梅. 工业贸易结构变化对中国就业的影响 [J]. 数量经济技术经济研究, 2006 (7): 3 – 13.

［298］周申，李可爱，鞠然．贸易结构与就业结构：基于中国工业部门的分析［J］．数量经济技术经济研究，2012（3）：63－75.

［299］周申，王奎倩，李可爱．外包对劳动力需求弹性的影响［J］．中央财经大学学报，2014（3）：106－112.

［300］周申，杨传伟．国际贸易与我国就业：不同贸易伙伴影响差异的经验研究［J］．世界经济研究2006（3）：49－53.

［301］周申、何冰．贸易自由化对中国非正规就业的地区效应及动态影响——基于微观数据的经验研究［J］．国际贸易问题，2017（11）：13－24.

［302］周申．贸易自由化对中国工业劳动需求弹性影响的经验研究［J］．世界经济，2006（2）：31－40＋95.

［303］周升起，兰珍先，付华．中国制造业在全球价值链国际分工地位再考察——基于Koopman等的"GVC地位指数"［J］．国际贸易问题，2014（2）：3－12.

［304］周双林，夏苗芬，徐霞．确立行业协会地位，落实行业在职业教育中的指导作用［J］当代职业教育，2014（8）：62－65.

［305］朱启荣，孟凡艳．中国加工贸易就业效应的实证分析［J］．商业研究，2007（10）：85－88.

［306］朱希伟，金祥荣，罗德明．国内市场分割与中国的出口贸易扩张［J］．经济研究，2005（12）：68－76.